LES

QUARANTE-CINQ

TROISIÈME PARTIE

PARIS. — IMPRIMERIE FERD. IMBERT, 7, RUE DES CANETTES.

LES
QUARANTE-CINQ

PAR

ALEXANDRE DUMAS

ILLUSTRÉS PAR J.-A. BEAUCÉ ET COPPIN

TROISIÈME PARTIE

PARIS
CALMANN LÉVY, ÉDITEUR
ANCIENNE MAISON MICHEL LÉVY FRÈRES
3, RUE AUBER, 3

Tu es un traître, et en traître tu mourras. — PAGE 19.

LES QUARANTE-CINQ

PAR

ALEXANDRE DUMAS

XLIV

PRÉPARATIFS DE BATAILLE

e camp du nouveau duc de Brabant était assis sur les deux rives de l'Escaut : l'armée, bien disciplinée, était cependant agitée d'un esprit d'agitation facile à comprendre.

En effet, beaucoup de calvinistes assistaient le duc d'Anjou, non point par sympathie pour le susdit duc, mais pour être aussi désagréables que possible à l'Espagne, et aux catholiques de France et d'Angleterre ; ils se battaient donc plutôt par amour-propre que par conviction ou par dévoûment, et l'on sentait bien que la campagne une fois finie, ils abandonneraient le chef ou lui imposeraient des conditions.

D'ailleurs ces conditions, le duc d'Anjou laissait toujours croire qu'à l'heure venue, il irait au devant d'elles. Son mot favori était : « Henri de Navarre s'est bien fait catholique, pourquoi François de France ne se ferait-il pas huguenot ? »

De l'autre côté, au contraire, c'est-à-dire chez l'ennemi, existaient, en opposition avec ces dissidences morales et politiques, des principes distincts, une cause parfaitement arrêtée, le tout parfaitement pur d'ambition ou de colère.

Anvers avait d'abord eu l'intention de se donner, mais à ses conditions et à son heure; elle ne refusait pas précisément François, mais elle se réservait d'attendre, forte par son assiette, par le courage et l'expérience belliqueuse de ses habitants; elle savait d'ailleurs qu'en étendant le bras, outre le duc de Guise en observation dans la Lorraine, elle trouvait Alexandre Farnèse dans le Luxembourg. Pourquoi, en cas d'urgence, n'accepterait-elle pas les secours de l'Espagne contre Anjou, comme elle avait accepté le secours d'Anjou contre l'Espagne?

Quitte, après cela, à repousser l'Espagne après que l'Espagne l'aurait aidée à repousser Anjou.

Ces républicains monotones avaient pour eux la force d'airain du bon sens.

Tout à coup ils virent apparaître une flotte à l'embouchure de l'Escaut, et ils apprirent que cette flotte arrivait avec le grand amiral de France, et que ce grand amiral de France amenait un secours à leur ennemi.

Depuis qu'il était venu mettre le siége devant Anvers, le duc d'Anjou était devenu naturellement l'ennemi des Anversois.

En apercevant cette flotte, et en apprenant l'arrivée de Joyeuse, les calvinistes du duc d'Anjou firent une grimace presque égale à celle que faisaient les Flamands. Les calvinistes étaient fort braves, mais en même temps fort jaloux; ils passaient facilement sur les questions d'argent, mais n'aimaient point qu'on vînt rogner leurs lauriers, surtout avec des épées qui avaient servi à saigner tant de huguenots au jour de la Saint-Barthélemy.

De là, force querelles qui commencèrent le soir même de l'arrivée de Joyeuse, et se continuèrent triomphalement le lendemain et le surlendemain.

Du haut de leurs remparts, les Anversois avaient chaque jour le spectacle de dix ou douze duels entre catholiques et huguenots. Les polders servaient de champ clos, et l'on jetait dans le fleuve beaucoup plus de morts qu'une affaire en rase campagne n'en eût coûté aux Français. Si le siége d'Anvers, comme celui de Troie, eût duré neuf ans, les assiégés n'eussent eu besoin de rien faire autre chose que de regarder faire les assiégeants; ceux-ci se fussent certainement détruits eux-mêmes.

François faisait, dans toutes ces querelles, l'office de médiateur, mais non sans d'énormes difficultés; il y avait des engagements pris avec les huguenots français : blesser ceux-ci, c'était se retirer l'appui moral des huguenots flamands, qui pouvaient l'aider dans Anvers.

D'un autre côté, brusquer les catholiques envoyés par le roi pour se faire tuer à son service, était pour le duc d'Anjou chose non-seulement impolitique, mais encore compromettante.

L'arrivée de ce renfort, sur lequel le duc d'Anjou lui-même ne comptait pas, avait bouleversé les Espagnols, et de leur côté les Lorrains en crevaient de fureur.

C'était bien quelque chose pour le duc d'Anjou que de jouir à la fois de cette double satisfaction.

Mais le duc ne ménageait point ainsi tous les partis sans que la discipline de son armée en souffrît fort.

Joyeuse, à qui la mission n'avait jamais souri, on se le rappelle, se trouvait mal à l'aise au milieu de cette réunion d'hommes si divers de sentiments; il sentait instinctivement que le temps des succès était passé. Quelque chose comme le pressentiment d'un grand échec courait dans l'air, et, dans sa paresse de courtisan comme dans son amour-propre de capitaine, il déplorait d'être venu de si loin pour partager une défaite.

Aussi trouvait-il en conscience et disait-il tout haut que le duc d'Anjou avait eu grand tort de mettre le siége devant Anvers. Le prince d'Orange, qui lui avait donné ce traître conseil, avait disparu depuis que le conseil avait été suivi, et l'on ne savait pas ce qu'il était devenu. Son armée était en garnison dans cette ville, et il avait promis au duc d'Anjou l'appui de cette armée; cependant on n'entendait point dire le moins du monde qu'il y eût division entre les soldats de Guillaume et les Anversois, et la nouvelle d'un seul duel entre les assiégés n'était pas venue réjouir les assiégeants depuis qu'ils avaient assis leur camp devant la place.

Ce que Joyeuse faisait surtout valoir dans son opposition au siége, c'est que cette ville importante d'Anvers était presque une capitale : or, posséder une grande ville par le consentement de cette grande ville, c'est un avantage réel; mais prendre d'assaut la deuxième capitale de ses futurs États, c'était s'exposer à la désaffection des Flamands, et Joyeuse connaissait trop bien les Flamands pour espérer, en supposant que le duc d'Anjou prît Anvers, qu'ils ne se vengeraient pas tôt ou tard de cette prise, et avec usure.

Cette opinion, Joyeuse l'exposait tout haut dans la tente du duc, cette nuit même où nous avons introduit nos lecteurs dans le camp français.

Pendant que le conseil se tenait entre ses capitaines, le duc était assis ou plutôt couché sur un long fauteuil qui pouvait au besoin servir de lit de repos, et il écoutait, non point les avis du grand amiral de France, mais les chuchotements de son joueur de luth Aurilly.

Aurilly, par ses lâches complaisances, par ses basses flatteries et par ses continuelles assiduités, avait enchaîné la faveur du prince; jamais il ne l'avait servi comme avaient fait ses autres amis, en desservant, soit le roi, soit de puissants personnages, de sorte qu'il avait évité l'écueil où la Mole, Coconnas, Bussy et tant d'autres s'étaient brisés.

Avec son luth, avec ses messages d'amour, avec ses renseignements exacts sur tous les personnages et les intrigues de la cour, avec ses manœuvres habiles pour jeter dans les filets du duc la proie qu'il convoitait, quelle que fût cette proie, Aurilly avait fait, sous main, une grande fortune, adroitement disposée en cas de revers; de sorte qu'il paraissait toujours être le pauvre musicien Aurilly, courant après un écu, et chantant comme les cigales lorsqu'il avait faim.

L'influence de cet homme était immense parce qu'elle était secrète.

Joyeuse, en le voyant couper ainsi dans ses développements de stratégie et détourner l'attention du duc, Joyeuse se retira en arrière, interrompant tout net le fil de son discours.

François avait l'air de ne pas écouter, mais il écoutait réellement; aussi cette impatience de Joyeuse ne lui échappa-t-elle point, et, sur-le-champ :

— Monsieur l'amiral, dit-il, qu'avez-vous?

— Rien, monseigneur; j'attends seulement que Votre Altesse ait le loisir de m'écouter.

— Mais j'écoute, monsieur de Joyeuse, j'écoute, répondit allègrement le duc. Ah! vous autres Parisiens, vous me croyez donc bien épaissi par la guerre de Flandre, que vous pensez que je ne puis écouter deux personnes parlant ensemble, quand César dictait sept lettres à la fois!

—Monseigneur, répondit Joyeuse en lançant au pauvre musicien un coup d'œil sous lequel celui-ci plia avec son humilité ordinaire, je ne suis pas un chanteur pour avoir besoin que l'on m'accompagne quand je parle.

— Bon, bon, duc; taisez-vous, Aurilly.

Aurilly s'inclina.

— Donc, continua François, vous n'approuvez pas mon coup de main sur Anvers, monsieur de Joyeuse?

— Non, monseigneur.

— J'ai adopté ce plan en conseil, cependant.

— Aussi, monseigneur, n'est-ce qu'avec une grande réserve que je prends la parole, après tant d'expérimentés capitaines.

Et Joyeuse, en homme de cour, salua autour de lui.

Plusieurs voix s'élevèrent pour affirmer au grand amiral que son avis était le leur.

D'autres, sans parler, firent des signes d'assentiment.

— Comte de Saint-Aignan, dit le prince à l'un de ses plus braves colonels, vous n'êtes pas de l'avis de M. de Joyeuse, vous?

— Si fait, monseigneur, répondit M. de Saint-Aignan.

— Ah! c'est que, comme vous faisiez la grimace...

Chacun se mit à rire. Joyeuse pâlit, le comte rougit.

— Si M. le comte de Saint-Aignan, dit Joyeuse, a l'habitude de donner son avis de cette façon, c'est un conseiller peu poli, voilà tout.

— Monsieur de Joyeuse, repartit vivement Saint-Aignan, Son Altesse a eu tort de me reprocher une infirmité contractée à son service; j'ai, à la prise de Cateau-Cambrésis, reçu un coup de pique dans la tête, et, depuis ce temps j'ai des contractions nerveuses, ce qui occasionne les grimaces dont se plaint Son Altesse... Ce n'est pas, toutefois, une excuse que je vous donne, monsieur de Joyeuse, c'est une explication, dit fièrement le comte en se retournant.

— Non, monsieur, dit Joyeuse en lui tendant la main, c'est un reproche que vous faites, et vous avez raison.

Le sang monta au visage du duc François.

— Et à qui ce reproche ? dit-il.

— Mais, à moi, probablement, monseigneur.

— Pourquoi Saint-Aignan vous ferait-il un reproche, monsieur de Joyeuse, à vous qu'il ne connaît pas ?

— Parce que j'ai pu croire un instant que M. de Saint-Aignan aimait assez peu Votre Altesse pour lui donner le conseil de prendre Anvers.

— Mais enfin, s'écria le prince, il faut que ma position se dessine dans le pays. Je suis duc de Brabant et comte de Flandre de nom. Il faut que je le sois aussi de fait. Ce Taciturne, qui se cache je ne sais où, m'a parlé d'une royauté. Où est-elle, cette royauté? dans Anvers. Où est-il, lui! dans Anvers aussi, probablement. Eh bien! il faut prendre Anvers, et, Anvers pris, nous saurons à quoi nous en tenir.

— Eh! monseigneur, vous le savez déjà, sur mon âme, ou vous seriez en vérité moins bon politique qu'on ne le dit. Qui vous a donné le conseil de prendre Anvers? M. le prince d'Orange, qui a disparu au moment de se mettre en campagne; M. le prince d'Orange, qui, tout en faisant Votre Altesse duc de Brabant, s'est réservé la lieutenance générale du duché; le prince d'Orange, qui a intérêt à ruiner les Espagnols par vous et vous par les Espagnols; M. le prince d'Orange, qui vous remplacera, qui vous succédera, s'il ne vous remplace et ne vous succède déjà; le prince d'Orange... Eh! monseigneur, jusqu'à présent en suivant les conseils du prince d'Orange, vous n'avez fait qu'indisposer les Flamands. Vienne un revers, et tous ceux qui n'osent vous regarder en face courront après vous comme ces chiens timides qui ne courent qu'après les fuyards.

— Quoi! vous supposez que je puisse être battu par des marchands de laine, par des buveurs de bière?

— Ces marchands de laine, ces buveurs de bière ont donné fort à faire au roi Philippe de

Valois, à l'empereur Charles V, et au roi Philippe II, qui étaient trois princes d'assez bonne maison, monseigneur, pour que la comparaison ne puisse pas vous être trop désagréable.

— Ainsi, vous craignez un échec ?

— Oui, monseigneur, je le crains.

— Vous ne serez donc pas là, monsieur de Joyeuse ?

— Pourquoi donc n'y serais-je point ?

— Parce que je m'étonne que vous doutiez à ce point de votre propre bravoure, que vous vous voyiez déjà en fuite devant les Flamands: en tout cas, rassurez-vous : ces prudents commerçants ont l'habitude, quand ils marchent au combat, de s'affubler de trop lourdes armures pour qu'ils aient la chance de vous atteindre, courussent-ils après vous.

— Monseigneur, je ne doute pas de mon courage; monseigneur, je serai au premier rang, mais je serai battu au premier rang, tandis que d'autres le seront au dernier, voilà tout.

— Mais enfin votre raisonnement n'est pas logique, monsieur de Joyeuse : vous approuvez que j'aie pris les petites places.

— J'approuve que vous preniez ce qui ne se défend point.

— Eh bien! après avoir pris les petites places qui ne se défendaient pas, comme vous dites, je ne reculerai point devant la grande parce qu'elle se défend, ou plutôt parce qu'elle menace de se défendre.

— Et Votre Altesse a tort : mieux vaut reculer sur un terrain sûr que de trébucher dans un fossé en continuant de marcher en avant.

— Soit, je trébucherai, mais je ne reculerai pas.

— Votre Altesse fera ici comme elle voudra, dit Joyeuse en s'inclinant, et nous, de notre côté, nous ferons comme voudra Votre Altesse; nous sommes ici pour lui obéir.

— Ce n'est pas répondre, duc.

— C'est cependant la seule réponse que je puisse faire à Votre Altesse.

— Voyons, prouvez-moi que j'ai tort; je ne demande pas mieux que de me rendre à votre avis.

— Monseigneur, voyez l'armée du prince d'Orange, elle était vôtre, n'est-ce pas? Eh bien! au lieu de camper avec vous devant Anvers, elle est dans Anvers, ce qui est bien différent; voyez le Taciturne, comme vous l'appelez vous-même:

Derrière une borne gigantesque il attendit. — PAGE 24

l était votre ami et votre conseiller ; non-seulement vous ne savez pas ce qu'est devenu le conseiller, mais encore vous croyez être sûr que l'ami s'est changé en ennemi ; voyez les Flamands : lorsque vous étiez en Flandre, ils pavoisaient leurs barques et leurs murailles en vous voyant arriver ; maintenant ils ferment leurs portes à votre vue et braquent leurs canons à votre approche, ni plus ni moins que si vous étiez le duc d'Albe. Eh bien ! je vous le dis : Flamands et Hollandais, Anvers et Orange n'attendent qu'une occasion de s'unir contre vous,

et ce moment sera celui où vous crierez feu à votre maître d'artillerie.

— Eh bien ! répondit le duc d'Anjou, on battra du même coup Anvers et Orange, Flamands et Hollandais.

— Non, monseigneur, parce que nous avons juste assez de monde pour donner l'assaut à Anvers, en supposant que nous n'ayons affaire qu'aux Anversois, et que tandis que nous donnerons l'assaut, le Taciturne tombera sur nous sans rien dire, avec ces éternels huit ou dix mille hommes, toujours détruits et toujours renaissants, à l'aide desquels depuis dix ou douze ans il tient en échec le duc d'Albe, don Juan Requesens et le duc de Parme.

— Ainsi, vous persistez dans votre opinion?

— Dans laquelle?

— Que nous serons battus.

— Immanquablement.

— Eh bien! c'est facile à éviter, pour votre part, du moins, monsieur de Joyeuse, continua aigrement le prince; mon frère vous a envoyé vers moi pour me soutenir; votre responsabilité est à couvert, si je vous donne congé en vous disant que je ne crois pas avoir besoin d'être soutenu.

— Votre Altesse peut me donner congé, dit Joyeuse; mais, à la veille d'une bataille, ce serait une honte pour moi que l'accepter.

Un long murmure d'approbation accueillit les paroles de Joyeuse; le prince comprit qu'il avait été trop loin.

— Mon cher amiral, dit-il en se levant et en embrassant le jeune homme, vous ne voulez pas m'entendre. Il me semble pourtant que j'ai raison, ou plutôt que, dans la position où je suis, je ne puis avouer tout haut que j'ai eu tort; vous me reprochez mes fautes, je les connais : j'ai été trop jaloux de l'honneur de mon nom; j'ai trop voulu prouver la supériorité des armes françaises, donc j'ai tort. Mais le mal est fait; en voulez-vous commettre un pire? Nous voici devant des gens armés, c'est-à-dire devant des hommes qui nous disputent ce qu'ils m'ont offert. Voulez-vous que je leur cède? Demain alors, ils reprendront pièce à pièce ce que j'ai conquis; non, l'épée est tirée, frappons, ou sinon nous serons frappés; voilà mon sentiment.

— Du moment où Votre Altesse parle ainsi, dit Joyeuse, je me garderai d'ajouter un mot; je suis ici pour vous obéir, monseigneur, et d'aussi grand cœur, croyez-le bien, si vous me conduisez à la mort, que si vous me menez à la victoire; cependant... mais, non, monseigneur.

— Quoi?

— Non, je veux et dois me taire.

— Non, par Dieu! dites, amiral; dites, je le veux.

— Alors en particulier, monseigneur.

— En particulier?

— Oui, s'il plaît à Votre Altesse.

Tous se levèrent et reculèrent jusqu'aux extrémités de la spacieuse tente de François.

— Parlez, dit celui-ci.

— Monseigneur peut prendre indifféremment un revers que lui infligerait l'Espagne, un échec qui rendrait triomphants ces buveurs de bière flamands, ou ce prince d'Orange à double face; mais s'accommoderait-il aussi volontiers de faire rire à ses dépens M. le duc de Guise?

François fronça le sourcil.

— M. de Guise? dit-il; eh! qu'a-t-il à faire dans tout ceci?

— M. de Guise, continua Joyeuse, a tenté, dit-on, de faire assassiner monseigneur; si Salcède ne l'a pas avoué sur l'échafaud, il l'a avoué à la gêne. Or, c'est une grande joie à offrir au Lorrain, qui joue un grand rôle dans tout ceci, ou je m'y trompe fort, que de nous faire battre sous Anvers, et de lui procurer, qui sait? sans bourse délier, cette mort d'un fils de France, qu'il avait promis de payer si cher à Salcède. Lisez l'histoire de Flandre, monseigneur, et vous y verrez que les Flamands ont pour habitude d'engraisser leurs terres avec le sang des princes les plus illustres et des meilleurs chevaliers français.

Le duc secoua la tête.

— Eh bien! soit, Joyeuse, dit-il, je donnerai, s'il le faut, au Lorrain maudit la joie de me voir mort, mais je ne lui donnerai pas celle de me voir fuyant. J'ai soif de gloire, Joyeuse; car, seul de mon nom, j'ai encore des batailles à gagner.

— Et Cateau-Cambrésis que vous oubliez, monseigneur; il est vrai que vous êtes le seul.

— Comparez donc cette escarmouche à Jarnac et à Moncontour, Joyeuse, et faites le compte de ce que je redois à mon bien-aimé frère Henri. Non, non, ajouta-t-il, je ne suis pas un roitelet de Navarre; je suis un prince français, moi.

Puis se retournant vers les seigneurs, qui, aux paroles de Joyeuse, s'étaient éloignés :

— Messieurs, ajouta-t-il, l'assaut tient toujours; la pluie a cessé, les terrains sont bons, nous attaquerons cette nuit.

Joyeuse s'inclina.

— Monseigneur voudra bien détailler ses ordres, dit-il, nous les attendons.

— Vous avez huit vaisseaux, sans compter la galère amirale, n'est-ce pas, monsieur de Joyeuse?

— Oui, monseigneur.

— Vous forcerez la ligne, et ce sera chose facile, les Anversois n'ayant dans le port que des vaisseaux marchands; alors vous viendrez vous embosser en face du quai. Là, si le quai est défendu, vous foudroierez la ville en tentant un débarquement avec vos quinze cents hommes.

Du reste de l'armée je ferai deux colonnes, l'une commandée par M. le comte de Saint-Aignan, l'autre commandée par moi-même. Toutes deux tenteront l'escalade par surprise au moment où les premiers coups de canon partiront.

La cavalerie demeurera en réserve, en cas d'échec, pour protéger la retraite de la colonne repoussée.

De ces trois attaques, l'une réussira certainement. Le premier corps, établi sur le rempart, tirera une fusée pour rallier à lui les autres corps.

— Mais il faut tout prévoir, monseigneur, dit Joyeuse. Supposons ce que vous ne croyez pas supposable, c'est-à-dire que les trois colonnes d'attaque soient repoussées toutes trois.

— Alors nous gagnons les vaisseaux sous la protection du feu de nos batteries, et nous nous répandons dans les polders, où les Anversois ne se hasarderont point à nous venir chercher.

On s'inclina en signe d'adhésion.

— Maintenant, messieurs, dit le duc, du silence.

Qu'on éveille les troupes endormies, qu'on embarque avec ordre; que pas un feu, pas un coup de mousquet ne révèlent notre dessein. Vous serez dans le port, amiral, avant que les Anversois se doutent de votre départ. Nous, qui allons le traverser et suivre la rive gauche, nous arriverons en même temps que vous.

Allez, messieurs, et bon courage. Le bonheur qui nous a suivis jusqu'ici ne craindra point de traverser l'Escaut avec nous.

Les capitaines quittèrent la tente du prince, et donnèrent leurs ordres avec les précautions indiquées.

Bientôt, toute cette fourmilière humaine fit entendre son murmure confus : mais on pouvait croire que c'était celui du vent, se jouant dans les gigantesques roseaux et parmi les herbages touffus des polders.

L'amiral s'était rendu à son bord.

LXV

MONSEIGNEUR

ependant les Anversois ne voyaient pas tranquillement les apprêts hostiles de M. le duc d'Anjou, et Joyeuse ne se trompait pas en leur attribuant toute la mauvaise volonté possible.

Anvers était comme une ruche quand vient le soir, calme et déserte à l'extérieur, au dedans pleine de murmure et de mouvement.

Les Flamands en armes faisaient des patrouilles dans les rues, barricadaient leurs maisons, doublaient les chaînes et fraternisaient avec les bataillons du prince d'Orange, dont une partie déjà était en garnison à Anvers, et dont l'autre partie rentrait par fractions, qui, aussitôt rentrées, s'égrenaient dans la ville.

La servante jeta de la paille aux chevaux. — PAGE 24.

Lorsque tout fut prêt pour une vigoureuse défense, le prince d'Orange, par un soir sombre et sans lune, entra à son tour dans la ville sans manifestation aucune, mais avec le calme et la fermeté qui présidaient à l'accomplissement de toutes ses résolutions, lorsque ces résolutions étaient une fois prises.

Il descendit à l'hôtel-de-ville, où ses affidés avaient tout préparé pour son installation.

Là il reçut tous les quarteniers et centeniers de la bourgeoisie, passa en revue les officiers des troupes soldées, puis enfin reçut les principaux officiers qu'il mit au courant de ses projets.

Parmi ses projets, le plus arrêté était de profiter de la manifestation du duc d'Anjou contre la ville pour rompre avec lui. Le duc d'Anjou en arrivait où le Taciturne avait voulu l'amener, et celui-là voyait avec joie ce nouveau compétiteur à la souveraine puissance se perdre comme les autres.

Le soir même où le duc d'Anjou s'apprêtait à attaquer, comme nous l'avons vu, le prince d'Orange, qui était depuis deux jours dans la ville, tenait conseil avec le commandant de la place pour les bourgeois.

A chaque objection faite par le gouverneur au plan offensif du prince d'Orange, si cette objection pouvait amener du retard dans les plans, le prince d'Orange secouait la tête comme un homme surpris de cette incertitude.

Mais, à chaque hochement de tête, le commandant de la place répondait :

— Prince, vous savez que c'est chose convenue, que monseigneur doit venir : attendons donc monseigneur.

Ce mot magique faisait froncer le sourcil au Taciturne ; mais tout en fronçant le sourcil et en rongeant ses ongles d'impatience, il attendait.

Alors chacun attachait ses yeux sur une large horloge aux lourds battements, et semblait demander au balancier d'accélérer la venue du personnage attendu si impatiemment.

Neuf heures du soir sonnèrent : l'incertitude était devenue une anxiété réelle ; quelques vedettes prétendaient avoir aperçu du mouvement dans le camp français.

Une petite barque plate comme le bassin d'une balance avait été expédiée sur l'Escaut ; les Anversois, moins inquiets encore de ce qui se passait du côté de la terre que de ce qui se passait du côté de la mer, avaient désiré avoir des nouvelles précises de la flotte française : la petite barque n'était point revenue.

Le prince d'Orange se leva, et, mordant de colère ses gants de buffle, il dit aux Anversois :

— Monseigneur nous fera tant attendre, messieurs, qu'Anvers sera prise et brûlée quand il arrivera : la ville, alors, pourra juger de la différence qui existe sous ce rapport entre les Français et les Espagnols.

Ces paroles n'étaient point faites pour rassurer messieurs les officiers civils, aussi se regardèrent-ils avec beaucoup d'émotion.

En ce moment, un espion qu'on avait envoyé sur la route de Malines, et qui avait poussé son cheval jusqu'à Saint-Nicolas, revint en annonçant qu'il n'avait rien vu ni entendu qui annonçât le moins du monde la venue de la personne que l'on attendait.

— Messieurs, s'écria le Taciturne à cette nouvelle, vous le voyez, nous attendrions inutilement ; faisons nous-mêmes nos affaires ; le temps nous presse et les campagnes ne sont garanties en rien. Il est bon d'avoir confiance en

des talents supérieurs ; mais vous voyez qu'avant tout, c'est sur soi-même qu'il faut se reposer.

Délibérons donc, messieurs.

Il n'avait point achevé, que la portière de la salle se souleva et qu'un valet de la ville apparut et prononça ce seul mot qui, dans un pareil moment, paraissait en valoir mille autres :

— Monseigneur !

Dans l'accent de cet homme, dans cette joie qu'il n'avait pu s'empêcher de manifester en accomplissant son devoir d'huissier, on pouvait lire l'enthousiasme du peuple et toute sa confiance en celui qu'on appelait de ce nom vague et respectueux :

Monseigneur !

A peine le son de cette voix tremblante d'émotion s'était-il éteint, qu'un homme d'une taille élevée et impérieuse, portant avec une grâce suprême le manteau qui l'enveloppait tout entier, entra dans la salle, et salua courtoisement ceux qui se trouvaient là.

Mais au premier regard son œil fier et perçant démêla le prince au milieu des officiers. Il marcha droit à lui et lui offrit la main.

Le prince serra cette main avec affection, et presque avec respect.

Ils s'appelèrent monseigneur l'un l'autre.

Après ce bref échange de civilités, l'inconnu se débarrassa de son manteau.

Il était vêtu d'un pourpoint de buffle, portait des chausses de drap et de longues bottes de cuir.

Il était armé d'une longue épée qui semblait faire partie, non de son costume, mais de ses membres, tant elle jouait avec aisance à son côté ; une petite dague était passée à sa ceinture, près d'une aumônière gonflée de papiers.

Au moment où il rejeta son manteau, on put voir ces longues bottes, dont nous avons parlé, toutes souillées de poussière et de boue.

Ses éperons, rougis du sang de son cheval, ne rendaient plus qu'un son sinistre à chaque pas qu'il faisait sur les dalles.

Il prit place à la table du conseil.

— Eh bien ! où en sommes-nous, monseigneur ? demanda-t-il.

— Monseigneur, répondit le Taciturne, vous avez dû voir en venant jusqu'ici que les rues étaient barricadées.

— J'ai vu cela.

—Et les maisons crénelées, ajouta un officier.

—Quant à cela, je n'ai pu le voir ; mais c'est d'une bonne précaution.

— Et les chaînes doublées, dit un autre.

— A merveille, répliqua l'inconnu d'un ton insouciant.

— Monseigneur n'approuve point ces préparatifs de défense ? demanda une voix avec un accent sensible d'inquiétude et de désappointement.

— Si fait, dit l'inconnu, mais cependant je ne crois pas que, dans les circonstances où nous nous trouvons, elles soient fort utiles ; elles fatiguent le soldat et inquiètent le bourgeois. Vous avez un plan d'attaque et de défense, je suppose?

— Nous attendions monseigneur pour le lui communiquer, répondit le bourgmestre.

— Dites, messieurs, dites.

— Monseigneur est arrivé un peu tard, ajouta le prince, et, en l'attendant, j'ai dû agir.

— Et vous avez bien fait, monseigneur ; d'ailleurs, on sait que lorsque vous agissez, vous agissez bien. Moi non plus, croyez-le bien, je n'ai point perdu mon temps en route.

Puis, se retournant du côté des bourgeois :

— Nous savons par nos espions, dit le bourgmestre, qu'un mouvement se prépare dans le camp des Français ; ils se disposent à une attaque ; mais comme nous ne savons de quel côté l'attaque aura lieu, nous avons fait disposer le canon de telle sorte qu'il soit partagé avec égalité sur toute l'étendue du rempart.

— C'est sage, répondit l'inconnu avec un léger sourire, et regardant à la dérobée le Taciturne, qui se taisait, laissant, lui homme de guerre, parler de guerre tous les bourgeois.

— Il en a été de même de nos troupes civiques, continua le bourgmestre, elles sont réparties par postes doubles sur toute l'étendue des murailles, et ont ordre de courir à l'instant même au point d'attaque.

L'inconnu ne répondit rien ; il semblait attendre que le prince d'Orange parlât à son tour.

— Cependant, continua le bourgmestre, l'avis du plus grand nombre des membres du conseil est qu'il semble impossible que les Français méditent autre chose qu'une feinte.

— Et dans quel but cette feinte ? demanda inconnu.

— Dans le but de nous intimider et de nous amener à un arrangement à l'amiable qui livre la ville aux Français.

L'inconnu regarda de nouveau le prince d'Orange : on eût dit qu'il était étranger à tout ce qui se passait, tant il écoutait toutes ces paroles avec une insouciance qui tenait du dédain.

— Cependant, dit une voix inquiète, ce soir on a cru remarquer dans le camp des préparatifs d'attaque

— Soupçons sans certitude, reprit le bourgmestre. J'ai moi-même examiné le camp avec une excellente lunette qui vient de Strasbourg : les canons paraissaient cloués au sol, les hommes se préparaient au sommeil sans aucune émotion, M. le duc d'Anjou donnait à dîner dans sa tente.

L'inconnu jeta un nouveau regard sur le prince d'Orange. Cette fois il lui sembla qu'un léger sourire crispait la lèvre du Taciturne, tandis que, d'un mouvement à peine visible, ses épaules dédaigneuses accompagnaient ce sourire.

— Eh ! messieurs, dit l'inconnu, vous êtes dans l'erreur complète ; ce n'est point une attaque furtive qu'on vous prépare en ce moment, c'est un bel et bon assaut que vous allez essuyer.

— Vraiment ?

— Vos plans, si naturels qu'ils vous paraissent, sont incomplets.

— Cependant, monseigneur... firent les bourgeois, humiliés que l'on parût douter de leurs connaissances en stratégie.

— Incomplets, reprit l'inconnu, en ceci, que vous vous attendez à un choc, et que vous avez pris toutes vos précautions pour cet événement.

— Sans doute.

— Eh bien ! ce choc, messieurs, si vous m'en croyez...

— Achevez, monseigneur.

— Vous ne l'attendrez pas, vous le donnerez.

— A la bonne heure! s'écria le prince d'Orange, voilà parler.

— En ce moment, continua l'inconnu, qui comprit dès lors qu'il allait trouver un appui dans le prince, les vaisseaux de M. Joyeuse appareillent.

— Comment savez-vous cela, monseigneur !

s'écrièrent tous ensemble le bourgmestre et les autres membres du conseil.

— Je le sais, dit l'inconnu.

Un murmure de doute passa comme un souffle dans l'assemblée, mais, si léger qu'il fût, il effleura les oreilles de l'habile homme de guerre qui venait d'être introduit sur la scène pour y jouer, selon toute probabilité, le premier rôle.

— En doutez-vous ? demanda-t-il avec le plus grand calme et en homme habitué à lutter contre toutes les appréhensions, tous les amours-propres et tous les préjugés bourgeois.

— Nous n'en doutons pas, puisque vous le dites, monseigneur. Mais que cependant Votre Altesse nous permette de lui dire...

— Dites.

— Que s'il en était ainsi...

— Après ?

— Nous en aurions des nouvelles.

— Par qui ?

— Par notre espion de marine.

En ce moment un homme poussé par l'huissier entra lourdement dans la salle, et fit avec respect quelques pas sur la dalle polie en s'avançant moitié vers le bourgmestre, moitié vers le prince d'Orange.

— Ah ! ah ! dit le bourgmestre, c'est toi, mon ami.

— Moi-même, monsieur le bourgmestre, répondit le nouveau venu.

— Monseigneur, dit le bourgmestre, c'est l'homme que nous avons envoyé à la découverte.

A ce mot de monseigneur, lequel ne s'adressait pas au prince d'Orange, l'espion fit un mouvement de surprise et de joie, et s'avança précipitamment pour mieux voir celui que l'on désignait par ce titre.

Le nouveau venu était un de ces marins flamands dont le type est si reconnaissable, étant si accentué : la tête carrée, les yeux bleus, le col court et les épaules larges ; il froissait entre ses grosses mains son bonnet de laine humide, et lorsqu'il fut près des officiers, on vit qu'il laissait sur les dalles une large trace d'eau.

C'est que ses vêtements grossiers étaient littéralement trempés et dégouttants.

— Oh ! oh ! voilà un brave qui est revenu à la nage, dit l'inconnu en regardant le marin avec cette habitude de l'autorité, qui impose soudain au soldat et au serviteur, parce qu'elle implique à la fois le commandement et la caresse.

— Oui, monseigneur, oui, dit le marin avec empressement, et l'Escaut est large et rapide aussi, monseigneur.

— Parle, Goes, parle, continua l'inconnu, sachant bien le prix de la faveur qu'il faisait à un simple matelot en l'appelant par son nom.

Aussi, à partir de ce moment, l'inconnu parut exister seul pour Goes, et s'adressant à lui, quoique envoyé par un autre, c'était peut-être à cet autre qu'il eût dû rendre compte de sa mission :

— Monseigneur, dit-il, je suis parti dans ma plus petite barque ; j'ai passé avec le mot d'ordre au milieu du barrage que nous avons fait sur l'Escaut avec nos bâtiments, et j'ai poussé jusqu'à ces damnés Français. Ah ! pardon, monseigneur.

Goës s'arrêta.

— Va, va, dit l'inconnu en souriant, je ne serai qu'à moitié damné.

— Ainsi donc, monseigneur, puisque monseigneur veut bien me pardonner...

L'inconnu fit un signe de tête. Goes continua :

— Tandis que je ramais dans la nuit avec mes avirons enveloppés de linge, j'ai entendu une voix qui criait :

— Holà de la barque, que voulez-vous ?

Je croyais que c'était à moi que l'interpellation était adressée, et j'allais répondre une chose ou l'autre, quand j'entendis crier derrière moi :

— Canot amiral.

L'inconnu regarda les officiers avec un signe de tête qui signifiait :

— Que vous avais-je dit ?

— Au même instant, continua Goes, et comme je voulais virer de bord, je sentis un choc épouvantable ; ma barque s'enfonça ; l'eau me couvrit la tête ; je roulai dans un abîme sans fond ; mais les tourbillons de l'Escaut me reconnurent pour une vieille connaissance, et je revis le ciel.

C'était tout bonnement le canot amiral qui, en conduisant M. de Joyeuse à bord, avait passé sur moi. Maintenant, Dieu seul sait comment je n'ai pas été broyé ou noyé.

— Merci, brave Goes, merci, dit le prince d'Orange, heureux de voir que ses prévisions s'étaient réalisées ; va, et tais-toi.

Et étendant le bras de son côté, il lui mit une bourse dans la main.

Cependant le marin semblait attendre quelque chose : c'était le congé de l'inconnu.

Celui-ci lui fit un signe bienveillant de la main, et Goes se retira, visiblement plus satisfait de ce signe qu'il ne l'avait été du cadeau du prince d'Orange.

— Eh bien, demanda l'inconnu au bourgmestre, que dites-vous de ce rapport? doutez-vous encore que les Français vont appareiller, et croyez-vous que c'était pour passer la nuit à bord que M. de Joyeuse se rendait du camp à la galère amirale?

— Mais, vous devinez donc, monseigneur? dirent les bourgeois.

— Pas plus que monseigneur le prince d'Orange, qui est en toutes choses de mon avis, je suis sûr. Mais, comme Son Altesse, je suis bien renseigné, et, surtout, je connais ceux qui sont là de l'autre côté.

Et sa main désignait les polders.

— De sorte, continua-t-il, qu'il m'eût bien étonné de ne pas les voir attaquer cette nuit.

Donc, tenez-vous prêts, messieurs ; car, si vous leur en donnez le temps, ils attaqueront sérieusement.

— Ces messieurs me rendront la justice d'avouer qu'avant votre arrivée, monseigneur, je leur tenais juste le langage que vous leur tenez maintenant.

— Mais, demanda, le bourgmestre, comment monseigneur croit-il que les Français vont attaquer?

— Voici les probabilités : l'infanterie est catholique, elle se battra seule. Cela veut dire qu'elle attaquera d'un côté ; la cavalerie est calviniste, elle se battra seule aussi. Deux côtés. La marine est à M. de Joyeuse, il arrive de Paris ; la cour sait dans quel but il est parti, il voudra avoir sa part de combat et de gloire. Trois côtés.

— Alors, faisons trois corps, dit le bourgmestre.

— Faites-en un, messieurs, un seul, avec tout ce que vous avez de meilleurs soldats, et laissez ceux dont vous doutez en rase campagne, à la garde de vos murailles. Puis, avec ce corps, faites une vigoureuse sortie au moment où les Français s'y attendront le moins. Ils croient attaquer : qu'ils soient prévenus et attaqués eux-

mêmes ; si vous les attendez à l'assaut, vous êtes perdus, car à l'assaut le Français n'a pas d'égal, comme vous n'avez pas d'égaux, messieurs, quand, en rase campagne, vous défendez l'approche de vos villes.

— Le front des Flamands rayonna.

— Que disais-je, messieurs? fit le Taciturne.

— Ce m'est un grand honneur, dit l'inconnu, d'avoir été, sans le savoir, du même avis que le premier capitaine du siècle.

Tous deux s'inclinèrent courtoisement.

— Donc, poursuivit l'inconnu, c'est chose dite, vous faites une furieuse sortie sur l'infanterie et la cavalerie. J'espère que vos officiers conduiront cette sortie de façon que vous repousserez les assiégeants.

— Mais leurs vaisseaux, leurs vaisseaux, dit le bourgmestre, ils vont forcer notre barrage ; et comme le vent est nord-ouest, ils seront au milieu de la ville dans deux heures.

— Vous avez vous-mêmes six vieux navires et trente barques à Sainte-Marie, c'est-à-dire à une lieue d'ici, n'est-ce pas? C'est votre barricade maritime, c'est votre chaîne fermant l'Escaut.

— Oui, monseigneur, c'est cela même. Comment connaissez-vous tous ces détails?

L'inconnu sourit.

— Je les connais, comme vous voyez, dit-il ; c'est là qu'est le sort de la bataille.

— Alors, dit le bourgmestre, il faut envoyer du renfort à nos braves marins.

— Au contraire, vous pouvez disposer encore de quatre cents hommes qui étaient là; vingt hommes intelligents, braves et dévoués suffiront.

Les Anversois ouvrirent de grands yeux.

— Voulez-vous, dit l'inconnu, détruire la flotte française tout entière aux dépens de vos six vieux vaisseaux et de vos trente vieilles barques?

— Hum! firent les Anversois en se regardant, ils n'étaient pas déjà si vieux nos vaisseaux, elles n'étaient pas déjà si vieilles nos barques.

— Eh bien! estimez-les, dit l'inconnu, et l'on vous en paiera la valeur.

— Voilà, dit tout bas le Taciturne à l'inconnu, les hommes contre lesquels j'ai chaque jour à lutter. Oh! s'il n'y avait que les événements, je les eusse déjà surmontés.

— Voyons, messieurs, reprit l'inconnu en portant la main à son aumônière, qui regorgeait, comme nous l'avons dit, estimez, mais estimez vite; vous allez être payés en traites sur vous-mêmes, j'espère que vous les trouverez bonnes.

— Monseigneur, dit le bourgmestre, après un instant de délibération avec les quarteniers, les dizainiers et les centeniers, nous sommes des commerçants et non des seigneurs; il faut donc nous pardonner certaines hésitations, car notre âme, voyez-vous, n'est point en notre corps, mais en nos comptoirs. Cependant, il est certaines circonstances où, pour le bien général, nous savons faire des sacrifices. Disposez donc de nos barrages comme vous l'entendrez.

— Ma foi, monseigneur, dit le Taciturne, c'est affaire à vous. Il m'eût fallu six mois à moi pour obtenir ce que vous venez d'enlever en dix minutes.

— Je dispose donc de votre barrage, messieurs; mais voici de quelle façon j'en dispose :

Les Français, la galère amirale en tête, vont essayer de forcer le passage. Je double les chaînes du barrage, en leur laissant assez de longueur pour que la flotte se trouve engagée au milieu de vos barques et de vos vaisseaux. Alors, de vos barques et de vos vaisseaux, les vingt braves que j'y ai laissés jettent des grappins, et, les grappins jetés, ils fuient dans une barque après avoir mis le feu à votre barrage chargé de matières inflammables.

— Et, vous l'entendez, s'écria le Taciturne, la flotte française brûle tout entière.

— Oui, tout entière, dit l'inconnu; alors, plus de retraite par mer, plus de retraite à travers les polders, car vous lâchez les écluses de Malines, de Berchem, de Lier, de Duffel et d'Anvers. Repoussés d'abord par vous, poursuivis par vos digues rompues, enveloppés de tous les côtés par cette marée inattendue et toujours montante, par cette mer qui n'aura qu'un flux et pas de reflux, les Français seront tous noyés, abîmés, anéantis.

Les officiers poussèrent un cri de joie.

— Il n'y a qu'un inconvénient, dit le prince.

— Lequel, monseigneur? demanda l'inconnu.

— C'est qu'il faudrait toute une journée pour expédier les ordres différents aux différentes villes, et que nous n'avons qu'une heure.

— Une heure suffit, répondit celui qu'on appelait monseigneur.

— Mais qui préviendra la flottille?

— Elle est prévenue.

— Par qui?

— Par moi. Si ces messieurs avaient refusé de me la donner, je la leur achetais.

— Mais Malines, Lier, Duffel?

— Je suis passé par Malines et par Lier, et j'ai envoyé un agent sûr à Duffel. A onze heures les Français seront battus, à minuit la flotte sera brûlée, à une heure les Français seront en pleine retraite, à deux heures Malines rompra ses digues, Lier ouvrira ses écluses, Duffel lancera ses canaux hors de leur lit : alors toute la plaine deviendra un océan furieux qui noiera maisons, champs, bois, villages, c'est vrai ; mais qui, en même temps, je vous le répète, noiera les Français, et cela de telle façon, qu'il n'en rentrera pas un seul en France.

Un silence d'admiration et presque d'effroi accueillit ces paroles; puis, tout à coup, les Flamands éclatèrent en applaudissements.

Le prince d'Orange fit deux pas vers l'inconnu et lui tendit la main.

— Ainsi donc, monseigneur, dit-il, tout est prêt de notre côté?

— Tout, répondit l'inconnu. Et tenez, je crois que du côté des Français tout est prêt aussi.

Et du doigt il montrait un officier qui soulevait la portière.

— Messeigneurs et messieurs, dit l'officier, nous recevons l'avis que les Français sont en marche et s'avancent vers la ville.

— Aux armes! cria le bourgmestre.

— Aux armes! répétèrent les assistants.

— Un instant, messieurs, interrompit l'inconnu de sa voix mâle et impérieuse; vous oubliez de me laisser vous faire une dernière recommandation plus importante que toutes les autres.

— Faites! faites! s'écrièrent toutes les voix.

— Les Français vont être surpris, donc ce ne sera pas même un combat, pas même une retraite, mais une fuite : pour les poursuivre, il faut être légers. Cuirasses bas, morbleu! Ce sont vos cuirasses dans lesquelles vous ne pouvez remuer, qui vous ont fait perdre toutes les batailles que vous avez perdues. Cuirasses bas! messieurs, cuirasses bas!

Et l'inconnu montra sa large poitrine protégée seulement par un buffle.

— Nous nous retrouverons aux coups, messieurs les capitaines, continua l'inconnu; en attendant, allez sur la place de l'Hôtel-de-Ville, où vous trouverez tous vos hommes en bataille. Nous vous y rejoignons.

— Merci, monseigneur, dit le prince à l'inconnu, vous venez de sauver à la fois la Belgique et la Hollande.

— Prince, vous me comblez, répondit celui-ci.

— Est-ce que Votre Altesse consentira à tirer l'épée contre les Français? demanda le prince.

— Je m'arrangerai de manière à combattre en face des huguenots, répondit l'inconnu en s'inclinant avec un sourire que lui eût envié son sombre compagnon, et que Dieu seul comprit.

LXVI

FRANÇAIS ET FLAMANDS

u moment où tout le conseil sortait de l'hôtel-de-ville, et où les officiers allaient se mettre à la tête de leurs hommes et exécuter les ordres du chef inconnu qui semblait envoyé aux Flamands par la Providence elle-même, une longue rumeur circulaire qui semblait envelopper toute la ville, retentit et se résuma dans un grand cri.

En même temps l'artillerie tonna.

Cette artillerie vint surprendre les Français au milieu de leur marche nocturne, et lorsqu'ils croyaient surprendre eux-mêmes la ville endormie. Mais au lieu de ralentir leur marche, elle la hâta.

Si l'on ne pouvait prendre la ville par surprise à l'échelade, comme on disait en ce temps-là, on pouvait, comme nous avons vu le roi de Navarre le faire à Cahors, on pouvait combler le fossé avec des fascines et faire sauter les portes avec des pétards.

Le canon des remparts continua donc de tirer; mais dans la nuit son effet était presque nul; après avoir répondu par des cris aux cris de leurs adversaires, les Français s'avancèrent en silence vers le rempart avec cette fougueuse intrépidité qui leur est habituelle dans l'attaque.

Mais tout à coup, portes et poternes s'ouvrent, et de tous côtés s'élancent des gens armés; seulement, ce n'est point l'ardente impétuosité des Français qui les anime, c'est une sorte d'ivresse pesante qui n'empêche pas le mouvement du guerrier, mais qui rend le guerrier massif comme une muraille roulante.

C'étaient les Flamands qui s'avançaient en bataillons serrés, en groupes compactes au-dessus desquels continuait à tonner une artillerie plus bruyante que formidable.

Alors le combat s'engage pied à pied, l'épée et le couteau se choquent, la pique et la lame se froissent, les coups de pistolet, la détonation des arquebuses éclairent les visages rougis de sang.

Mais pas un cri, pas un murmure, pas une plainte : le Flamand se bat avec rage, le Français avec dépit. Le Flamand est furieux d'avoir à se battre, car il ne se bat ni par état ni par plaisir. Le Français est furieux d'avoir été attaqué lorsqu'il attaquait.

Au moment où l'on en vient aux mains, avec cet acharnement que nous essaierions inutilement de rendre, des détonations pressées se font entendre du côté de Sainte-Marie, et une lueur s'élève au-dessus de la ville comme un panache de flammes. C'est Joyeuse qui attaque et qui va faire diversion en forçant la barrière qui défend l'Escaut, qui va pénétrer avec sa flotte jusqu'au cœur de la ville.

Du moins, c'est ce qu'espèrent les Français. Mais il n'en est point ainsi.

Poussé par un vent d'ouest, c'est-à-dire par le plus favorable à une pareille entreprise, Joyeuse avait levé l'ancre, et, la galère amirale en tête, il s'était laissé aller à cette brise qui le poussait malgré le courant. Tout était prêt pour le combat ; ses marins, armés de leurs sabres d'abordage, étaient à l'arrière ; ses canonniers, mèche allumée, étaient à leurs pièces ; ses gabiers avec des grenades dans les hunes ; enfin des matelots d'élite, armés de haches, se tenaient prêts à sauter sur les navires et les barques ennemis et à briser chaînes et cordages pour faire une trouée à la flotte.

On avançait en silence. Les sept bâtiments de Joyeuse, disposés en manière de coin, dont la galère amirale formait l'angle le plus aigu, semblaient une troupe de fantômes gigantesques glissant à fleur d'eau. Le jeune homme, dont le poste était sur son banc de quart, n'avait pu rester à son poste. Vêtu d'une magnifique armure, il avait pris sur la galère la place du premier lieutenant, et, courbé sur le beaupré, son œil semblait vouloir percer les brumes du fleuve et la profondeur de la nuit.

Bientôt, à travers cette double obscurité, il vit apparaître la digue qui s'étendait sombre en travers du fleuve ; elle semblait abandonnée et déserte. Seulement il y avait, dans ce pays d'embûches, quelque chose d'effrayant dans cet abandon et cette solitude.

Cependant on avançait toujours ; on était en vue du barrage, à dix encâblures à peine, et à chaque seconde on s'en rapprochait davantage, sans qu'un seul *qui vive !* fût encore venu frapper l'oreille des Français.

Les matelots ne voyaient dans ce silence qu'une négligence dont ils se réjouissaient ; le jeune amiral, plus prévoyant, y devinait quelque ruse dont il s'effrayait.

Enfin la proue de la galère amirale s'engagea au milieu des agrès des deux bâtiments qui formaient le centre du barrage, et, les poussant devant elle, elle fit fléchir par le milieu toute cette digue flexible dont les compartiments tenaient l'un à l'autre par des chaînes, et qui, cédant sans se rompre, prit, en s'appliquant aux flancs des vaisseaux français la même forme que ses vaisseaux offraient eux-mêmes.

Tout à coup, et au moment où les porteurs de haches recevaient l'ordre de descendre pour rompre le barrage, une foule de grappins, jetés par des mains invisibles, vinrent se cramponner aux agrès des vaisseaux français.

Les Flamands prévenaient la manœuvre des Français et faisaient ce qu'ils allaient faire.

Joyeuse crut que ses ennemis lui offraient un combat acharné. Il l'accepta. Les grappins lancés de son côté lièrent par des nœuds de fer les bâtiments ennemis aux siens. Puis, saisissant une hache aux mains d'un matelot, il s'élança le premier sur celui des bâtiments qu'il retenait d'une plus sûre étreinte, en criant : A l'abordage ! à l'abordage !

Tout son équipage le suivit, officiers et matelots, en poussant le même cri que lui ; mais aucun cri ne répondit au sien, aucune force ne s'opposa à son agression.

Seulement on vit trois barques chargées d'hommes glissant silencieusement sur le fleuve, comme trois oiseaux de mer attardés.

Ces barques fuyaient à force de rames, les oiseaux s'éloignaient à tire d'ailes.

Les assaillants restaient immobiles sur ces bâtiments qu'ils venaient de conquérir sans lutte.

Il en était de même sur toute la ligne.

Tout à coup, Joyeuse entendit sous ses pieds un grondement sourd, et une odeur de soufre se répandit dans l'air.

Un éclair traversa son esprit ; il courut à une écoutille qu'il souleva : les entrailles du bâtiment brûlaient.

A l'instant, le cri : Aux vaisseaux! aux vaisseaux! retentit sur toute la ligne.

Chacun remonta plus précipitamment qu'il n'était descendu ; Joyeuse, descendu le premier, remonta le dernier.

Au moment où il atteignait la muraille de sa galère, la flamme faisait éclater le pont du bâtiment qu'il quittait.

Alors, comme de vingt volcans, s'élancèrent des flammes, chaque barque, chaque sloop, chaque bâtiment était un cratère ; la flotte française, d'un port plus considérable, semblait dominer un abîme de feu.

L'ordre avait été donné de trancher les cordages, de rompre les chaînes, de briser les grappins ; les matelots s'étaient élancés dans les agrès avec la rapidité d'hommes convaincus que de cette rapidité dépendait leur salut.

Mais l'œuvre était immense ; peut-être se fût-on détaché des grappins jetés par les ennemis sur la flotte française, mais il y avait encore ceux jetés par la flotte française sur les bâtiments ennemis.

Tout à coup vingt détonations se firent entendre ; les bâtiments français tremblèrent dans leur membrure, gémirent dans leur profondeur.

C'étaient les canons qui défendaient la digue, et qui, chargés jusqu'à la gueule et abandonnés par les Anversois, éclataient tout seuls au fur et à mesure que le feu les gagnait, brisant sans intelligence tout ce qui se trouvait dans leur direction, mais brisant.

Les flammes montaient, comme de gigantesques serpents, le long des mâts, s'enroulaient autour des vergues, puis de leurs langues aiguës, venaient lécher les flancs cuivrés des bâtiments français.

Joyeuse, avec sa magnifique armure damasquinée d'or, donnant, calme et d'une voix impérieuse, ses ordres au milieu de toutes ces flammes, ressemblait à une de ces fabuleuses salamandres aux millions d'écailles, qui, à chaque mouvement qu'elles faisaient, secouaient une poussière d'étincelles.

Mais bientôt les détonations redoublèrent plus fortes et plus foudroyantes ; ce n'étaient plus les canons qui tonnaient, c'étaient les saintes-barbes qui prenaient feu, c'étaient les bâtiments eux-mêmes qui éclataient.

Tant qu'il avait espéré rompre les liens mortels qui l'attachaient à ses ennemis, Joyeuse avait lutté ; mais il n'y avait plus d'espoir d'y réussir : la flamme avait gagné les vaisseaux français, et à chaque vaisseau ennemi qui sautait, une pluie de feu, pareille à un bouquet d'artifice, retombait sur son pont.

Seulement, ce feu, c'était le feu grégeois, ce feu implacable, qui s'augmente de ce qui éteint les autres feux, et qui dévore sa proie jusqu'au fond de l'eau.

Les bâtiments anversois, en éclatant, avaient rompu les digues ; mais les bâtiments français, au lieu de continuer leur route, allaient à la dérive tout en flammes eux-mêmes, et entraînant après eux quelques fragments du brûlot rongeur, qui les avait étreints de ses bras de flammes.

Joyeuse comprit qu'il n'y avait plus de lutte possible ; il donna l'ordre de mettre toutes les barques à la mer, et de prendre terre sur la rive gauche.

L'ordre fut transmis aux autres bâtiments à l'aide des porte-voix ; ceux qui ne l'entendirent pas, eurent instinctivement la même idée.

Tout l'équipage fut embarqué jusqu'au dernier matelot, avant que Joyeuse quittât le pont de sa galère.

Son sang-froid semblait avoir rendu le sang-froid à tout le monde : chacun de ses marins avait à la main sa hache ou son sabre d'abordage.

Avant qu'il eût atteint les rives du fleuve, la galère amirale sautait, éclairant d'un côté la silhouette de la ville, et de l'autre l'immense horizon du fleuve qui allait, en s'élargissant toujours, se perdre dans la mer.

Pendant ce temps, l'artillerie des remparts avait éteint son feu : non pas que le combat eût diminué de rage, mais au contraire parce que Flamands et Français en étant venus aux mains, on ne pouvait plus tirer sur les uns sans tirer sur les autres.

La cavalerie calviniste avait chargé à son tour, faisant des prodiges ; devant le fer de ses cavaliers, elle ouvre ; sous les pieds de ses chevaux, elle broie ; mais les Flamands blessés éventrent les chevaux avec leurs larges coutelas.

Malgré cette charge brillante de la cavalerie, un peu de désordre se met dans les colonnes françaises, et elles ne font plus que se maintenir.

Eh bien ! vois-tu maintenant ? — PAGE 35.

au lieu d'avancer, tandis que des portes de la ville sortent incessamment des bataillons frais qui se ruent sur l'armée du duc d'Anjou.

Tout à coup, une grande rumeur se fait entendre presque sous les murailles de la ville. Les cris : Anjou ! Anjou ! France ! France ! retentissent sur les flancs des Anversois, et un choc effroyable ébranle toute cette masse si serrée, par la simple impulsion de ceux qui la poussent, que les premiers sont braves parce qu'ils ne peuvent faire autrement.

Ce mouvement, c'est Joyeuse qui le cause : ces cris, ce sont les matelots qui les poussent : quinze cents hommes armés de haches et de coutelas et conduits par Joyeuse auquel on a amené un cheval sans maître, sont tombés tout à coup sur les Flamands ; ils ont à venger leur flotte en flammes et deux cents de leurs compagnons brûlés ou noyés.

Ils n'ont pas choisi leur rang de bataille, ils se sont élancés sur le premier groupe qu'à son langage et à son costume ils ont reconnu pour un ennemi.

Nul ne maniait mieux que Joyeuse sa longue

épée de combat ; son poignet tournait comme un moulinet d'acier, et chaque coup de taille fendait une tête, chaque coup de pointe trouait un homme.

Le groupe de Flamands sur lequel tomba Joyeuse fut dévoré comme un grain de blé par une légion de fourmis.

Ivres de ce premier succès, les marins poussèrent en avant.

Tandis qu'ils gagnaient du terrain, la cavalerie calviniste, enveloppée par ces torrents d'hommes, en perdait peu à peu ; mais l'infanterie du comte de Saint-Aignan continuait de lutter corps à corps avec les Flamands.

Le prince avait vu l'incendie de la flotte comme une lueur lointaine ; il avait entendu les détonations des canons et les explosions des bâtiments sans soupçonner autre chose qu'un combat acharné, qui de ce côté devait naturellement se terminer par la victoire de Joyeuse : le moyen de croire que quelques vaisseaux flamands luttassent avec une flotte française !

Il s'attendait donc à chaque instant à une diversion de la part de Joyeuse, lorsque tout à coup on vint lui dire que la flotte était détruite et que Joyeuse et ses marins chargeaient au milieu des Flamands.

Dès lors le prince commença de concevoir une grande inquiétude : la flotte, c'était la retraite et par conséquent la sûreté de l'armée.

Le duc envoya l'ordre à la cavalerie calviniste de tenter une nouvelle charge, et cavaliers et chevaux épuisés se rallièrent pour se ruer de nouveau sur les Anversois.

On entendait la voix de Joyeuse crier au milieu de la mêlée : Tenez ferme, monsieur de Saint-Aignan ! France ! France !

Et, comme un faucheur entamant un champ de blé, son épée tournoyait dans l'air et s'abattait, couchant devant lui sa moisson d'hommes ; le faible favori, le cybarite délicat, semblait avoir revêtu avec sa cuirasse la force fabuleuse de l'Hercule néméen.

Et l'infanterie qui entendait cette voix dominant la rumeur, qui voyait cette épée éclairant la nuit, l'infanterie reprenait courage, et, comme la cavalerie, faisait un nouvel effort et revenait au combat.

Mais alors l'homme qu'on appelait monseigneur sortit de la ville sur un beau cheval noir.

Il portait des armes noires, c'est-à-dire le casque, les brassards, la cuirasse et les cuissards d'acier bruni ; il était suivi de cinq cents cavaliers bien montés qu'avait mis sous ses ordres le prince d'Orange.

De son côté, Guillaume le Taciturne, par la porte parallèle, sortait avec son infanterie d'élite, qui n'avait pas encore donné.

Le cavalier aux armes noires courut au plus pressé : c'était à l'endroit où Joyeuse combattait avec ses marins.

Les Flamands le reconnaissaient et s'écartaient devant lui en criant joyeusement : Monseigueur ! monseigneur ! Joyeuse et ses marins sentirent l'ennemi fléchir ; ils entendirent ces cris, et tout à coup ils se trouvèrent en face de cette nouvelle troupe, qui leur apparaissait subitement comme par enchantement.

Joyeuse, poussa son cheval sur le cavalier noir, et tous deux se heurtèrent avec un sombre acharnement.

Du premier choc de leurs épées se dégagea une gerbe d'étincelles.

Joyeuse, confiant dans la trempe de son armure et dans sa science de l'escrime, porta de rudes coups qui furent habilement parés. En même temps un des coups de son adversaire le toucha en pleine poitrine, et, glissant sur la cuirasse, alla, au défaut de l'armure, lui tirer quelques goutes de sang de l'épaule.

— Ah ! s'écria le jeune amiral en sentant la pointe du fer, cet homme est un Français, et il y a plus, cet homme a étudié les armes sous le même maître que moi.   •

A ces paroles, on vit l'inconnu se détourner et essayer de se jeter sur un autre point.

— Si tu es Français, lui cria Joyeuse, tu es un traître, car tu combats contre ton roi, contre ta patrie, contre ton drapeau.

L'inconnu ne répondit qu'en se retournant et en attaquant Joyeuse avec fureur.

Mais, cette fois, Joyeuse était prévenu et savait à quelle habile épée il avait affaire. Il para successivement trois ou quatre coups portés avec autant d'adresse que de rage, de force que de colère.

Ce fut l'inconnu qui à son tour fit un mouvement de retraite.

— Tiens ! lui cria le jeune homme, voilà ce qu'on fait quand on se bat pour son pays : cœur pur et bras loyal suffisent à défendre une tête sans casque, un front sans visière.

Et arrachant les courroies de son heaume, il le jeta loin de lui, en mettant à découvert sa noble et belle tête, dont les yeux étincelaient de vigueur, d'orgueil et de jeunesse.

Le cavalier aux armes noires, au lieu de répondre avec la voix ou de suivre l'exemple donné, poussa un sourd rugissement et leva l'épée sur cette tête nue.

— Ah! fit Joyeuse en parant le coup, je l'avais bien dit, tu es un traître, et en traître tu mourras.

Et en le pressant, il lui porta l'un sur l'autre deux ou trois coups de pointe, dont l'un pénétra à travers une des ouvertures de la visière de son casque.

— Ah! je te tuerai, disait le jeune homme, et je t'enlèverai ton casque, qui te défend et te cache si bien, et je te pendrai au premier arbre que je trouverai sur mon chemin.

L'inconnu allait riposter, lorsqu'un cavalier, qui venait de faire sa jonction avec lui, se pencha à son oreille et lui dit :

— Monseigneur, plus d'escarmouche; votre présence est utile là-bas.

L'inconnu suivit des yeux la direction indiquée par la main de son interlocuteur, et il vit les Flamands hésiter devant la cavalerie calviniste.

— En effet, dit-il d'une voix sombre, là sont ceux que je cherchais.

En ce moment, un flot de cavaliers tomba sur les marins de Joyeuse, qui, lassés de frapper sans relâche avec leurs armes de géant, firent leur premier pas en arrière.

Le cavalier noir profita de ce mouvement pour disparaître dans la mêlée et dans la nuit.

Un quart d'heure après, les Français pliaient sur toute la ligne et cherchaient à reculer sans fuir.

M. de Saint-Aignan prenait toutes ses mesures pour obtenir de ses hommes une retraite en bon ordre.

Mais une dernière troupe de cinq cents chevaux et de deux mille hommes d'infanterie sortit toute fraîche de la ville, et tomba sur cette armée harassée et déjà marchant à reculons. C'étaient ces vieilles bandes du prince d'Orange, qui tour à tour avaient lutté contre le duc d'Albe, contre don Juan, contre Requesens, et contre Alexandre Farnèse.

Alors il fallut se décider à quitter le champ de bataille et à faire retraite par terre, puisque la flotte sur laquelle on comptait en cas d'événement était détruite.

Malgré le sang-froid des chefs, malgré la bravoure du plus grand nombre, une affreuse déroute commença.

Ce fut en ce moment que l'inconnu, avec toute cette cavalerie qui avait à peine donné, tomba sur les fuyards et rencontra de nouveau à l'arrière-garde Joyeuse avec ses marins, dont il avait laissé les deux tiers sur le champ de bataille.

Le jeune amiral était remonté sur son troisième cheval, les deux autres ayant été tués sous lui. Son épée s'était brisée, et il avait pris des mains d'un marin blessé une de ces pesantes haches d'abordage, qui tournait autour de sa tête avec la même facilité qu'une fronde aux mains d'un frondeur.

De temps en temps il se retournait et faisait face, pareil à ces sangliers qui ne peuvent se décider à fuir, et qui reviennent désespérément sur le chasseur.

De leur côté, les Flamands, qui, selon la recommandation de celui qu'ils avaient appelé monseigneur, avaient combattu sans cuirasse, étaient lestes à la poursuite et ne donnaient pas une seconde de relâche à l'armée angevine.

Quelque chose comme un remords, ou tout au moins comme un doute, saisit au cœur l'inconnu en face de ce grand désastre.

— Assez, messieurs, assez, dit-il en français à ses gens, ils sont chassés ce soir d'Anvers, et dans huit jours seront chassés de Flandre : n'en demandons pas plus au Dieu des armées.

— Ah! c'était un Français, c'était un Français! s'écria Joyeuse, je t'avais deviné, traître. Ah! sois maudit, et puisses-tu mourir de la mort des traîtres!

Cette furieuse imprécation sembla décourager l'homme que n'avaient pu ébranler mille épées levées contre lui : il tourna bride, et, vainqueur, s'enfuit presque aussi rapidement que les vaincus.

Mais cette retraite d'un seul homme ne changea rien à la face des choses : la peur est contagieuse, elle avait gagné l'armée tout entière, et, sous le poids de cette panique insensée, les soldats commencèrent à fuir en désespérés.

Les chevaux s'animaient malgré la fatigue

car eux-mêmes semblaient être aussi sous l'influence de la peur ; les hommes se dispersaient pour trouver des abris : en quelques heures l'armée n'exista plus à l'état d'armée.

C'était le moment où, selon les ordres de monseigneur, s'ouvraient les digues et se levaient les écluses. Depuis Lier jusqu'à Termonde, depuis Haesdonk jusqu'à Malines, chaque petite rivière, grossie par ses affluents, chaque canal débordé envoyait dans le plat pays son contingent d'eau furieuse.

Ainsi, quand les Français fugitifs commencèrent à s'arrêter, ayant lassé leurs ennemis, quand ils eurent vu les Anversois retourner enfin vers leur ville suivis des soldats du prince d'Orange ; quand ceux qui avaient échappé sains et saufs du carnage de la nuit crurent enfin être sauvés, et respirèrent un instant, les uns avec une prière, les autres avec un blasphème, c'était à cette heure même qu'un nouvel ennemi, aveugle, impitoyable, se déchaînait sur eux avec la célérité du vent, avec l'impétuosité de la mer ; toutefois, malgré l'imminence du danger qui commençait à les envelopper, les fugitifs ne se doutaient de rien.

Joyeuse avait commandé une halte à ses marins, réduits à huit cents, et les seuls qui eussent conservé une espèce d'ordre dans cette effroyable déroute.

Le comte de Saint-Aignan, haletant, sans voix, ne parlant plus que par la menace de ses gestes, le comte de Saint-Aignan essayait de rallier ses fantassins épars.

Le duc d'Anjou, à la tête des fuyards, monté sur un excellent cheval, et accompagné d'un domestique tenant un autre cheval en main, poussait en avant, sans paraître songer à rien.

— Le misérable n'a pas de cœur, disaient les uns.

— Le vaillant est magnifique de sang-froid, disaient les autres.

Quelques heures de repos, prises de deux heures à six heures du matin, rendirent aux fantassins la force de continuer la retraite.

Seulement, les vivres manquaient.

Quant aux chevaux, ils semblaient plus fatigués encore que les hommes, se traînant à peine, car ils n'avaient pas mangé depuis la veille.

Aussi marchaient-ils à la queue de l'armée.

On espérait gagner Bruxelles qui était au duc et dans laquelle on avait de nombreux partisans ; cependant on n'était pas sans inquiétude sur son bon vouloir ; un instant aussi l'on avait cru pouvoir compter sur Anvers comme on croyait pouvoir compter sur Bruxelles.

Là, à Bruxelles, c'est-à-dire à huit lieues à peine de l'endroit où l'on se trouvait, on ravitaillerait les troupes, et l'on prendrait un campement avantageux, pour recommencer la campagne interrompue au moment que l'on jugerait le plus convenable.

Les débris que l'on ramenait devaient servir de noyau à une armée nouvelle.

C'est qu'à cette heure encore nul ne prévoyait le moment épouvantable où le sol s'affaisserait sous les pieds des malheureux soldats, où des montagnes d'eau viendraient s'abattre et rouler sur leurs têtes, où les restes de tant de braves gens, emportés par les eaux bourbeuses, rouleraient jusqu'à la mer, ou s'arrêteraient en route pour engraisser les campagnes du Brabant.

M. le duc d'Anjou se fit servir à déjeuner dans la cabane d'un paysan, entre Héboken et Heckhout.

La cabane était vide, et, depuis la veille au soir, les habitants s'en étaient enfuis ; le feu allumé par eux la veille brûlait encore dans la cheminée.

Les soldats et les officiers voulurent imiter leur chef et s'éparpillèrent dans les deux bourgs que nous venons de nommer ; mais ils virent avec une surprise mêlée d'effroi que toutes les maisons étaient désertes, et que les habitants en avaient à peu près emporté toutes les provisions.

Le comte de Saint-Aignan cherchait fortune comme les autres ; cette insouciance du duc d'Anjou, à l'heure même où tant de braves gens mouraient pour lui, répugnait à son esprit, et il s'était éloigné du prince.

Il était de ceux qui disaient :

« Le misérable n'a pas de cœur ! »

Il visita, pour son compte, deux ou trois maisons qu'il trouva vides ; il frappait à la porte d'une quatrième, quand on vint lui dire qu'à deux lieues à la ronde, c'est-à-dire dans le cercle du pays que l'on occupait, toutes les maisons étaient ainsi.

A cette nouvelle, M. de Saint-Aignan fronça le sourcil et fit sa grimace ordinaire.

Il la lança dans le poste. — PAGE 37.

— En route, messieurs, en route ! dit-il aux officiers.

— Mais, répondirent ceux-ci, nous sommes harassés, mourant de faim, général.

— Oui ; mais vous êtes vivants, et si vous restez ici une heure de plus, vous êtes morts ; peut-être est-il déjà trop tard.

M. de Saint-Aignan ne pouvait rien désigner, mais il soupçonnait quelque grand danger caché dans cette solitude.

On décampa.

Le duc d'Anjou prit la tête, M. de Saint-Aignan garda le centre, et Joyeuse se chargea de l'arrière-garde.

Mais deux ou trois mille hommes encore se détachèrent des groupes, ou affaiblis par leurs blessures, ou harassés de fatigue, et se couchèrent dans les herbes, ou au pied des arbres, abandonnés, désolés, frappés d'un sinistre pressentiment.

Avec eux restèrent les cavaliers démontés, ceux dont les chevaux ne pouvaient plus se traîner, ou qui s'étaient blessés en marchant. A peine, autour du duc d'Anjou, restait-il trois mille hommes valides et en état de combattre.

LXVII

LES VOYAGEURS

Tandis que ce désastre s'accomplissait, précurseur d'un désastre plus grand encore, deux voyageurs, montés sur d'excellents chevaux du Perche, sortaient de la porte de Bruxelles pendant une nuit fraîche, et poussaient en avant dans la direction de Malines.

Ils marchaient côte à côte, les manteaux en trousse, sans armes apparentes, à part toutefois un large couteau flamand, dont on voyait briller la poignée de cuivre à la ceinture de l'un d'eux.

Ces voyageurs cheminaient de front, chacun suivant sa pensée, peut-être la même, sans échanger une seule parole.

Ils avaient la tournure et le costume de ces forains picards qui faisaient alors un commerce assidu entre le royaume de France et les Flandres, sorte de commis-voyageurs, précurseurs et naïfs, qui, à cette époque, faisaient le travail de ceux d'aujourd'hui, sans se douter qu'ils touchassent à la spécialité de la grande propagande commerciale.

Quiconque les eût vus trotter si paisiblement sur la route, éclairée par la lune, les eût pris pour de bonnes gens, pressés de trouver un lit, après une journée convenablement faite.

Cependant il n'eût fallu qu'entendre quelques phrases, détachées de leur conversation par le vent, quand il y avait conversation, pour ne pas conserver d'eux cette opinion erronée que leur donnait la première apparence.

Et d'abord, le plus étrange des mots échangés entre eux fut le premier mot qu'ils échangèrent, quand ils furent arrivés à une demi-lieue de Bruxelles à peu près.

— Madame, dit le plus gros au plus svelte des deux compagnons, vous avez en vérité eu raison de partir cette nuit; nous gagnons sept lieues en faisant cette marche, et nous arrivons à Malines au moment où, selon toute probabilité, le résultat du coup de main sur Anvers sera connu. On sera là-bas dans toute l'ivresse du triomphe. En deux jours de très petites marches, et pour vous reposer vous avez besoin de courtes étapes, en deux jours de petites marches, nous gagnons Anvers, et cela justement à l'heure probable où le prince sera revenu de sa joie et daignera regarder à terre, après s'être élevé jusqu'au septième ciel.

Le compagnon qu'on appelait madame, et

qui ne se révoltait aucunement de cette appellation, malgré ses habits d'homme, répondit d'une voix calme, grave et douce à la fois :

— Mon ami, croyez-moi, Dieu se lassera de protéger ce misérable prince, et il le frappera cruellement; hâtons-nous donc de mettre à exécution nos projets, car je ne suis pas de ceux qui croient à la fatalité, moi, et je pense que les hommes ont le libre arbitre de leurs volontés et de leurs faits. Si nous n'agissons pas et que nous laissions agir Dieu, ce n'était pas la peine de vivre si douloureusement jusque aujourd'hui.

En ce moment, une haleine du nord-ouest passa sifflante et glacée.

— Vous frissonnez, madame, dit le plus âgé des deux voyageurs; prenez votre manteau.

— Non, Remy, merci; je ne sens plus, tu le sais, ni douleurs du corps ni tourments de l'esprit.

Remy leva les yeux au ciel, et demeura plongé dans un sombre silence.

Parfois, il arrêtait son cheval et se retournait sur ses étriers, tandis que sa compagne le devançait, muette comme une statue équestre.

Après une de ces haltes d'un instant, et quand son compagnon l'eut rejointe :

— Tu ne vois plus personne derrière nous? dit-elle.

— Non, madame, personne.

— Ce cavalier, qui nous avait rejoints la nuit à Valenciennes, et qui s'était enquis de nous après nous avoir observés si longtemps avec surprise?

— Je ne le revois plus.

— Mais il me semble que je l'ai revu, moi, avant d'entrer à Mons.

— Et moi, madame, je suis sûr de l'avoir revu avant d'entrer à Bruxelles.

— A Bruxelles, tu dis?

— Oui, mais il se sera arrêté dans cette dernière ville.

— Remy, dit la dame en se rapprochant de son compagnon, comme si elle craignait que sur cette route déserte on ne pût l'entendre; Remy, ne t'a-t-il point paru qu'il ressemblait...

— A qui, madame?

— Comme tournure du moins, car je n'ai pas vu son visage, à ce malheureux jeune homme.

— Oh! non, non, madame, se hâta de dire Remy, pas le moins du monde; et, d'ailleurs, comment aurait-il pu deviner que nous avons quitté Paris et que nous sommes sur cette route?

— Mais comme il savait où nous étions, Remy, quand nous changions de demeure à Paris.

— Non, non, madame, reprit Rémy, il ne nous a pas suivis ni fait suivre, et, comme je vous l'ai dit là-bas, j'ai de fortes raisons de croire qu'il avait pris un parti désespéré, mais vis-à-vis de lui seul.

— Hélas! Remy, chacun porte sa part de souffrance en ce monde; Dieu allége celle de ce pauvre enfant!

Remy répondit par un soupir au soupir de sa maîtresse, et ils continuèrent leur route sans autre bruit que celui du pas des chevaux sur le chemin sonore.

Deux heures se passèrent ainsi.

Au moment où nos voyageurs allaient entrer dans Vilvorde, Remy tourna la tête.

Il venait d'entendre le galop d'un cheval au tournant du chemin.

Il s'arrêta, écouta, mais ne vit rien.

Ses yeux cherchèrent inutilement à percer la profondeur de la nuit, mais comme aucun bruit ne troublait son silence solennel, il entra dans le bourg avec sa compagne. .

— Madame, lui dit-il, le jour va bientôt venir; si vous m'en croyez, nous nous arrêterons ici; les chevaux sont las, et vous avez besoin de repos.

— Remy, dit la dame, vous voulez inutilement me cacher ce que vous éprouvez. Remy, vous êtes inquiet.

— Oui, de votre santé, madame; croyez-moi, une femme ne saurait supporter de pareilles fatigues, et c'est à peine si moi-même...

— Faites comme il vous plaira, Remy, répondit la dame.

— Eh bien! alors, entrez dans cette ruelle à l'extrémité de laquelle j'aperçois une lanterne qui se meurt; c'est le signe auquel on reconnaît les hôtelleries : hâtez-vous, je vous prie.

— Vous avez donc entendu quelque chose?

— Oui, comme le pas d'un cheval. Il est vrai que je crois m'être trompé; mais, en tout cas, je reste un instant en arrière pour m'assurer de la réalité ou de la fausseté de mes doutes.

La dame, sans répliquer, sans essayer de détourner Remy de son intention, toucha les flancs de son cheval, qui pénétra dans la ruelle longue et tortueuse.

Remy la laissa passer devant, mit pied à terre

Il retint par le bras la jeune femme. — PAGE 37.

et lâcha la bride à son cheval, qui suivit naturellement celui de sa compagne.

Quant à lui, courbé derrière une borne gigantesque, il attendit.

La dame heurta au seuil de l'hôtellerie derrière la porte de laquelle, suivant la coutume hospitalière des Flandres, veillait ou plutôt dormait une servante aux larges épaules et aux bras robustes.

La fille avait déjà entendu le pas du cheval claquer sur le pavé de la ruelle, et, réveillée sans humeur, elle vint ouvrir la porte et recevoir dans ses bras le voyageur ou plutôt la voyageuse.

Puis elle ouvrit aux deux chevaux la large porte cintrée dans laquelle ils se précipitèrent, en reconnaissant une écurie.

— J'attends mon compagnon, dit la dame, laissez-moi m'asseoir près du feu en l'attendant : je ne me coucherai point qu'il ne soit arrivé.

La servante jeta de la paille aux chevaux, referma la porte de l'écurie, rentra dans la cuisine, approcha un escabeau du feu, moucha avec ses doigts la massive chandelle, et se rendormit.

Pendant ce temps. Remy, qui s'était placé en embuscade, guettait le passage du voyageur dont il avait entendu galoper le cheval.

Il le vit entrer dans le bourg, marcher au pas en prêtant l'oreille attentivement; puis, arrivé à la ruelle, le cavalier vit la lanterne, et parut hésiter s'il passerait outre ou s'il se dirigerait de ce côté.

Il s'arrêta tout à fait à deux pas de Remy, qui sentit sur son épaule le souffle de son cheval.

Remy porta la main à son couteau.

— C'est bien lui, murmura-t-il, lui de ce côté, lui qui nous suit encore. Que nous veut-il?

Le voyageur croisa les deux bras sur sa poitrine, tandis que son cheval soufflait avec effort en allongeant le cou.

Il ne prononçait pas une seule parole; mais, au feu de ses regards, dirigés tantôt en avant, tantôt en arrière, tantôt dans la ruelle, il n'était point difficile de deviner qu'il se demandait s'il fallait retourner en arrière, pousser en avant, ou se diriger vers l'hôtellerie.

— Ils ont continué, murmura-t-il à demi-voix, continuons.

Et, rendant les rênes à son cheval, il continua son chemin.

— Demain, se dit Remy, nous changerons de route.

Et il rejoignit sa compagne, qui l'attendait impatiemment.

— Eh bien! dit-elle tout bas, nous suit-on?

— Personne : je me trompais. Il n'y a que nous sur la route, et vous pouvez dormir en toute sécurité.

— Oh! je n'ai pas sommeil, Remy, vous le savez bien.

— Au moins vous souperez, madame, car hier déjà vous ne prîtes rien.

— Volontiers, Remy.

On réveilla la pauvre servante, qui se leva, cette seconde fois, avec le même air de bonne humeur que la première, et qui apprenant ce dont il était question, tira du buffet un quartier de porc salé, un levraut froid et des confitures; puis elle apporta un pot de bière de Louvain écumante et perlée.

Remy se mit à table près de sa maîtresse.

Alors celle-ci emplit à moitié un verre à anse de cette bière dont elle se mouilla les lèvres, rompit un morceau de pain dont elle mangea quelques miettes, puis se renversa sur sa chaise en repoussant le verre et le pain.

— Comment! vous ne mangez plus, mon gentilhomme? demanda la servante.

— Non, j'ai fini, merci.

La servante, alors, se mit à regarder Remy qui ramassait le pain rompu par sa maîtresse, le mangeait lentement et buvait un verre de bière.

— Et la viande, dit-elle, vous ne mangez pas de viande, monsieur?

— Non, mon enfant, merci.

— Vous ne la trouvez donc pas bonne?

— Je suis sûr qu'elle est excellente, mais je n'ai pas faim.

La servante joignit les mains pour exprimer l'étonnement où la plongeait cette étrange sobriété : ce n'était pas ainsi qu'avaient l'habitude d'en user ses compatriotes voyageurs.

Remy, comprenant qu'il y avait un peu de dépit dans le geste invocateur de la servante, jeta une pièce d'argent sur la table.

— Oh! dit la servante, pour ce qu'il faut vous rendre, mon Dieu! vous pouvez bien garder votre pièce : six deniers de dépense à deux!

— Gardez la pièce tout entière, ma bonne, dit la voyageuse, mon frère et moi, nous sommes sobres, c'est vrai, mais nous ne voulons pas diminuer votre gain.

La servante devint rouge de joie, et cependant en même temps des larmes de compassion mouillaient ses yeux, tant ces paroles avaient été prononcées douloureusement.

— Dites-moi, mon enfant, demanda Remy, existe-t-il une route de traverse d'ici à Malines?

— Oui, monsieur, mais bien mauvaise; tandis qu'au contraire, monsieur ne sait peut-être pas cela, mais il existe une grande route excellente.

— Si fait, mon enfant, je sais cela. Mais je dois voyager par l'autre.

— Dame! je vous prévenais, monsieur, parce que, comme votre compagnon est une femme, la route sera doublement mauvaise, pour elle surtout.

— En quoi, ma bonne?

— En ce que, cette nuit, grand nombre de gens de la campagne traversent le pays pour aller sous Bruxelles.

— Sous Bruxelles?

— Oui, ils émigrent momentanément.

— Pourquoi donc émigrent-ils?

— Je ne sais; c'est l'ordre.

— L'ordre de qui? du prince d'Orange?

— Non, de monseigneur.

— Qui est ce monseigneur!

— Ah! dame! vous m'en demandez trop, monsieur, je ne sais pas; mais enfin, tant il y a que, depuis hier au soir, on émigre.

— Et quels sont les émigrants?

— Les habitants de la campagne, des villages, des bourgs, qui n'ont ni digues ni remparts.

— C'est étrange, fit Remy.

— Mais nous-mêmes, dit la fille, au point du jour nous partirons, ainsi que tous les gens du bourg. Hier, à onze heures, tous les bestiaux ont été dirigés sur Bruxelles par les canaux et les routes de traverse; voilà pourquoi, sur le chemin dont je vous parle, il doit y avoir à cette heure encombrement de chevaux, de chariots et de gens.

— Pourquoi pas sur la grande route? la grande route, ce me semble, vous procurerait une retraite plus facile.

— Je ne sais; c'est l'ordre.

Remy et sa compagne se regardèrent.

— Mais nous pouvons continuer, n'est-ce pas, nous qui allons à Malines?

— Je le crois, à moins que vous ne préfériez faire comme tout le monde, c'est-à-dire vous acheminer sur Bruxelles.

Remy regarda sa compagne.

— Non, non, nous repartirons sur-le-champ pour Malines, s'écria la dame en se levant; ouvrez l'écurie, s'il vous plaît, ma bonne.

Remy se leva comme sa compagne en murmurant à demi voix :

— Danger pour danger, je préfère celui que je connais : d'ailleurs le jeune homme a de l'avance sur nous... et si par hasard il nous attendait, eh bien! nous verrions!

Et comme les chevaux n'avaient pas même été dessellés, il tint l'étrier à sa compagne, se mit lui-même en selle, et le jour levant les trouva sur les bords de la Dyle.

LXVIII

EXPLICATION

Le danger que bravait Remy était un danger réel, car le voyageur de la nuit, après avoir dépassé le bourg et couru un quart de lieue en avant, ne voyant plus personne sur la route, s'aperçut bien que ceux qu'il suivait s'étaient arrêtés dans le village.

Il ne voulut point revenir sur ses pas, sans doute pour mettre à sa poursuite le moins d'affectation possible : mais il se coucha dans un champ de trèfle, ayant eu le soin de faire descendre son cheval dans un de ces fossés profonds qui en Flandre servent de clôture aux héritages.

Il résultait de cette manœuvre que le jeune homme se trouvait à portée de tout voir sans être vu.

Ce jeune homme, on l'a déjà reconnu, comme Remy l'avait reconnu lui-même et comme la dame l'avait soupçonné, ce jeune homme c'était Henri du Bouchage, qu'une étrange fatalité jetait une fois encore en présence de la femme qu'il avait juré de fuir.

Après son entretien avec Remy sur le seuil de la maison mystérieuse, c'est-à-dire après la perte de toutes ses espérances, Henri était revenu à l'hôtel de Joyeuse, bien décidé, comme il l'avait dit, à quitter une vie qui se présentait pour lui si misérable à son aurore; et, en gentilhomme de cœur, en bon fils, car il avait le nom de son père à garder pur, il s'était résolu au glorieux suicide du champ de bataille.

Or, on se battait en Flandre; le duc de Joyeuse, son frère, commandait une armée et pouvait lui choisir une occasion de bien quitter la vie. Henri n'hésita point; il sortit de son hôtel à la fin du jour suivant, c'est-à-dire vingt heures après le départ de Remy et de sa compagne.

Des lettres arrivées de Flandre annonçaient un coup de main décisif sur Anvers. Henri se flatta d'arriver à temps. Il se complaisait dans cette idée que du moins il mourrait l'épée à la main, dans les bras de son frère, sous un drapeau français; que sa mort ferait grand bruit, et que ce bruit percerait les ténèbres dans lesquelles vivait la dame de la maison mystérieuse.

Nobles folies! glorieux et sombres rêves! Henri se reput quatre jours entiers de sa douleur et surtout de cet espoir qu'elle allait bientôt finir.

Au moment où, tout entier à ces rêves de mort, il apercevait la flèche aiguë du clocher de Valenciennes, et où huit heures sonnaient à la ville, il s'aperçut qu'on allait fermer les portes; il piqua son cheval des deux et faillit, en passant sur le pont-levis, renverser un homme qui rattachait les sangles du sien.

Henri n'était pas un de ces nobles insolents qui foulent aux pieds tout ce qui n'est point un écusson. Il fit en passant des excuses à cet homme, qui se retourna au son de sa voix, puis se détourna aussitôt.

Henri, emporté par l'action de son cheval, qu'il essayait d'arrêter en vain, Henri tressaillit comme s'il eût vu ce qu'il ne s'attendait pas à voir.

— Oh! je suis fou, pensa-t-il; Remy à Valenciennes; Remy, que j'ai laissé, il y a quatre jours, rue de Bussy; Remy sans sa maîtresse, car il avait pour compagnon un jeune homme, ce me semble? En vérité, la douleur me trouble le cerveau, m'altère la vue à ce point que tout ce qui m'entoure revêt la forme de mes immuables idées.

Et, continuant son chemin, il était entré dans la ville sans que le soupçon qui avait effleuré son esprit, y eût pris racine un seul instant.

A la première hôtellerie qu'il trouva sur son chemin, il s'arrêta, jeta la bride aux mains d'un valet d'écurie, et s'assit devant la porte, sur un banc, pendant qu'on préparait sa chambre et son souper.

Mais tandis que, pensif, il était assis sur ce banc, il vit s'avancer les deux voyageurs qui marchaient côte à côte, et il remarqua que celui qu'il avait pris pour Remy tournait fréquemment la tête.

L'autre avait le visage caché sous l'ombre d'un chapeau à larges bords.

Remy, en passant devant l'hôtellerie, vit Henri sur le banc, et détourna encore la tête; mais cette précaution même contribua à le faire reconnaître.

— Oh! cette fois, murmura Henri, je ne me trompe point, mon sang est froid, mon œil clair, mes idées fraîches; revenu d'une première hallucination, je me possède complétement. Or, le même phénomène se produit, et je crois encore reconnaître, dans l'un de ces voyageurs, Remy, c'est-à-dire le serviteur de la maison du faubourg.

Non! continua-t-il, je ne puis rester dans une pareille incertitude, et sans retard il faut que j'éclaircisse mes doutes.

Henri, cette résolution prise, se leva et marcha dans la grande rue sur les traces des deux voyageurs; mais, soit que ceux-ci fussent déjà entrés dans quelque maison, soit qu'ils eussent pris une autre route, Henri ne les aperçut plus.

Il courut jusqu'aux portes; elles étaient fermées.

Donc les voyageurs n'avaient pas pu sortir.

Henri entra dans toutes les hôtelleries, questionna, chercha et finit par apprendre qu'on avait vu deux cavaliers se dirigeant vers une auberge de mince apparence, située rue du Beffroi.

L'hôte était occupé à fermer lorsque du Bouchage entra.

Tandis que cet homme, affriandé par la bonne mine du jeune voyageur, lui offrait sa maison et ses services, Henri plongeait ses regards dans l'intérieur de la chambre d'entrée, et de l'endroit où il se trouvait, pouvait apercevoir encore, sur le haut de l'escalier, Remy lui-même, lequel montait, éclairé par la lampe d'une servante.

Il ne put voir son compagnon, qui, sans doute, étant passé le premier, avait déjà disparu.

Au haut de l'escalier, Remy s'arrêta. En le reconnaissant positivement, cette fois, le comte avait poussé une exclamation, et, au son de la voix du comte, Remy s'était retourné.

Aussi, à son visage si remarquable par la cicatrice qui le labourait, à son regard plein d'inquiétude, Henri ne conserva-t-il aucun doute, et, trop ému pour prendre un parti à l'instant même, s'éloigna-t-il en se demandant, avec un horrible serrement de cœur, pourquoi Remy avait quitté sa maîtresse, et pourquoi il se trouvait seul sur la même route que lui.

Nous disons seul, parce que Henri n'avait d'abord prêté aucune attention au second cavalier.

Sa pensée roulait d'abîme en abîme.

Le lendemain, à l'heure de l'ouverture des portes, lorsqu'il crut pouvoir se trouver face à face avec les deux voyageurs, il fut bien surpris d'apprendre que, dans la nuit, ces deux inconnus avaient obtenu du gouverneur la permission de sortir, et que, contre toutes les habitudes, on avait ouvert les portes pour eux.

De cette façon, et comme ils étaient partis vers une heure du matin, ils avaient six heures d'avance sur Henri.

Il fallait rattraper ces six heures. Henri mit son cheval au galop et rejoignit à Mons les voyageurs qu'il dépassa.

Il vit encore Remy, mais, cette fois, il eût fallu que Remy fût sorcier pour le reconnaître. Henri s'était affublé d'une casaque de soldat et avait acheté un autre cheval.

Toutefois, l'œil défiant du bon serviteur déjoua presque cette combinaison, et, à tout hasard, le compagnon de Remy, prévenu par un seul mot, eut le temps de détourner son visage que Henri, cette fois encore, ne put apercevoir.

Mais le jeune homme ne perdit point cou-

rage; il questionna dans la première hôtellerie qui donna asile aux voyageurs, et comme il accompagnait ses questions d'un irrésistible auxiliaire, il finit par apprendre que le compagnon de Remy était un jeune homme fort beau, mais fort triste, sobre, résigné, et ne parlant jamais de fatigue.

Henri tressaillit, un éclair illumina sa pensée.

— Ne serait-ce point une femme? demanda-t-il.

— C'est possible, répondit l'hôte; aujourd'hui beaucoup de femmes passent ainsi déguisées pour aller rejoindre leurs amants à l'armée de Flandre, et comme notre état à nous autres aubergistes est de ne rien voir, nous ne voyons rien.

Cette explication brisa le cœur de Henri. N'était-il pas probable, en effet, que Remy accompagnât sa maîtresse déguisée en cavalier?

Alors, et si cela était ainsi, Henri ne comprenait rien que de fâcheux dans cette aventure.

Sans doute, comme le disait l'hôte, la dame inconnue allait rejoindre son amant en Flandre.

Remy mentait donc lorsqu'il parlait de ces regrets éternels; cette fable d'un amour passé qui avait à tout jamais habillé sa maîtresse de deuil, c'était donc lui qui l'avait inventée pour éloigner un surveillant importun.

— Eh bien! alors, se disait Henri, plus brisé de cette espérance qu'il ne l'avait jamais été de son désespoir, eh bien! tant mieux, un moment viendra où j'aurai le pouvoir d'aborder cette femme et de lui reprocher tous ces subterfuges qui abaisseront cette femme, que j'avais placée si haut dans mon esprit et dans mon cœur, au niveau des vulgarités ordinaires; alors, alors, moi qui m'étais fait l'idée d'une créature presque divine, alors, en voyant de près cette enveloppe si brillante d'une âme tout ordinaire, peut-être me précipiterai-je moi-même du faîte de mes illusions, du haut de mon amour.

Et le jeune homme s'arrachait les cheveux et se déchirait la poitrine, à cette idée qu'il perdrait peut-être un jour cet amour et ces illusions qui le tuaient, tant il est vrai que mieux vaut un cœur mort qu'un cœur vide.

Il en était là, les ayant dépassés comme nous avons dit et rêvant à la cause qui avait pu pousser en Flandre, en même temps que lui, ces deux personnages indispensables à son existence , lorsqu'il les vit entrer à Bruxelles. Nous savons comment il continua de les suivre.

A Bruxelles, Henri avait pris de sérieuses informations sur la campagne projetée par M. le duc d'Anjou.

Les Flamands étaient trop hostiles au duc d'Anjou pour bien accueillir un Français de distinction ; ils étaient trop fiers du succès que la cause nationale venait d'obtenir, car c'était déjà un succès que de voir Anvers fermer ses portes au prince que les Flandres avaient appelé pour régner sur elles ; ils étaient trop fiers, disons-nous, de ce succès pour se priver d'humilier un peu ce gentilhomme qui venait de France, et qui les questionnait avec le plus pur accent parisien, accent qui, à toute époque, a paru si ridicule au peuple belge.

Henri conçut dès lors des craintes sérieuses sur cette expédition, dont son frère menait une si grande part ; il résolut en conséquence de précipiter sa marche sur Anvers.

C'était pour lui une surprise indicible que de voir Remy et sa compagne, quelque intérêt qu'ils parussent avoir à n'être pas reconnus, suivre obstinément la même route qu'il suivait.

C'était une preuve que tous deux tendaient à un même but.

Au sortir du bourg, Henri, caché dans les trèfles où nous l'avons laissé, était certain, cette fois au moins, de voir en face le visage de ce jeune homme qui accompagnait Remy.

Là il reconnaîtrait toutes ses incertitudes et y mettrait fin.

Et c'est alors, comme nous le disons, qu'il déchirait sa poitrine, tant il avait peur de perdre cette chimère qui le dévorait, mais qui le faisait vivre de mille vies, en attendant qu'elle le tuât.

Lorsque les deux voyageurs passèrent devant le jeune homme, qu'ils étaient loin de soupçonner être caché là, la dame était occupée à lisser ses cheveux, qu'elle n'avait point osé renouer à l'hôtellerie.

Henri la vit, la reconnut, et faillit rouler évanoui dans le fossé où son cheval paissait tranquillement.

Les voyageurs passèrent.

Oh ! alors, la colère s'empara de Henri, si bon, si patient, tant qu'il avait cru voir chez les ha-

bitants de la maison mystérieuse cette loyauté qu'il pratiquait lui-même.

Mais après les protestations de Remy, mais après les hypocrites consolations de la dame, ce voyage ou plutôt cette disparition constituait une espèce de trahison envers l'homme qui avait si opiniâtrément, mais en même temps si respectueusement assiégé cette porte.

Lorsque le coup qui venait de frapper Henri fut un peu amorti, le jeune homme secoua ses beaux cheveux blonds, essuya son front couvert de sueur, et remonta à cheval, bien décidé à ne plus prendre aucune des précautions qu'un reste de respect lui avait conseillé de prendre, et il se mit à suivre les voyageurs, ostensiblement et à visage découvert.

Plus de manteau, plus de capuchon, plus d'hésitation dans sa marche, la route était à lui comme aux autres ; il s'en empara tranquillement, réglant le pas de son cheval sur le pas des deux chevaux qui le précédaient.

Il était décidé à ne parler ni à Remy, ni à sa compagne, mais à se faire seulement reconnaître d'eux.

— Oh ! oui, oui, se disait-il, s'il leur reste à tous deux une parcelle de cœur, ma présence, bien qu'amenée par le hasard, n'en sera pas moins un sanglant reproche pour les gens sans foi qui me déchirent le cœur à plaisir.

Il n'avait pas fait cinq cents pas à la suite des deux voyageurs, que Remy l'aperçut.

Le voyant ainsi délibéré, ainsi reconnaissable, s'avancer le front haut et découvert, Remy se troubla.

La dame s'en aperçut et se retourna.

— Ah ! dit-elle, n'est-ce pas ce jeune homme, Remy ?

Remy essaya encore de lui faire prendre le change et de la rassurer.

— Je ne pense point, madame, dit-il ; autant que je puis en juger par l'habit, c'est un jeune soldat wallon qui se rend sans doute à Amsterdam, et passe par le théâtre de la guerre pour y chercher aventure.

— N'importe, je suis inquiète, Remy.

— Rassurez-vous, madame, si ce jeune homme eût été le comte du Bouchage, il nous eût déjà abordés ; vous savez s'il était persévérant.

— Je sais aussi qu'il était respectueux, Remy, car, sans ce respect même, je me fusse contentée de vous dire : Eloignez-le, Remy, et je ne m'en fusse point inquiétée davantage.

— Eh bien, madame, s'il était si respectueux, ce respect, il l'aura conservé, et vous n'aurez pas plus à craindre de lui, en supposant que ce soit lui, sur la route de Bruxelles à Anvers qu'à Paris, dans la rue de Bussy.

— N'importe, continua la dame en regardant encore derrière elle, nous voici à Malines, changeons de chevaux, s'il le faut, pour marcher plus vite, mais hâtons-nous d'arriver à Anvers, hâtons-nous.

— Alors, au contraire, je vous dirai, madame, n'entrons point à Malines ; nos chevaux sont de bonne race, poussons jusqu'à ce bourg qu'on aperçoit là-bas à gauche et qui se nomme, je crois, Villebrock ; de cette façon nous éviterons la ville, l'auberge, les questions, les curieux, et nous serons moins embarrassés pour changer de chevaux ou d'habits si par hasard la nécessité exige que nous en changions.

— Allons, Remy, droit au bourg alors.

Ils prirent à gauche, s'engageant dans un sentier à peine frayé, mais qui, cependant, se rendait visiblement à Villebrock.

Henri quitta la route au même endroit qu'eux, prit le même sentier qu'eux, et les suivit, gardant toujours sa distance.

L'inquiétude de Remy se manifestait dans ses regards obliques, dans son maintien agité, dans ce mouvement surtout qui lui était devenu habituel, de regarder en arrière avec une sorte de menace, et d'éperonner tout à coup son cheval.

Ces différents symptômes, comme on le comprend bien, n'échappaient point à sa compagne.

Ils arrivèrent à Villebrock.

Des deux cents maisons dont se composait ce bourg, pas une n'était habitée ; quelques chiens oubliés, quelques chats perdus couraient effarés dans cette solitude, les uns appelant leurs maîtres avec de longs hurlements, les autres fuyant légèrement, et s'arrêtant, lorsqu'ils se croyaient en sûreté, pour montrer leur museau mobile, sous la traverse d'une porte ou par le soupirail d'une cave.

Remy heurta en vingt endroits, ne vit rien, et ne fut entendu de personne.

De son côté, Henri, qui semblait une ombre attachée aux pas des voyageurs, de son côté Henri s'était arrêté à la première maison du bourg, avait heurté à la porte de cette maison, mais tout aussi inutilement que ceux qui le précédaient, et alors ayant deviné que la guerre était cause de cette désertion, il attendait pour se remettre en route que les voyageurs eussent pris un parti.

C'est ce qu'ils firent après que leurs chevaux eurent déjeuné avec le grain que Remy trouva dans le coffre d'une hôtellerie abandonnée.

— Madame, dit alors Remy, nous ne sommes plus dans un pays calme, ni dans une situation ordinaire ; il ne convient pas que nous nous exposions comme des enfants. Nous allons certainement tomber dans une bande de Français ou de Flamands, sans compter les partisans espagnols, car, dans la situation étrange où sont les Flandres, les routiers de toutes les espèces, les aventuriers de tous les pays doivent y pulluler ; si vous étiez un homme je vous tiendrais un autre langage : mais vous êtes femme, vous êtes jeune, vous êtes belle, vous courrez donc un double danger pour votre vie et pour votre honneur.

— Oh ! ma vie, ma vie, ce n'est rien, dit la dame.

— C'est tout, au contraire, madame, répondit Remy, lorsque la vie a un but.

— Eh bien, que proposez-vous alors ? Pensez et agissez pour moi, Remy ; vous savez que ma pensée, à moi, n'est pas sur cette terre.

— Alors, madame, répondit le serviteur, demeurons ici, si vous m'en croyez, j'y vois beaucoup de maisons qui peuvent offrir un abri sûr ; j'ai des armes, nous nous défendrons ou nous nous cacherons, selon que j'estimerai que nous serons assez forts ou trop faibles.

— Non, Remy, non, je dois aller en avant, rien ne m'arrêtera, répondit la dame en secouant la tête ; je ne concevrais de craintes que pour vous, si j'avais des craintes.

— Alors, fit Remy, marchons.

Et il poussa son cheval sans ajouter une parole.

La dame inconnue le suivit, et Henri du Bouchage, qui s'était arrêté en même temps qu'eux, se remit en marche avec eux.

LXIX

L'EAU

A fur et à mesure que les voyageurs avançaient, le pays prenait un aspect étrange,

Il semblait que les campagnes fussent désertées comme les bourgs et les villages.

En effet, nulle part les vaches paissant dans les prairies, nulle part la chèvre se suspendant aux flancs de la montagne, ou se dressant le long des haies pour atteindre les bourgeons verts des ronces et des vignes vierges, nulle part le troupeau et son berger, nulle part la charrue et son travailleur, plus de marchand forain passant d'un pays à un autre, sa balle sur le dos, plus de charretier chantant le chant rauque de l'homme du Nord, et qui se balance en marchant près de sa lourde charrette un fouet bruyant à la main.

Aussi loin que s'étendait la vue dans ces plaines magnifiques, sur les petits coteaux, dans les grandes herbes, à la lisière des bois, pas une figure humaine, pas une voix.

On eût dit la nature la veille du jour où l'homme et les animaux furent créés.

Le soir venait. Henri, saisi de surprise et rapproché par le sentiment des voyageurs qui le précédaient, Henri demandait à l'air, aux arbres, aux horizons lointains, aux nuages mêmes, l'explication de ce phénomène sinistre.

Les seuls personnages qui animassent cette morne solitude, c'étaient, se détachant sur la teinte pourprée du soleil couchant, Remy et sa compagne, penchés pour écouter si quelque bruit ne viendrait pas jusqu'à eux ; puis, en arrière, à cent pas d'eux, la figure de Henri, conservant sans cesse la même distance et la même attitude.

La nuit descendit sombre et froide, le vent du nord-ouest siffla dans l'air, et emplit ces solitudes de son bruit plus menaçant que le silence.

Remy arrêta sa compagne, en posant la main sur les rênes de son cheval :

— Madame, lui dit-il, vous savez si je suis inaccessible à la crainte, vous savez si je ferais un pas en arrière pour sauver ma vie ; eh bien ! ce soir, quelque chose d'étrange se passe en moi, une torpeur inconnue enchaîne mes facultés, me paralyse, et me défend d'aller plus loin. Madame, appelez cela terreur, timidité, panique même ; madame, je vous le confesse : pour la première fois de ma vie… j'ai peur.

La dame se retourna ; peut-être tous ces présages menaçants lui avaient-ils échappé, peut-être n'avait-elle rien vu.

— Il est toujours là ? demanda-t-elle.

— Oh ! ce n'est plus de lui qu'il est question, répondit Remy ; ne songez plus à lui, je vous prie ; il est seul et je vaux un homme seul. Non, le danger que je crains ou plutôt que je sens, que je devine, avec un sentiment d'instinct bien plutôt qu'à l'aide de ma raison ; ce danger, qui s'approche, qui nous menace, qui nous enveloppe peut-être, ce danger est autre ; il est inconnu, et voilà pourquoi je l'appelle un danger.

La dame secoua la tête.

— Tenez, madame, dit Remy, voyez-vous

là-bas des saules qui courbent leurs cimes noires?

— Oui.

— A côté de ces arbres j'aperçois une petite maison; par grâce, allons-y; si elle est habitée, raison de plus pour que nous y demandions l'hospitalité; si elle ne l'est pas, emparons-nous-en; madame, ne faites pas d'objection, je vous en supplie.

L'émotion de Remy, sa voix tremblante, l'incisive persuasion de ses discours décidèrent sa compagne à céder.

Elle tourna la bride de son cheval dans la direction indiquée par Remy.

Quelques minutes après, les voyageurs heurtaient à la porte de cette maison, bâtie en effet sous un massif de saules.

Un ruisseau, affluent de la Nethe, petite rivière qui coulait à un quart de lieue de là; un ruisseau enfermé entre deux bras de roseaux et deux rives de gazon, baignait le pied des saules de son eau murmurante; derrière la maison, bâtie en briques et couverte de tuiles, s'arrondissait un petit jardin, enclos d'une haie vive.

Tout cela était vide, solitaire, désolé.

Personne ne répondit aux coups redoublés que frappèrent les voyageurs.

Remy n'hésita point: il tira son couteau, coupa une branche de saule, l'introduisit entre la porte et la serrure, et pesa sur le pêne.

La porte s'ouvrit.

Remy entra vivement. Il mettait à toutes ses actions depuis une heure l'activité d'un homme travaillé par la fièvre. La serrure, produit grossier de l'industrie d'un forgeron voisin, avait cédé presque sans résistance.

Remy poussa précipitamment sa compagne dans la maison, poussa la porte derrière lui, tira un verrou massif, et ainsi retranché, respira comme s'il venait de gagner la vie.

Non content d'avoir abrité ainsi sa maîtresse, il l'installa dans l'unique chambre du premier étage, où, en tâtonnant, il rencontra un lit, une chaise et une table.

Puis, un peu tranquillisé sur son compte, il redescendit au rez-de-chaussée, et, par un contrevent entr'ouvert, il se mit à guetter par une fenêtre grillée les mouvements du comte, qui, en les voyant entrer dans la maison, s'en était rapproché à l'instant même.

Les réflexions de Henri étaient sombres et en harmonie avec celles de Remy.

— Bien certainement, se disait-il, quelque danger inconnu à nous, mais connu des habitants, plane sur le pays: la guerre ravage la contrée; les Français ont emporté Anvers ou vont l'emporter: saisis de terreur, les paysans ont été chercher un refuge dans les villes.

Cette explication était spécieuse, et cependant elle ne satisfaisait pas le jeune homme.

D'ailleurs elle le ramenait à un autre ordre de pensées.

— Que vont faire de ce côté Remy et sa maîtresse? se demandait-il. Quelle impérieuse nécessité les pousse vers ce danger terrible? Oh! je le saurai, car le moment est enfin venu de parler à cette femme et d'en finir à jamais avec tous mes doutes. Nulle part encore l'occasion ne s'est présentée aussi belle.

Et il s'avança vers la maison.

Mais tout à coup il s'arrêta.

— Non, non, dit-il avec une de ces hésitations subites si communes dans les cœurs amoureux, non, je serai martyr jusqu'au bout. D'ailleurs n'est-elle pas maîtresse de ses actions et sait-elle quelle fable a été forgée sur elle par ce misérable Remy? Oh! c'est à lui, c'est à lui seul que j'en veux, à lui qui m'assurait qu'elle n'aimait personne! Mais, soyons juste encore, cet homme devait-il pour moi, qu'il ne connaît pas, trahir les secrets de sa maîtresse? Non! non! mon malheur est certain, et ce qu'il y a de pire dans mon malheur, c'est qu'il vient de moi seul et que je ne puis en rejeter le poids sur personne. Ce qui lui manque, c'est la révélation entière de la vérité; c'est de voir cette femme arriver au camp, suspendre ses bras au cou de quelque gentilhomme, et lui dire: Vois ce que j'ai souffert, et comprends combien je t'aime!

Eh bien! je la suivrai jusque-là; je verrai ce que je tremble de voir, et j'en mourrai: ce sera de la peine épargnée au mousquet et au canon.

Hélas! vous le savez, mon Dieu! ajoutait Henri avec un de ces élans comme il en trouvait parfois au fond de son âme, pleine de religion et d'amour, je ne cherchais pas cette suprême angoisse; je m'en allais souriant à une mort réfléchie, calme, glorieuse; je voulais tomber sur le champ de bataille avec un nom sur les lèvres, le vôtre, mon Dieu! avec un nom dans le cœur, le sien! Vous ne l'avez pas voulu, vous me destinez à une mort désespérée, pleine de fiel et de tortures : soyez béni, j'accepte.

Puis, se rappelant ces jours d'attente et ces nuits d'angoisse qu'il avait passés en face de cette inexorable maison, il trouvait qu'à tout prendre, à part ce doute qui lui rongeait le cœur, sa position était moins cruelle qu'à Paris, car il la voyait parfois, il entendait le son de sa parole, qu'il n'avait jamais entendu, et marchant à sa suite, quelques-uns de ces arômes vivaces qui émanent de la femme que l'on aime venaient, mêlés à la brise, lui caresser le visage.

Aussi, continuait-il, les yeux fixés sur cette chaumière où elle était renfermée :

—Mais en attendant cette mort, et tandis qu'elle repose dans cette maison, je prends ces arbres pour abri, et je me plains, moi qui puis entendre sa voix si elle parle, moi qui puis apercevoir son ombre derrière la fenêtre! Oh! non, non, je ne me plains pas; Seigneur! Seigneur! je suis encore trop heureux.

Et Henri se coucha sous ces saules, dont les branches couvraient la maison, écoutant avec un sentiment de mélancolie impossible à décrire le murmure de l'eau qui coulait à ses côtés.

Tout à coup il tressaillit; le bruit du canon retentissait du côté du nord et passait emporté par le vent.

—Ah! se dit-il, j'arriverai trop tard, on attaque Anvers.

Le premier mouvement de Henri fut de se lever, de remonter à cheval et de courir, guidé par le bruit, là où l'on se battait; mais pour cela il fallait quitter la dame inconnue et mourir dans le doute.

S'il ne l'avait point rencontrée sur sa route, Henri eût suivi son chemin, sans un regard en arrière, sans un soupir pour le passé, sans un regret pour l'avenir; mais, en la rencontrant, le doute était entré dans son esprit, et avec le doute l'irrésolution.

Il resta.

Pendant deux heures, il resta couché, prêtant l'oreille aux détonations successives qui arrivaient jusqu'à lui, se demandant quelles pouvaient être ces détonations irrégulières et plus fortes qui de temps en temps étaient venues couper les autres.

Il était loin de se douter que ces détonations étaient causées par les vaisseaux de son frère qui sautaient.

—Enfin, vers deux heures, tout se calma; vers deux heures et demie, tout se tut.

Le bruit du canon n'était point parvenu, à ce qu'il paraissait, dans l'intérieur de la maison, ou, s'il y était parvenu, les habitants provisoires y étaient demeurés insensibles.

—A cette heure, se disait Henri, Anvers est pris et mon frère est vainqueur; mais, après Anvers, viendra Gand; après Gand, Bruges, et l'occasion ne me manquera pas pour mourir glorieusement.

Mais, avant de mourir, je veux savoir ce que va chercher cette femme au camp des Français.

Et comme, à la suite de toutes ces commotions qui avaient ébranlé l'air, la nature était rentrée dans son repos, Joyeuse, enveloppé de son manteau, rentra dans son immobilité.

Il était tombé dans cette espèce d'assoupissement à laquelle, vers la fin de la nuit, la volonté de l'homme ne peut résister, lorsque son cheval, qui paissait à quelques pas de lui, dressa l'oreille et hennit tristement.

Henri ouvrit les yeux.

L'animal, debout sur ses quatre pieds, la tête tournée dans une autre direction que celle du corps, aspirait la brise, qui, ayant tourné à l'approche du jour, venait du sud-est.

—Qu'y a-t-il, mon bon cheval? dit le jeune homme en se levant et en flattant le cou de l'animal avec sa main; tu as vu passer quelque loutre qui t'effraie, ou tu regrettes l'abri d'une bonne étable?

L'animal, comme s'il eût entendu l'interpellation, et comme s'il eût voulu y répondre, se porta d'un mouvement franc et vif dans la direction de Lier, et, l'œil fixe et les naseaux ouverts, il écouta.

—Ah! ah! murmura Henri, c'est plus sérieux à ce qu'il me paraît : quelque troupe de loups suivant les armées pour dévorer les cadavres.

Le cheval hennit, baissa la tête, puis, par un mouvement rapide comme l'éclair, il se mit à fuir du côté de l'ouest.

Mais, en fuyant, il passa à la portée de la main de son maître, qui le saisit par la bride comme il passait, et l'arrêta.

Henri, sans rassembler les rênes, l'empoigna par la crinière et sauta en selle. Une fois là, comme il était bon cavalier, il se fit maître de l'animal et le contint.

Mais, au bout d'un instant, ce que le cheval avait entendu, Henri commença de l'entendre lui-même, et cette terreur qu'avait ressentie la brute grossière, l'homme fut étonné de la ressentir à son tour.

Un long murmure, pareil à celui du vent, strident et grave à la fois, s'élevait des différents points d'un demi-cercle qui semblait s'étendre du sud au nord; des bouffées d'une brise fraîche et comme chargée de particules d'eau éclaircissaient par intervalle ce murmure, qui alors devenait semblable au fracas des marées montantes sur les grèves caillouteuses.

— Qu'est-ce que cela? demanda Henri; serait-ce le vent? non, puisque c'est le vent qui m'apporte ce bruit, et que les deux sons m'apparaissent distincts.

Une armée en marche, peut-être? mais non; — il pencha son oreille vers la terre, — j'entendrais la cadence des pas, le froissement des armures, l'éclat des voix.

Est-ce le crépitement d'un incendie? non encore, car on n'aperçoit aucune lueur à l'horizon, et le ciel semble même se rembrunir.

Le bruit redoubla et devint distinct : c'était le roulement incessant, ample, grondant, que produiraient des milliers de canons traînés au loin sur un pavé sonore.

Henri crut un instant avoir trouvé la raison de ce bruit en l'attribuant à la cause que nous avons dite, mais aussitôt :

— Impossible, dit-il, il n'y a point de chaussée pavée de ce côté, il n'y a pas mille canons dans l'armée.

Le bruit approchait toujours.

Henri mit son cheval au galop et gagna une éminence.

— Que vois-je! s'écria-t-il en atteignant le sommet.

Ce que voyait le jeune homme, son cheval l'avait vu avant lui, car il n'avait pu le faire avancer dans cette direction, qu'en lui déchirant le flanc avec ses éperons, et lorsqu'il fut arrivé au sommet de la colline il se cabra à renverser son cavalier sous lui. Ce qu'ils voyaient, cheval et cavalier, c'était, à l'horizon, une bande blafarde, immense, infinie, pareille à un niveau, s'avançant sur la plaine, formant un cercle immense et marchant vers la mer.

Et cette bande s'élargissait pas à pas aux yeux de Henri, comme une bande d'étoffe qu'on déroule.

Le jeune homme regardait encore indécis cet étrange phénomène, lorsqu'en ramenant sa vue sur la place qu'il venait de quitter, il s'aperçut que la prairie s'imprégnait d'eau, que la petite rivière débordait, et commençait de noyer, sous sa nappe soulevée sans cause visible, les roseaux qui, un quart d'heure auparavant, se hérissaient sur ses deux rives.

L'eau gagnait tout doucement du côté de la maison.

— Malheureux insensé que je suis! s'écria Henri, je n'avais pas deviné : c'est l'eau! c'est l'eau! les Flamands ont rompu leurs digues.

Henri s'élança aussitôt du côté de la maison, et heurta furieusement à la porte.

— Ouvrez, ouvrez! cria-t-il.

Nul ne répondit.

— Ouvrez, Remy, cria le jeune homme, furieux à force de terreur, ouvrez, c'est moi Henri du Bouchage, ouvrez!

— Oh! vous n'avez pas besoin de vous nommer, monsieur le comte, répondit Remy de l'intérieur de la maison, et il y a longtemps que je vous ai reconnu; mais je vous préviens d'une chose, c'est que si vous enfoncez cette porte vous me trouverez derrière elle, un pistolet à chaque main.

— Mais, tu ne comprends donc pas, malheureux! cria Henri, avec un accent désespéré : l'eau, l'eau, c'est l'eau!...

— Pas de fable, pas de prétextes, pas de ruses déshonorantes, monsieur le comte. Je vous dis que vous n'entrerez ici qu'en passant sur mon corps.

— Alors, j'y passerai! s'écria Henri, mais j'entrerai. Au nom du ciel, au nom de Dieu, au nom de ton salut et de celui de ta maîtresse, veux-tu ouvrir?

— Non!

Le jeune homme regarda autour de lui, et aperçut une de ces pierres homériques, comme en faisait rouler sur ses ennemis Ajax Télamon; il souleva cette pierre entre ses bras, l'éleva sur sa tête, et s'avançant vers la maison, il la lança dans la porte.

La porte vola en éclats.

En même temps une balle siffla aux oreilles de Henri, mais sans le toucher.

Henri sauta sur Remy.

Remy tira son second pistolet, mais l'amorce seule prit feu.

— Mais tu vois bien que je n'ai pas d'armes, insensé! s'écria Henri; ne te défends donc plus contre un homme qui n'attaque pas, regarde seulement, regarde.

Et il le traîna près de la fenêtre, qu'il enfonça d'un coup de poing.

— Eh bien! dit-il, vois-tu maintenant, vois-tu?

Et il lui montrait du doigt la nappe immense qui blanchissait à l'horizon, et qui grondait en marchant, comme le front d'une armée gigantesque.

— L'eau! murmura Remy.

— Oui, l'eau! l'eau! s'écria Henri; elle envahit; vois à nos pieds : la rivière déborde, elle monte; dans cinq minutes on ne pourra plus sortir d'ici.

— Madame! cria Remy, madame!

— Pas de cris, pas d'effroi, Remy. Prépare les chevaux; et vite, vite!

— Il l'aime, pensa Remy, il la sauvera.

Remy courut à l'écurie. Henri s'élança vers l'escalier.

Au cri de Remy, la dame avait ouvert sa porte.

Le jeune homme l'enleva dans ses bras, comme il eût fait d'un enfant.

Mais elle, croyant à la trahison ou à la violence, se débattait de toute sa force et se cramponnait aux cloisons.

— Dis-lui donc, cria Henri, dis-lui donc que je la sauve.

Remy entendit l'appel du jeune homme, au moment où il revenait avec les deux chevaux.

— Oui! oui! cria-t-il, oui, madame, il vous sauve, ou plutôt il vous sauvera; venez! venez!

LXX

LA FUITE

Henri, sans perdre de temps à rassurer la dame, l'emporta hors de la maison, et voulut la placer avec lui sur son cheval.

Mais elle, avec un mouvement d'invincible répugnance, glissa hors de cet anneau vivant, et fut reçue par Remy, qui l'assit sur le cheval préparé pour elle.

— Oh! que faites-vous, madame, dit Henri, et comment comprenez-vous mon cœur? Il ne s'agit pas pour moi, croyez-le bien, du plaisir de vous serrer dans mes bras, de vous presser sur ma poitrine d'homme, quoique, pour cette faveur, je fusse prêt à sacrifier ma vie; il s'agit de fuir plus rapide que l'oiseau. Eh! tenez; tenez, tenez, les voyez-vous, les oiseaux qui fuient?

En effet, dans le crépuscule à peine naissant encore, on voyait des nuées de courlis et de pigeons traverser l'espace d'un vol rapide et effaré, et, dans la nuit, domaine ordinaire de la chauve-souris silencieuse, ces vols bruyants, favorisés par la sombre rafale, avaient quelque chose de sinistre à l'oreille, d'éblouissant aux yeux.

La dame ne répondit rien ; mais, comme elle était en selle, elle poussa son cheval en avant sans détourner la tête.

Mais son cheval et celui de Remy, forcés de marcher depuis deux jours, étaient fatigués.

A chaque instant Henri se retournait, et voyant qu'ils ne pouvaient le suivre :

— Voyez, madame, disait-il, comme mon cheval devance les vôtres, et pourtant je le retiens des deux mains ; par grâce, madame, tandis qu'il en est temps encore, je ne vous demande plus de vous emporter dans mes bras, mais prenez mon cheval et laissez-moi le vôtre.

— Merci, monsieur, répondait la voyageuse, de sa voix toujours calme, et sans que la moindre altération se trahît dans son accent.

— Mais, madame, s'écriait Henri en jetant derrière lui des regards désespérés, l'eau nous gagne ! entendez-vous ! entendez-vous !

En effet, un craquement horrible se faisait entendre en ce moment même ; c'était la digue d'un village que venait d'envahir l'inondation : madriers, supports, terrasses avaient cédé, un double rang de pilotis s'était brisé avec le fracas du tonnerre, et l'eau, grondant sur toutes ces ruines, commençait d'envahir un bois de chênes dont on voyait frissonner les cimes, et dont on entendait craquer les branches comme si tout un vol de démons passait sous sa feuillée.

Les arbres déracinés s'entrechoquant aux pieux, les bois des maisons écroulées flottant à la surface de l'eau ; les hennissements et les cris lointains des hommes et des chevaux, entraînés par l'inondation, formaient un concert de sons si étranges et si lugubres, que le frisson qui agitait Henri passa jusqu'à l'impassible, l'indomptable cœur de l'inconnue.

Elle aiguillonna son cheval, et son cheval, comme s'il eût senti lui-même l'imminence du anger, redoubla d'efforts pour s'y soustraire.

Mais l'eau gagnait, gagnait toujours, et, avant dix minutes, il était évident qu'elle aurait rejoint les voyageurs.

A chaque instant Henri s'arrêtait pour attendre ses compagnons, et alors il leur criait :

— Plus vite, madame ! par grâce, plus vite ! l'eau s'avance, l'eau accourt ! la voici !

Elle arrivait, en effet, écumeuse, tourbillonnante, irritée ; elle emporta comme une plume la maison dans laquelle Remy avait abrité sa maîtresse ; elle souleva comme une paille la barque attachée aux rives du ruisseau, et majestueuse, immense, roulant ses anneaux comme ceux d'un serpent, elle arriva, pareille à un mur, derrière les chevaux de Remy et de l'inconnue.

Henri jeta un cri d'épouvante et revint sur l'eau, comme s'il eût voulu la combattre.

— Mais vous voyez bien que vous êtes perdue ! hurla-t-il, désespéré. Allons, madame, il est encore temps peut-être, descendez, venez avec moi, venez !

— Non, monsieur, dit-elle.

— Mais dans une minute il sera trop tard ; regardez, regardez donc !

La dame détourna la tête ; l'eau était à cinquante pas à peine.

— Que mon sort s'accomplisse ! dit-elle ; vous, monsieur, fuyez ! fuyez !

Le cheval de Remy, épuisé, butta de deux jambes de devant et ne put se relever, malgré les efforts de son cavalier.

— Sauvez-la ! sauvez-la ! fût-ce malgré elle, s'écria Remy.

Et en même temps, comme il se dégageait des étriers, l'eau s'écroula comme un gigantesque monument sur la tête du fidèle serviteur.

Sa maîtresse, à cette vue, poussa un cri terrible et s'élança en bas de sa monture, résolue à mourir avec Remy.

Mais Henri, voyant son intention, s'était élancé en même temps qu'elle ; il la saisit en enveloppant sa taille avec son bras droit, et remontant sur son cheval, il partit comme un trait.

— Remy ! Remy ! cria la dame, les bras étendus de son côté, Remy !

Un cri lui répondit. Remy était revenu à la surface de l'eau, et, avec cet espoir indomptable, bien qu'insensé, qui accompagne le mourant jusqu'au bout de son agonie, il nageait, soutenu par une poutre.

A côté de lui passa son cheval, battant l'eau désespérément avec ses pieds de devant, tandis que le flot gagnait le cheval de sa maîtresse, et que, devant le flot, à vingt pas tout au plus,

Henri et sa compagne ne couraient pas , mais volaient sur le troisième cheval , fou de terreur.

Remy ne regrettait plus la vie , puisqu'il espérait , en mourant , que celle qu'il aimait uniquement serait sauvée.

— Adieu , madame , adieu ! cria-t-il , je pars le premier , et je vais dire à celui qui nous attend que vous vivez pour...

Remi n'acheva point ; une montagne d'eau passa sur sa tête et alla s'écrouler jusque sous les pieds du cheval de Henri.

— Remy , Remy ! cria la dame , Remy , je veux mourir avec toi ! Monsieur , je veux l'attendre ; monsieur , je veux mettre pied à terre ; au nom du Dieu vivant , je le veux !

Elle prononça ces paroles avec tant d'énergie et de sauvage autorité , que le jeune homme desserra ses bras et la laissa glisser à terre , en disant :

— Bien , madame , nous mourrons ici tous trois ; merci à vous qui me faites cette joie que je n'eusse jamais espérée.

Et comme il disait ces mots en retenant son cheval , l'eau bondissante l'atteignit , comme elle avait atteint Remy ; mais , par un dernier effort d'amour , il retint par le bras la jeune femme qui avait mis pied à terre.

Le flot les envahit , la lame furieuse les roula durant quelques secondes pêle-mêle avec d'autres débris.

C'était un spectacle sublime que le sang-froid de cet homme, si jeune et si dévoué, dont le buste tout entier dominait le flot , tandis qu'il soutenait sa compagne de la main , et que ses genoux , guidant les derniers efforts du cheval expirant , cherchaient à utiliser jusqu'aux suprêmes efforts de son agonie.

Il y eut un moment de lutte terrible , pendant lequel la dame , soutenue par la main droite de Henri , continuait de dépasser de la tête le niveau de l'eau , tandis que de la main gauche Henri écartait les bois flottants et les cadavres dont le choc eût submergé ou écrasé son cheval.

Un de ces corps flottants, en passant près d'eux , cria ou plutôt soupira :

— Adieu ! madame , adieu !

— Par le ciel ! s'écria le jeune homme , c'est Remy ! Eh bien ! toi aussi , je te sauverai.

Et , sans calculer le danger de ce surcroît de pesanteur , il saisit la manche de Remy , l'attira sur sa cuisse gauche et le fit respirer librement·

Mais en même temps le cheval , épuisé du triple poids , s'enfonçait jusqu'au cou , puis jusqu'aux yeux ; enfin , les jarrets brisés pliant sous lui , il disparut tout à fait.

—Il faut mourir ! murmura Henri. Mon Dieu, prends ma vie, elle fut pure.

Vous, madame, ajouta-t-il, recevez mon âme, elle était à vous !

En ce moment , Henri sentit Remy qui lui échappait ; il ne fit aucune résistance pour le retenir ; toute résistance était inutile.

Son seul soin fut de soutenir la dame au-dessus de l'eau pour qu'elle, au moins, mourût la dernière, et qu'il se pût dire à lui-même, à son dernier moment, qu'il avait fait tout ce qu'il avait pu pour la disputer à la mort.

Tout à coup , et comme il ne songeait plus qu'à mourir lui-même , un cri de joie retentit à ses côtés.

Il se retourna et vit Remy qui venait d'atteindre une barque.

Cette barque, c'était celle de la petite maison que nous avons vu soulever par l'eau ; l'eau l'avait entraînée , et Remy , qui avait repris ses forces , grâce au secours que lui avait porté Henri, Remy, la voyant passer à sa portée, s'était détaché du groupe , haletant , et en deux brassées l'avait atteinte.

Ses deux rames étaient attachées à son abordage , une gaffe roulait au fond.

Il tendit la gaffe à Henri qui la saisit , entraînant avec lui la dame , qu'il souleva par dessous ses épaules et que Remy reprit de ses mains.

Puis , lui-même , saisissant le rebord de la barque , il monta près d'eux.

Les premiers rayons du jour naissaient montrant les plaines inondées et la barque se balançant comme un atome sur cet océan tout couvert de débris.

A deux cents pas à peu près , vers la gauche , s'élevait une petite colline qui , entièrement entourée d'eau , semblait une île au milieu de la mer.

Henri saisit les avirons et rama du côté de la colline vers laquelle d'ailleurs le courant les portait.

Remy prit la gaffe et, debout à l'avant, s'occupa d'écarter les poutres et les madriers contre lesquels a barque pouvait se heurter.

Grâce à la force de Henri, grâce à l'adresse de Remy, on aborda ou plutôt on fut jeté contre la colline.

Remy sauta à terre et saisit la chaîne de la barque, qu'il tira vers lui.

Henri s'avança pour prendre la dame entre ses bras; mais elle étendit la main et, se levant seule, elle sauta à terre.

Henri poussa un soupir; un instant il eut l'idée de se rejeter dans l'abîme et de mourir à ses yeux; mais un irrésistible sentiment l'enchaînait à la vie, tant qu'il voyait cette femme, dont il avait si longtemps désiré la présence sans l'obtenir jamais.

Il tira la barque à terre et alla s'asseoir à dix pas de la dame et de Remy, livide, dégouttant d'une eau qui s'échappait de ses habits, plus douloureuse que le sang.

Ils étaient sauvés du danger le plus pressant, c'est-à-dire de l'eau; l'inondation, si forte qu'elle fût, ne monterait jamais à la hauteur de la colline.

Au-dessous d'eux, dès lors, ils pouvaient contempler cette grande colère des flots, qui n'a de colère au-dessus d'elle que celle de Dieu.

Henri regardait passer cette eau rapide, grondante, qui charriait des amas de cadavres français, près d'eux, leurs chevaux et leurs armes.

Remy ressentait une vive douleur à l'épaule; un madrier flottant l'avait atteint au moment où son cheval s'était dérobé sous lui.

Quant à sa compagne, à part le froid qu'elle éprouvait, elle n'avait aucune blessure; Henri l'avait garantie de tout ce dont il était en son pouvoir de la garantir.

Henri fut bien surpris de voir que ces deux êtres, si miraculeusement échappés à la mort, ne remerciaient que lui, et n'avaient pas eu pour Dieu, premier auteur de leur salut, une seule action de grâces.

La jeune femme fut debout la première; elle remarqua qu'au fond de l'horizon, du côté de l'occident, on apercevait quelque chose comme des feux à travers la brume.

Il va sans dire que ces feux brûlaient sur un point élevé que l'inondation n'avait pu atteindre.

Autant qu'on pouvait en juger au milieu de ce froid crépuscule qui succédait à la nuit, ces feux étaient distants d'une lieue environ.

Remy s'avança sur le point de la colline qui se prolongeait du côté de ces feux, et il revint dire qu'il croyait qu'à mille pas à peu près de l'endroit où l'on avait pris terre, commençait une espèce de jetée qui s'avançait en droite ligne vers les feux.

Ce qui faisait croire à Remy à une jetée, ou tout au moins à un chemin, c'était une double ligne d'arbres, directe et régulière.

Henri fit à son tour ses observations, qui se trouvèrent concorder avec celles de Remy; mais cependant il fallait, dans cette circonstance, donner beaucoup au hasard.

L'eau, entraînée sur la déclivité de la plaine, les avait rejetés à gauche de leur route en leur faisant décrire un angle considérable; cette dérivation, ajoutée à la course insensée des chevaux, leur ôtait tout moyen de s'orienter.

Il est vrai que le jour venait, mais nuageux et tout chargé de brouillard; dans un temps clair, et sur un ciel pur, on eût aperçu le clocher de Malines, dont on ne devait être éloigné que de deux lieues à peu près.

— Eh bien, monsieur le comte, demanda Remy, que pensez-vous de ces feux?

— Ces feux, qui semblent vous annoncer, à vous, un abri hospitalier, me semblent menaçants, à moi, et je m'en défie.

— Et pourquoi cela?

— Remy, dit Henri en baissant la voix, voyez tous ces cadavres: tous sont français, pas un n'est flamand; ils nous annoncent un grand désastre: les digues ont été rompues pour achever de détruire l'armée française, si elle a été vaincue; pour détruire l'effet de sa victoire, si elle a triomphé. Pourquoi ces feux ne seraient-ils pas aussi bien allumés par des ennemis que par des amis, ou pourquoi ne seraient-ils pas tout simplement une ruse ayant pour but d'attirer les fugitifs?

— Cependant, dit Remy, nous ne pouvons demeurer ici; le froid et la faim tueraient ma maîtresse.

— Vous avez raison, Remy, dit le comte: demeurez ici avec madame; moi, je vais gagner la jetée, et je viendrai vous rapporter des nouvelles.

— Non, monsieur, dit la dame, vous ne vous exposerez pas seul: nous nous sommes sauvés tous ensemble, nous mourrons tous ensemble. Remy, votre bras, je suis prête.

Chacune des paroles de cette étrange créature

avait un accent irrésistible d'autorité, auquel personne n'avait l'idée de résister un seul instant.

Henri s'inclina et marcha le premier.

L'inondation était plus calme, la jetée, qui venait aboutir à la colline, formait une espèce d'anse où l'eau s'endormait. Tous trois montèrent dans le petit bateau, et le bateau fut lancé de nouveau au milieu des débris et des cadavres flottants.

Un quart d'heure après ils abordaient à la jetée.

Ils assurèrent la chaîne du bateau au pied d'un arbre, prirent terre de nouveau, suivirent la jetée pendant une heure à peu près, et arrivèrent à un groupe de cabanes flamandes au milieu duquel, sur une place plantée de tilleuls étaient réunis, autour d'un grand feu, deux ou trois cents soldats au-dessus desquels flottaient les plis d'une bannière française.

Tout à coup la sentinelle, placée à cent pas à peu près du bivouac, aviva la mèche de son mousquet en criant:

— Qui vive?

— France! répondit du Bouchage.

Puis se retournant vers Diane:

— Maintenant, madame, dit-il, vous êtes sauvée; je reconnais le guidon des gendarmes d'Aunis, corps de noblesse dans lequel j'ai des amis.

Au cri de la sentinelle et à la réponse du comte, quelques gendarmes accoururent en effet au devant des nouveaux venus, deux fois bien accueillis au milieu de ce désastre terrible, d'abord parce qu'ils survivaient au désastre, ensuite parce qu'ils étaient des compatriotes.

Henri se fit reconnaître tant personnellement qu'en nommant son frère. Il fut ardemment questionné et raconta de quelle façon miraculeuse lui et ses compagnons avaient échappé à la mort, mais sans rien dire autre chose.

Remy et sa maîtresse s'assirent silencieusement dans un coin; Henri les alla chercher pour les inviter à s'approcher du feu.

Tous deux étaient encore ruisselants d'eau.

— Madame, dit-il, vous serez respectée ici comme dans votre maison: je me suis permis de dire que vous étiez une de mes parentes, pardonnez-moi.

Et sans attendre les remercîments de ceux auxquels il avait sauvé la vie, Henri s'éloigna pour rejoindre les officiers qui l'attendaient.

Remy et Diane échangèrent un regard qui, s'il eût été vu du comte, eût été le remercîment si bien mérité de son courage et de sa délicatesse.

Les gendarmes d'Aunis auxquels nos fugitifs venaient de demander l'hospitalité, s'étaient retirés en bon ordre après la déroute et le *sauve qui peut* des chefs.

Partout où il y a homogénéité de position, identité de sentiment et habitude de vivre ensemble, il n'est point rare de voir la spontanéité dans l'exécution après l'unité dans la pensée.

C'est ce qui était arrivé cette nuit même aux gendarmes d'Aunis.

Voyant leurs chefs les abandonner et les autres régiments chercher différents partis pour leur salut, ils s'entregardèrent, serrèrent leurs rangs au lieu de les rompre, mirent leurs chevaux au galop, et sous la conduite d'un de leurs enseignes, qu'ils aimaient fort à cause de sa bravoure, et qu'ils respectaient à un degré égal à cause de sa naissance, ils prirent la route de Bruxelles.

Comme tous les acteurs de cette terrible scène, ils virent tous les progrès de l'inondation et furent poursuivis par les eaux furieuses; mais le bonheur voulut qu'ils rencontrassent sur leur chemin le bourg dont nous avons parlé, position forte à la fois contre les hommes et contre les éléments.

Les habitants, sachant qu'ils étaient en sûreté, n'avaient pas quitté leurs maisons, à part les femmes, les vieillards et les enfants qu'ils avaient envoyés à la ville; aussi les gendarmes d'Aunis en arrivant trouvèrent-ils de la résistance; mais la mort hurlait derrière eux: ils attaquèrent en hommes désespérés, triomphèrent de tous les obstacles, perdirent dix hommes à l'attaque de la chaussée, mais se logèrent et firent décamper les Flamands.

Une heure après, le bourg était entièrement cerné par les eaux, excepté du côté de cette chaussée par laquelle nous avons vu aborder Henri et ses compagnons.

Tel fut le récit que firent à du Bouchage les gendarmes d'Aunis.

— Et le reste de l'armée? demanda Henri.

— Regardez, répondit l'enseigne, à chaque instant passent des cadavres qui répondent à votre question.

—Mais... mais mon frère ? hasarda du Bouchage d'une voix étranglée.

—Hélas ! monsieur le comte, nous ne pouvons vous en donner de nouvelles certaines ; il s'est battu comme un lion ; trois fois nous l'avons retiré du feu. Il est certain qu'il avait survécu à la bataille, mais à l'inondation nous ne pouvons le dire.

Henri baissa la tête, et s'abîma dans d'amères réflexions ; puis tout à coup :

— Et le duc ? demanda-t-il.

L'enseigne se pencha vers Henri, et à voix basse :

— Comte, dit-il, le duc s'était sauvé des premiers. Il était monté sur un cheval blanc sans aucune tache qu'une étoile noire au front. Eh bien ! tout à l'heure, nous avons vu passer le cheval au milieu d'un amas de débris ; la jambe d'un cavalier était prise dans l'étrier et surnageait à la hauteur de la selle.

— Grand Dieu ! s'écria Henri.

— Grand Dieu ! murmura Remy qui, à ces mots du comte : « Et le duc ! » s'étant levé, venait d'entendre ce récit, et dont les yeux se reportèrent vivement sur sa pâle compagne.

— Après ? demanda le comte.

— Oui, après ? balbutia Remy.

— Eh bien ! dans le remous que formait l'eau à l'angle de cette digue, un de mes hommes s'aventura pour saisir les rênes flottantes du cheval ; il l'atteignit, souleva l'animal expiré. Nous vîmes alors apparaître la botte blanche et l'éperon d'or que portait le duc. Mais, au même instant, l'eau s'enfla comme si elle se fût indignée de se voir arracher sa proie. Mon gendarme lâcha prise pour n'être point entraîné, et tout disparut. Nous n'aurons pas même la consolation de donner une sépulture chrétienne à notre prince.

— Mort ! mort, lui aussi, l'héritier de la couronne, quel désastre !

Remy se retourna vers sa compagne, et avec une expression impossible à rendre :

— Il est mort, madame ! dit-il, vous voyez.

— Soit loué le Seigneur qui m'épargne un crime, répondit-elle, en levant en signe de reconnaissance les mains et les yeux au ciel.

— Oui, mais il nous enlève la vengeance, répondit Remy.

— Dieu a toujours le droit de se souvenir. La vengeance n'appartient à l'homme que lorsque Dieu oublie.

Le comte voyait avec une espèce d'effroi cette exaltation des deux étranges personnages qu'il avait sauvés de la mort ; il les observait de loin de l'œil et cherchait inutilement, pour se faire une idée de leurs désirs ou de leurs craintes, commenter leurs gestes et l'expression de leurs physionomies.

La voix de l'enseigne le tira de sa contemplation.

— Mais vous-même, comte, demanda celui-ci, qu'allez-vous faire ?

Le comte tressaillit.

— Moi ? dit-il.

— Oui, vous.

— J'attendrai ici que le corps de mon frère passe devant moi, répliqua le jeune homme avec l'accent d'un sombre désespoir ; alors moi aussi je tâcherai de l'attirer à terre, pour lui donner une sépulture chrétienne, et croyez-moi, une fois que je le tiendrai, je ne l'abandonnerai pas.

Ces mots sinistres furent entendus de Remy, et il adressa au jeune homme un regard plein d'affectueux reproches.

Quant à la dame, depuis que l'enseigne avait annoncé cette mort du duc d'Anjou, elle n'entendait plus rien, elle priait.

Le bateau fut jeté contre la colline. — Page 38.

LXXI

TRANSFIGURATION

près qu'elle eut fait sa prière, la compagne de Remy se souleva si belle et si radieuse, que le comte laissa échapper un cri de surprise et d'admiration.

Elle paraissait sortir d'un long sommeil dont les rêves auraient fati-gué son cerveau et altéré la sérénité de ses traits, sommeil de plomb qui imprime au front hu-mide du dormeur les tortures chimériques de son rêve.

Ou plutôt c'était la fille de Jaïre, réveillée au milieu de la mort sur son tombeau, et se rele-vant de sa couche funèbre, déjà épurée et prête pour le ciel.

La jeune femme, sortie de cette léthargie,

promena autour d'elle un regard si doux , si suave, et chargé d'une si angélique bonté, que Henri , crédule comme tous les amants, se figura la voir s'attendrir à ses peines et céder enfin à un sentiment, sinon de bienveillance, du moins de reconnaissance et de pitié.

Tandis que les gendarmes, après leur frugal repas, dormaient çà et là dans les décombres; tandis que Remy lui-même cédait au sommeil et laissait sa tête s'appuyer sur la traverse d'une barrière à laquelle son banc était appuyé, Henri vint se placer près de la jeune femme, et d'une voix si basse et si douce qu'elle semblait un murmure de la brise :

— Madame, dit-il, vous vivez!... Oh! laissez-moi vous dire toute la joie qui déborde de mon cœur, lorsque je vous regarde ici en sûreté, après vous avoir vue là-bas sur le seuil du tombeau.

— C'est vrai, monsieur, répondit la dame, je vis par vous, et, ajouta-t-elle avec un triste sourire, je voudrais pouvoir vous dire que je suis reconnaissante.

— Enfin, madame, reprit Henri avec un effort sublime d'amour et d'abnégation , quand je n'aurais réussi qu'à vous sauver pour vous rendre à ceux que vous aimez.

— Que dites-vous? demanda la dame.

— A ceux que vous alliez rejoindre à travers tant de périls, ajouta Henri.

— Monsieur, ceux que j'aimais sont morts, ceux que j'allais rejoindre le sont aussi.

— Oh! madame, murmura le jeune homme en se laissant glisser sur ses deux genoux, jetez les yeux sur moi, sur moi qui ai tant souffert, sur moi qui vous ai tant aimée. Oh! ne vous détournez pas; vous êtes jeune, vous êtes belle comme un ange des cieux. Lisez bien dans mon cœur que je vous ouvre, et vous verrez que ce cœur ne contient pas un atome de l'amour comme le comprennent les autres hommes. Vous ne me croyez pas! Examinez les heures passées, pesez-les une à une : laquelle m'a donné la joie? laquelle l'espoir? et cependant j'ai persisté. Vous m'avez fait pleurer, j'ai bu mes larmes; vous m'avez fait souffrir, j'ai dévoré mes douleurs; vous m'avez poussé à la mort, j'y marchais sans me plaindre. Même en ce moment , où vous détournez la tête, où chacune de mes paroles, toute brûlante qu'elle soit, semble une goutte d'eau glacée tombant

sur votre cœur, mon âme est pleine de vous, et je ne vis que parce que vous vivez. Tout à l'heure n'allais-je pas mourir près de vous? Qu'ai-je demandé? rien. Votre main, l'ai-je touchée? Jamais, autrement que pour vous tirer d'un péril mortel. Je vous tenais entre mes bras pour vous arracher aux flots, avez-vous senti l'étreinte de ma poitrine? Non. Je ne suis plus qu'une âme, et tout en moi a été purifié au feu dévorant de mon amour.

— Oh! monsieur, par pitié ne me parlez point ainsi.

— Par pitié aussi, ne me condamnez point. On m'a dit que vous n'aimiez personne; oh! répétez-moi cette assurance : c'est une singulière faveur, n'est-ce pas, pour un homme qui aime que de s'entendre dire qu'il n'est pas aimé! mais je préfère cela, puisque vous me dites en même temps que vous êtes insensible pour tous. Oh! madame, madame, vous qui êtes la seule adoration de ma vie, répondez-moi.

Malgré les instances de Henri, un soupir fut toute la réponse de la jeune femme.

— Vous ne me dites rien, reprit le comte. Remy, du moins, a eu plus pitié de moi que vous : il a essayé de me consoler, lui! Oh! je le vois, vous ne me répondez pas, parce que vous ne voulez pas me dire que vous alliez en Flandre joindre quelqu'un plus heureux que moi, que moi qui suis jeune cependant, que moi qui porte en ma vie une partie des espérances de mon frère, que moi qui meurs à vos pieds sans que vous me disiez : J'ai aimé, mais je n'aime plus; ou bien : J'aime, mais je cesserai d'aimer!

— Monsieur le comte , répliqua la jeune femme avec une majestueuse solennité, ne me dites point de ces choses qu'on dit à une femme; je suis une créature d'un autre monde, et ne vis point en celui-ci. Si je vous avais vu moins noble, moins bon, moins généreux; si je n'avais pour vous au fond de mon cœur le sourire tendre et doux d'une sœur pour son frère, je vous dirais : Levez-vous, monsieur le comte, et n'importunez plus des oreilles qui ont horreur de toute parole d'amour. Mais je ne vous dirai pas cela, monsieur le comte, car je souffre de vous voir souffrir. Je dis plus : à présent que je vous connais, je vous prendrais la main, je l'appuierais sur mon cœur, et je vous dirais volontiers : Voyez, mon cœur ne bat plus; vivez près de moi, si vous voulez, et assistez jour par jour, si telle est votre joie, à cette exécution douloureuse d'un corps tué par les tortures de l'âme; mais ce sacrifice que vous accepteriez comme un bonheur, j'en suis sûre...

— Oh! oui, s'écria Henri.

— Eh bien! ce sacrifice, je dois le repousser. Dès aujourd'hui quelque chose vient d'être changé en ma vie; je n'ai plus le droit de m'appuyer sur aucun bras de ce monde, pas même sur le bras de ce généreux ami, de cette noble créature qui repose là-bas et qui a pendant un instant le bonheur d'oublier! Hélas! pauvre Remy, continua-t-elle en donnant à sa voix la première inflexion de sensibilité que Henri eût remarquée en elle, pauvre Remy, ton réveil à toi aussi va être triste; tu ne sais pas les progrès de ma pensée, tu ne lis pas dans mes yeux, tu ne sais pas qu'au sortir de ton sommeil tu te trouveras seul sur la terre, car seule je dois monter à Dieu.

— Que dites-vous? s'écria Henri : pensez-vous donc à mourir aussi, vous?

Remy, réveillé par le cri douloureux du jeune comte, souleva sa tête et écouta.

— Vous m'avez vue prier, n'est-ce pas? continua la jeune femme.

Henri fit un signe affirmatif.

— Cette prière, c'étaient mes adieux à la terre; cette joie que vous avez remarquée sur mon visage, cette joie qui m'inonde en ce moment, c'est la même que vous remarqueriez en moi, si l'ange de la mort venait me dire : Lève-toi, Diane, et suis-moi aux pieds de Dieu!

— Diane! Diane! murmura Henri, je sais donc comment vous vous appelez... Diane! nom chéri, nom adoré!...

Et l'infortuné se coucha aux pieds de la jeune femme, en répétant ce nom avec l'ivresse d'un indicible bonheur.

— Oh! silence, dit la jeune femme, de sa voix solennelle, oubliez ce nom qui m'est échappé; nul, parmi les vivants, n'a droit de me percer le cœur en le prononçant.

— Oh! madame, madame, s'écria Henri, maintenant que je sais votre nom, ne me dites pas que vous allez mourir.

— Je ne dis pas cela, monsieur, reprit la jeune femme de sa voix grave, je dis que je vais quitter ce monde de larmes, de haines, de sombres passions, d'intérêts vils et de désirs sans noms; je dis que je n'ai plus rien à faire parmi les créatures que Dieu avait créées mes semblables; je n'ai plus de larmes dans les yeux, le sang ne fait plus battre mon cœur, ma tête ne roule plus une seule pensée, depuis que la pensée qui l'emplissait tout entière est morte; je ne suis plus qu'une victime sans prix, puisque je ne sacrifie rien, ni désir, ni espérances, en renonçant au monde; mais enfin, telle que je suis, je m'offre au Seigneur : il me prendra en miséricorde, je l'espère, lui qui m'a fait tant souffrir et qui n'a pas voulu que je succombasse à ma souffrance.

Remy, qui avait écouté ces paroles, se leva lentement et vint droit à sa maîtresse.

— Vous m'abandonnez? dit-il d'une voix sombre.

— Pour Dieu, répliqua Diane, en levant vers le ciel sa main pâle et amaigrie comme celle de la sublime Madeleine.

— C'est vrai! répondit Remy en laissant retomber sa tête sur sa poitrine, c'est vrai!

Et comme Diane abaissait sa main, il la prit de ses deux bras, l'étreignit sur sa poitrine comme il eût fait de la relique d'une sainte.

— Oh! que suis-je auprès de ces deux cœurs? soupira le jeune homme avec le frisson de l'épouvante.

— Vous êtes, répondit Diane, la seule créature humaine sur laquelle j'ai attaché deux fois mes yeux depuis que j'ai condamné mes yeux à se fermer à jamais.

Henri s'agenouilla.

— Merci, madame, dit-il, vous venez de vous révéler à moi tout entière; merci, je vois clairement ma destinée : à partir de cette heure, plus un mot de ma bouche, plus une aspiration de mon cœur ne trahiront en moi celui qui vous aimait.

Vous êtes au Seigneur, madame, je ne suis point jaloux de Dieu.

Il venait d'achever ces paroles et se relevait pénétré de ce charme régénérateur qui accompagne toute grande et immuable résolution, quand, dans la plaine encore couverte de vapeurs qui allaient s'éclaircissant d'instants en instants, retentit un bruit de trompettes lointaines.

Les gendarmes sautèrent sur leurs armes, et furent à cheval avant le commandement.

Henri écoutait.

— Messieurs, messieurs! s'écria-t-il, ce sont les trompettes de l'amiral, je les reconnais, je les reconnais, mon Dieu, Seigneur! puissent-elles m'annoncer mon frère!

— Vous voyez bien que vous souhaitez encore quelque chose, lui dit Diane, et que vous aimez encore quelqu'un; pourquoi donc choisiriez-vous le désespoir, enfant, comme ceux qui ne désirent plus rien, comme ceux qui n'aiment plus personne?

— Un cheval! s'écria Henri, qu'on me prête un cheval!

— Mais par où sortirez-vous? demanda l'enseigne, puisque l'eau nous environne de tous côtés.

— Mais vous voyez bien que la plaine est praticable; vous voyez bien qu'ils marchent, eux, puisque leurs trompettes sonnent.

— Montez en haut de la chaussée, monsieur le comte, répondit l'enseigne, le temps s'éclaircit et peut-être pourrez-vous voir.

— J'y vais, dit le jeune homme.

Henri s'avança en effet vers l'éminence désignée par l'enseigne, les trompettes sonnaient toujours par intervalles, sans se rapprocher ni s'éloigner.

Remy avait repris sa place auprès de Diane.

LXXII

LES DEUX FRÈRES

n quart d'heure après, Henri revint; il avait vu, et chacun pouvait le voir comme lui, il avait vu sur une colline, que la nuit empêchait de distinguer, un détachement considérable de troupes françaises cantonnées et retranchées.

A part un large fossé d'eau qui entourait le bourg occupé par les gendarmes d'Aunis, la plaine commençait à se dégager comme un étang qu'on vide, la pente naturelle du terrain entraînant les eaux vers la mer, et plusieurs points du terrain, plus élevés que les autres, commençant à reparaître, comme après un déluge.

Le limon fangeux des eaux roulantes avait couvert toutes les campagnes, et c'était un triste spectacle que de voir, au fur et à mesure que le vent soulevait le voile de vapeurs étendu sur la plaine, une cinquantaine de cavaliers enfonçant dans la fange, et tentant de gagner, sans pouvoir y réussir, soit le bourg, soit la colline.

De la colline on avait entendu leurs cris de détresse, et voilà pourquoi les trompettes sonnaient incessamment.

Dès que le vent eut achevé de chasser le brouillard, Henri aperçut sur la colline le dra-

Le duc lui frappa sur l'épaule. — PAGE 60.

peau de France, se déroulant superbement dans le ciel.

Les gendarmes hissaient, de leur côté, la cornette d'Aunis, et de part et d'autre, on entendait des feux de mousqueterie tirés en signe de joie.

Vers onze heures, le soleil apparut sur cette scène de désolation, desséchant quelques parties de la plaine, et rendant praticable la crête d'une espèce de chemin de communication.

Henri, qui essayait ce sentier, fut le premier à s'apercevoir, aux bruits des fers de son cheval, qu'une route ferrée conduisait, en faisant un détour circulaire, du bourg à la colline; il en conclut que les chevaux enfonceraient pardessus le sabot, jusqu'à mi-jambe, jusqu'au poitrail peut-être, dans la fange, mais n'iraient pas plus avant, soutenus qu'ils seraient par le fond solide du sol.

Il demanda de tenter l'épreuve, et, comme personne ne lui faisait concurrence dans ce dangereux essai, il recommanda à l'enseigne **Remy** et sa compagne, et s'aventura dans le périlleux chemin.

En même temps qu'il partait du bourg, on voyait un cavalier descendre de la colline, et, comme Henri le faisait, tenter, de son côté, de se mettre en chemin pour se rendre au bourg.

Tout le versant de la colline qui regardait le bourg était garni de soldats spectateurs qui levaient leurs bras au ciel et semblaient vouloir arrêter le cavalier imprudent par leurs supplications.

Les deux députés de ces deux tronçons du grand corps français poursuivirent courageusement leur chemin, et bientôt ils s'aperçurent que leur tâche était moins difficile qu'ils ne l'eussent pu craindre, et surtout qu'on ne le craignait pour eux.

Un large filet d'eau, qui s'échappait d'un aqueduc, crevé par le choc d'une poutre, sortait de dessous la fange et lavait, comme à dessein, la chaussée bourbeuse, découvrant sous son flot plus limpide le fond du fossé que cherchait l'ongle actif des chevaux.

Déjà les cavaliers n'étaient plus qu'à deux cents pas l'un de l'autre.

— France! cria le cavalier qui venait de la colline.

Et il leva son toquet, ombragé d'une plume blanche.

— Oh! c'est vous! s'écria Henri avec une grande exclamation de joie, vous, monseigneur?

— Toi, Henri! toi, mon frère! s'écria l'autre cavalier.

Et au risque de dévier à droite ou à gauche, les deux chevaux partirent au galop, se dirigeant l'un vers l'autre; et bientôt, aux acclamations frénétiques des spectateurs de la chaussée et de la colline, les deux cavaliers s'embrassèrent longuement et tendrement.

Aussitôt, le bourg et la colline se dégarnirent: gendarmes et chevau-légers, gentilshommes huguenots et catholiques, se précipitèrent dans le chemin ouvert par les deux frères.

Bientôt les deux camps s'étaient joints, les bras s'étaient ouverts, et sur le chemin où tous avaient cru trouver la mort, on voyait trois mille Français crier merci au ciel et vive la France!

— Messieurs, dit tout à coup la voix d'un officier huguenot, c'est vive M. l'amiral qu'il faut crier, car c'est à M. le duc de Joyeuse et non à un autre que nous devons la vie cette nuit, et ce matin le bonheur d'embrasser nos compatriotes.

Une immense acclamation accueillit ces paroles.

Les deux frères échangèrent quelques mots trempés de larmes; puis le premier:

— Et le duc? demanda Joyeuse à Henri.

— Il est mort, à ce qu'il paraît, répondit celui-ci.

— La nouvelle est-elle sûre?

— Les gendarmes d'Aunis ont vu son cheval noyé et l'ont reconnu à un signe. Ce cheval tirait encore à son étrier un cavalier dont la tête était enfoncée sous l'eau.

— Voilà un sombre jour pour la France, dit l'amiral.

Puis, se retournant vers ses gens:

— Allons, messieurs, dit-il à haute voix, ne perdons pas de temps. Une fois les eaux écoulées, nous serons attaqués très probablement; retranchons-nous jusqu'à ce qu'il nous soit arrivé des nouvelles et des vivres.

— Mais, monseigneur, répondit une voix, la cavalerie ne pourra marcher; les chevaux n'ont point mangé depuis hier quatre heures, et les pauvres bêtes meurent de faim.

— Il y a du grain dans notre campement, dit l'enseigne; mais comment ferons-nous pour les hommes?

— Eh! reprit l'amiral, s'il y a du grain, c'est tout ce que je demande: les hommes vivront comme les chevaux.

— Mon frère, interrompit Henri, tâchez, je vous prie, que je puisse vous parler un moment.

— Je vais aller occuper le bourg, répondit Joyeuse, choisissez-y un logement pour moi et m'y attendez.

Henri alla retrouver ses deux compagnons.

— Vous voilà au milieu d'une armée, dit-il à Remy; croyez-moi, cachez-vous dans le logement que je vais prendre; il ne convient point que madame soit vue de qui que ce soit. Ce soir, lorsque chacun dormira, j'aviserai à vous faire plus libres.

Remy s'installa donc avec Diane dans le logement que leur céda l'enseigne des gendarmes, redevenu, par l'arrivée de Joyeuse, simple officier aux ordres de l'amiral.

Vers deux heures, le duc de Joyeuse entra,

trompettes sonnantes, dans le bourg, fit loger ses troupes, donna des consignes sévères pour que tout désordre fût évité.

Puis il fit faire une distribution d'orge aux hommes, d'avoine aux chevaux, et d'eau à tout le monde, distribua aux blessés quelques tonneaux de bière et de vin que l'on trouva dans les caves, et lui-même, à la vue de tous, dîna d'un morceau de pain noir et d'un verre d'eau, tout en parcourant les postes.

Partout il fut accueilli comme un sauveur, par des cris d'amour et de reconnaissance.

— Allons, allons, dit-il, au retour, en se retrouvant seul avec son frère, viennent les Flamands, et je les battrai ; et même, vrai Dieu ! si cela continue, je les mangerai, car j'ai grand'-faim ; et, ajouta-t-il tout bas à Henri en jetant dans un coin son pain, dans lequel il avait paru mordre avec tant d'enthousiasme, voilà une exécrable nourriture.

Puis lui jetant le bras autour du cou :

— Çà, maintenant, ami, causons, et dis-moi comment tu te trouves en Flandre quand je te croyais à Paris.

— Mon frère, dit Henri à l'amiral, la vie m'était devenue insupportable à Paris, et je suis parti pour vous retrouver en Flandre.

— Toujours par amour? demanda Joyeuse.

— Non, par désespoir. Maintenant, je vous le jure, Anne, je ne suis plus amoureux ; ma passion, c'est la tristesse.

— Mon frère, mon frère, s'écria Joyeuse, permettez-moi de vous dire que vous êtes tombé sur une misérable femme.

— Comment cela?

— Oui, Henri, il arrive qu'à un certain degré de méchanceté ou de vertu, les êtres créés dépassent la volonté du créateur et se font bourreaux et homicides, ce que l'Église réprouve également ; ainsi, par trop de vertu, ne pas tenir compte des souffrances d'autrui, c'est de l'exaltation barbare, c'est une absence de charité chrétienne.

— Oh! mon frère, mon frère, s'écria Henri, ne calomniez point la vertu !

— Oh! je ne calomnie pas la vertu, Henri ; j'accuse le vice, et voilà tout. Je le répète donc, cette femme est une misérable femme, et sa possession, si désirable qu'elle soit, ne vaudra jamais les tourments qu'elle te fait souffrir. Eh! mon Dieu, c'est dans un pareil cas qu'on doit

user de ses forces et de sa puissance, car on se défend légitimement, bien loin d'attaquer, par le diable ! Henri, je sais bien qu'à votre place, moi, je serais allé prendre d'assaut la maison de cette femme ; je l'aurais prise elle-même comme j'aurais pris sa maison, et ensuite, lorsque, selon l'habitude de toute créature domptée, qui devient aussi humble devant son vainqueur qu'elle était féroce avant la lutte ; lorsqu'elle serait venue jeter ses bras autour de votre cou en vous disant : Henri, je t'adore! alors je l'eusse repoussée en répondant : Vous faites bien, madame, c'est à votre tour, et j'ai assez souffert pour que vous souffriez aussi.

Henri saisit la main de son frère.

— Vous ne pensez pas un mot de ce que vous avancez là, Joyeuse, lui dit-il.

— Si, par ma foi.

— Vous si bon, si généreux!

— Générosité avec les gens sans cœur, c'est duperie, frère.

— Oh! Joyeuse, Joyeuse, vous ne connaissez point cette femme.

— Mille démons! je ne veux pas la connaître.

— Pourquoi cela?

— Parce qu'elle me ferait commettre ce que d'autres nommeraient un crime, et que je nommerais, moi, un acte de justice.

— Oh! mon bon frère, dit le jeune homme avec un angélique sourire, que vous êtes heureux de ne pas aimer! Mais, s'il vous plaît, monseigneur l'amiral, laissons là mon fol amour, et causons des choses de la guerre.

— Soit! aussi bien, en parlant de ta folie, tu me rendrais fou.

— Vous voyez que nous manquons de vivres.

— Je le sais, et j'ai déjà pensé au moyen de nous en procurer.

— Et l'avez-vous trouvé?

— Je pense qu'oui.

— Lequel?

— Je ne puis bouger d'ici avant d'avoir reçu des nouvelles de l'armée, attendu que la position est bonne et que je la défendrais contre des forces quintuples; mais je puis envoyer à la découverte un corps d'éclaireurs; ils trouveront des nouvelles d'abord, ce qui est la vie véritable des gens réduits à la situation où nous sommes; des vivres ensuite, car, en vérité, cette Flandre est un beau pays.

— Pas trop, mon frère, pas trop.

ED.COPPIN.

Aucun bruit ne décéla sa tentative. — **Page 61.**

— Oh ! je ne parle que de la terre telle que Dieu l'a faite, et non des hommes qui, éternellement, gâtent l'œuvre de Dieu. Comprenez-vous, Henri, quelle folie ce prince a faite ; quelle partie il a perdue ; comme l'orgueil et la précipitation l'ont ruiné vite, ce malheureux François. Dieu a son âme, n'en parlons plus ; mais, en vérité, il pouvait s'acquérir une gloire immortelle et l'un des beaux royaumes de l'Europe, tandis qu'il a fait les affaires de qui... de Guillaume le Sournois. Au reste, savez-vous,

Henri, que les Anversois se sont bien battus ?

— Et vous aussi, à ce qu'on dit, mon frère.

— Oui, j'étais dans un de mes bons jours, et puis il y a une chose qui m'a excité.

— Laquelle ?

— C'est que j'ai rencontré, sur le champ de bataille, une épée de ma connaissance.

— Un Français ?

— Un Français.

— Dans les rangs des Flamands ?

— A leur tête. Henri, voilà un secret qu'il

faut savoir pour donner un pendant à l'écarte
lement de Salcède en place de Grève.

— Enfin, cher seigneur, vous voici revenu
sain et sauf, à ma grande joie ; mais, moi, u
n'ai rien fait encore, il faut bien que je fasse
quelque chose aussi.

— Et que voulez-vous faire?

— Donnez-moi le commandement de vos
éclaireurs, je vous prie.

— Non, c'est en vérité trop périlleux, Henri ;
je ne vous dirais pas ce mot devant des étran-
gers ; mais je ne veux pas vous faire mourir
d'une mort obscure, et par conséquent d'une
laide mort. Les éclaireurs peuvent rencontrer
un corps de ces vilains Flamands qui guerroient
avec des fléaux et des faux : vous en tuez mille ;
il en reste un, celui-là vous coupe en deux ou
vous défigure. Non, Henri, non ; si vous tenez
absolument à mourir, je vous réserve mieux
que cela.

— Mon frère, accordez-moi ce que je vous
demande, je vous prie ; je prendrai toutes les
mesures de prudence, et je vous promets de revenir ici.

— Allons, je comprends !

— Que comprenez-vous?

— Vous voulez essayer si le bruit de quelque
action d'éclat n'amollira pas le cœur de la farouche. Avouez que c'est cela qui vous donne
cette insistance.

— J'avouerai cela, si vous voulez, mon frère.

— Soit, vous avez raison. Les femmes qui ré-
sistent à un grand amour, se rendent parfois à
un peu de bruit.

— Je n'espère pas cela.

— Triple fou que vous êtes alors, si vous le
faites sans cet espoir. Tenez, Henri, ne cherchez
pas d'autre raison au refus de cette femme, sinon que c'est une capricieuse qui n'a ni cœur
ni yeux.

— Vous me donnez ce commandement, n'est-
ce pas, mon frère?

— Il le faut bien, puisque vous le voulez.

— Je puis partir ce soir même?

— C'est de rigueur, Henri ; vous comprenez
que nous ne pouvons attendre plus longtemps.

— Combien mettez-vous d'hommes à ma disposition?

— Cent hommes, pas davantage. Je ne puis
dégarnir ma position, Henri, vous comprenez
bien cela.

— Moins, si vous voulez, mon frère.

— Non pas, car je voudrais pouvoir vous en
donner le double. Seulement engagez-moi votre
parole d'honneur que si vous avez affaire à plus
de trois cents hommes, vous battrez en retraite
au lieu de vous faire tuer.

— Mon frère, dit en souriant Henri, vous me
vendez bien cher une gloire que vous ne me
livrez pas.

— Alors, mon cher Henri, je ne vous la ven-
drai ni ne vous la donnerai ; un autre officier
commandera la reconnaissance.

— Mon frère, donnez vos ordres, et je les
exécuterai.

— Vous n'engagerez donc le combat qu'à forces égales, doubles ou triples, mais vous ne dé-
passerez point cela.

— Je vous le jure.

— Très bien ; maintenant quel corps voulez-
vous avoir?

— Laissez-moi prendre cent hommes des gendarmes d'Aunis ; j'ai bon nombre d'amis dans
ce régiment, et, en choisissant mes hommes,
j'en ferai ce que je voudrai.

— Va pour les gendarmes d'Aunis.

— Quand partirai-je?

— Tout de suite. Seulement vous ferez
donner la ration aux hommes pour un jour,
aux bêtes pour deux. Rappelez-vous que je
désire avoir des nouvelles promptes et sûres.

— Je pars, mon frère ; avez-vous quelque ordre secret?

— Ne répandez pas la mort du duc ; laissez
croire qu'il est à mon camp. Exagérez mes forces, et si vous retrouvez le corps du prince,
quoique ce soit un méchant homme et un pauvre général, comme, à tout prendre, il était de
la maison de France, faites-le mettre dans une
boîte de chêne, et faites-le rapporter par vos
gendarmes, afin qu'il soit enterré à Saint-Denis.

— Bien, mon frère ; est-ce tout?

— C'est tout.

Henri prit la main de son aîné pour la baiser,
mais celui-ci le serra dans ses bras.

— Encore une fois, vous me promettez,
Henri, dit Joyeuse, que ce n'est point une ruse
que vous employez pour vous faire tuer brave-
ment?

— Mon frère, j'ai eu cette pensée en venant
vous rejoindre ; mais cette pensée, je vous jure,
n'est plus en moi.

— Et depuis quand vous a-t-elle quitté ?

— Depuis deux heures.

— A quelle occasion ?

— Mon frère, excusez-moi.

— Allez, Henri, allez, vos secrets sont à vous.

— Oh ! que vous êtes bon, mon frère !

Et les jeunes gens se jetèrent une seconde fois dans les bras l'un de l'autre, et se séparèrent, non sans retourner encore la tête l'un vers l'autre, non sans se saluer du sourire et de la main.

LXXIII

L'EXPÉDITION

enri, transporté de joie, se hâta d'aller rejoindre Diane et Remy.

— Tenez-vous prêts dans un quart d'heure, leur dit-il, nous partons. Vous trouverez deux chevaux tout sellés à la porte du petit escalier de bois qui aboutit à ce corridor ; mêlez-vous à notre suite et ne soufflez mot.

Puis, apparaissant au balcon de châtaignier qui faisait le tour de la maison :

— Trompettes des gendarmes, cria-t-il, sonnez le boute-selle.

L'appel retentit aussitôt dans le bourg, et l'enseigne et ses hommes vinrent se ranger devant la maison.

Leurs gens venaient derrière eux avec quelques mulets et deux chariots. Remy et sa compagne, selon le conseil donné, se dissimulaient au milieu d'eux.

— Gendarmes, dit Henri, mon frère l'amiral m'a donné momentanément le commandement

de votre compagnie, et m'a chargé d'aller à la découverte ; cent de vous devront m'accompagner : la mission est dangereuse, mais c'est pour le salut de tous que vous allez marcher en avant. Quels sont les hommes de bonne volonté ?

Les trois cents hommes se présentèrent.

— Messieurs, dit Henri, je vous remercie tous ; c'est avec raison qu'on a dit que vous aviez été l'exemple de l'armée, mais je ne puis prendre que cent hommes parmi vous ; je ne veux point faire de choix, le hasard décidera.

Monsieur, continua Henri en s'adressant à l'enseigne, faites tirer au sort, je vous en prie.

Pendant qu'on procédait à cette opération, Joyeuse donnait ses dernières instructions à son frère.

— Écoute bien, Henri, disait l'amiral, les campagnes se dessèchent ; il doit exister, à ce qu'assurent les gens du pays, une communication entre Conticq et Rupelmonde ; vous marchez entre une rivière et un fleuve, le Rupel et l'Escaut ; pour l'Escaut, vous trouverez avant Rupelmonde des bateaux ramenés d'Anvers ; le Rupel n'est point indispensable à passer. J'espère que vous n'aurez pas besoin d'ailleurs d'aller jusqu'à Rupelmonde pour trouver des magasins de vivres ou des moulins.

Henri s'apprêtait à partir sur ces paroles.

— Attends donc, lui dit Joyeuse, tu oublies le principal : mes hommes ont pris trois paysans, je t'en donne un pour vous servir de guide. Pas de fausse pitié ; à la première apparence de trahison, un coup de pistolet ou de poignard.

Ce dernier point réglé, il embrassa tendrement son frère, et donna l'ordre du départ.

Les cent hommes tirés au sort par l'enseigne, du Bouchage en tête, se mirent en route à l'instant même.

Henri plaça le guide entre deux gendarmes tenant constamment le pistolet au poing.

Remy et sa compagne étaient mêlés aux gens de la suite. Henri n'avait fait aucune recommandation à leur égard, pensant que la curiosité était déjà bien assez excitée à leur endroit, sans l'augmenter encore par des précautions plus dangereuses que salutaires.

Lui-même, sans avoir fatigué ou importuné ses hôtes par un seul regard, après être sorti du bourg, revint prendre sa place aux flancs de la compagnie.

Cette marche de la troupe était lente, le chemin parfois manquait tout à coup sous les pieds des chevaux, et le détachement tout entier se trouvait embourbé.

Tant que l'on n'eut point trouvé la chaussée que l'on cherchait, on dut se résigner à marcher comme avec des entraves.

Quelquefois des spectres, fuyant au bruit des chevaux, sillonnaient la plaine ; c'étaient des paysans un peu trop prompts à revenir dans leurs terres, et qui redoutaient de tomber aux mains de ces ennemis qu'ils avaient voulu anéantir.

Parfois aussi, ce n'étaient que de malheureux Français à moitié morts de froid et de faim, incapables de lutter contre des gens armés, et qui, dans l'incertitude où ils étaient de tomber sur des amis ou des ennemis, préféraient attendre le jour pour reprendre leur pénible route.

On fit deux lieues en trois heures ; ces deux lieues avaient conduit l'aventureuse patrouille sur les bords du Rupel, que bordait une chaussée de pierre ; mais alors les dangers succédèrent aux difficultés : deux ou trois chevaux perdirent pied dans les interstices de ces pier-

res, ou, glissant sur les pierres fangeuses, roulèrent avec leurs cavaliers dans l'eau encore rapide de la rivière.

Plus d'une fois aussi, de quelque bateau amarré à l'autre bord, partirent des coups de feu qui blessèrent deux valets d'armée et un gendarme.

Un des deux valets avait été blessé aux côtés de Diane ; elle avait manifesté des regrets pour cet homme, mais aucune crainte pour elle.

Henri, dans ces différentes circonstances, se montra pour ses hommes un digne capitaine et un véritable ami ; il marchait le premier, forçant toute la troupe à suivre sa trace, et se fiant moins encore à sa propre sagacité qu'à l'instinct du cheval que lui avait donné son frère, si bien que de cette façon il conduisait tout le monde au salut, en risquant seul la mort.

A trois lieues de Rupelmonde, les gendarmes rencontrèrent une demi-douzaine de soldats français accroupis devant un feu de tourbe : les malheureux faisaient cuire un quartier de chair de cheval, seule nourriture qu'ils eussent rencontrée depuis deux jours.

L'approche des gendarmes causa un grand trouble parmi les convives de ce triste festin : deux ou trois se levèrent pour fuir ; mais l'un d'eux resta assis et les retint en disant :

— Eh bien ! s'ils sont ennemis, ils nous tueront, et au moins la chose sera finie tout de suite.

— France ! France ! cria Henri qui avait entendu ces paroles ; venez à nous, pauvres gens.

Ces malheureux, en reconnaissant des compatriotes, accoururent à eux ; on leur donna des manteaux, un coup de genièvre ; on y ajouta la permission de monter en croupe derrière les valets.

Ils suivirent ainsi le détachement.

Une demi-lieue plus loin, on trouva quatre chevau-légers avec un cheval pour quatre ; ils furent recueillis également.

Enfin, on arriva sur les bords de l'Escaut : la nuit était profonde ; les gendarmes trouvèrent là deux hommes qui tâchaient, en mauvais flamand, d'obtenir d'un batelier le passage sur l'autre rive.

Celui-ci refusait avec des menaces.

L'enseigne parlait le hollandais. Il s'avança doucement en tête de la colonne, et tandis que celle-ci faisait halte, il entendit ces mots :

— Vous êtes des Français, vous devez mourir ici ; vous ne passerez pas.

L'un des deux hommes lui appuya un poignard sur la gorge, et, sans se donner la peine d'essayer à lui parler sa langue, il lui dit en excellent français :

— C'est toi qui mourras ici, tout Flamand que tu es, si tu ne nous passes pas à l'instant même.

— Tenez ferme, monsieur, tenez ferme ! cria l'enseigne, dans cinq minutes nous sommes à vous.

Mais pendant le mouvement que les deux Français firent en entendant ces paroles, le batelier détacha le nœud qui retenait sa barque au rivage et s'éloigna rapidement en les laissant sur le bord.

Mais un des gendarmes, comprenant de quelle utilité pouvait être le bateau, entra dans le fleuve avec son cheval et abattit le batelier d'un coup de pistolet.

Le bateau sans guide tourna sur lui-même ; mais comme il n'avait pas encore atteint le milieu du fleuve, le remous le repoussa vers la rive.

Les deux hommes s'en emparèrent aussitôt qu'il toucha le bord, et s'y logèrent les premiers.

Cet empressement à s'isoler étonna l'enseigne.

— Eh ! messieurs, demanda-t-il, qui êtes-vous, s'il vous plaît ?

— Monsieur, nous sommes officiers au régiment de la Marine, et vous gendarmes d'Aunis, à ce qu'il paraît.

— Oui, messieurs, et bien heureux de pouvoir vous être utiles ; n'allez-vous point nous accompagner ?

— Volontiers, messieurs.

— Montez sur les chariots alors, si vous êtes trop fatigués pour nous suivre à pied.

— Puis-je vous demander où vous allez ? fit celui des deux officiers de marine qui n'avait point encore parlé.

— Monsieur, nos ordres sont de pousser jusqu'à Rupelmonde.

— Prenez garde, reprit le même interlocuteur, nous n'avons pas traversé le fleuve plus tôt, parce que, ce matin, un détachement d'Espagnols a passé venant d'Anvers ; au coucher du soleil, nous avons cru pouvoir nous risquer ; deux hommes n'inspirent pas d'inquiétude, mais vous, toute une troupe.

— C'est vrai, dit l'enseigne, je vais appeler notre chef.

Il appela Henri, qui s'approcha en demandant ce qu'il y avait.

— Il y a, répondit l'enseigne, que ces messieurs ont rencontré ce matin un détachement d'Espagnols qui suivaient le même chemin que nous.

— Et combien étaient-ils ? demanda Henri.

— Une cinquantaine d'hommes.

— Eh bien ! et c'est cela qui vous arrête ?

— Non, monsieur le comte ; mais, cependant, je crois qu'il serait prudent de nous assurer du bateau à tout hasard ; vingt hommes peuvent y tenir, et, s'il y avait urgence de traverser le fleuve, en cinq voyages, et en tirant nos chevaux par la bride, l'opération serait terminée.

— C'est bien, dit Henri, qu'on garde le bateau, il doit y avoir des maisons à l'embranchement du Rupel et de l'Escaut.

— Il y a un village, dit une voix.

— Allons-y, c'est une bonne position que l'angle formé par la jonction de deux rivières. Gendarmes, en marche ! Que deux hommes descendent le fleuve avec le bateau, tandis que nous le côtoierons.

— Nous allons diriger le bateau, dit l'un des deux officiers, si vous le voulez bien.

— Soit, messieurs, dit Henri ; mais ne nous perdez point de vue, et venez nous rejoindre aussitôt que nous serons installés dans le village.

— Mais si nous abandonnons le bateau et qu'on nous le reprenne ?

— Vous trouverez à cent pas du village un poste de dix hommes, à qui vous le remettrez.

— C'est bien, dit l'officier de marine, et d'un vigoureux coup d'aviron, il s'éloigna du rivage.

— C'est singulier, dit Henri, en se remettant en marche, voici une voix que je connais.

Une heure après il trouva le village gardé par le détachement d'Espagnols dont avait parlé l'officier : surpris au moment où ils s'y attendaient le moins, ils firent à peine résistance.

Henri fit désarmer les prisonniers, les enferma dans la maison la plus forte du village, et mit un poste de dix hommes pour les garder.

Un autre poste de dix hommes fut envoyé pour garder le bateau.

Dix autres hommes furent dispersés en sentinelles sur divers points avec promesse d'être relevés au bout d'une heure.

Henri décida ensuite que l'on souperait vingt par vingt, dans la maison en face de celle où étaient enfermés les prisonniers espagnols. Le souper des cinquante ou soixante premiers était prêt; c'était celui du poste qu'on venait d'enlever.

Henri choisit, au premier étage, une chambre pour Diane et pour Remy, qu'il ne voulait point faire souper avec tout le monde.

Il fit placer à table l'enseigne avec dix-sept hommes, en le chargeant d'inviter à souper avec lui les deux officiers de marine, gardiens du bateau.

Puis il s'en alla, avant de se mettre à table lui-même, visiter ses gens dans leurs diverses positions.

Au bout d'une demi-heure, Henri rentra. Cette demi-heure lui avait suffi pour assurer le logement et la nourriture de tous ses gens, et pour donner les ordres nécessaires en cas de surprise des Hollandais.

Les officiers, malgré son invitation de ne point s'inquiéter de lui, l'avaient attendu pour commencer leur repas; seulement, ils s'étaient mis à table; quelques-uns dormaient de fatigue sur leurs chaises.

L'entrée du comte réveilla les dormeurs, et fit lever les éveillés.

Henri jeta un coup d'œil sur la salle.

Des lampes de cuivre, suspendues au plafond, éclairaient d'une lueur fumeuse et presque compacte.

La table, couverte de pains de froment et de viande de porc, avec un pot de bière fraîche par chaque homme, eût eu un aspect appétissant, même pour des gens qui depuis vingt-quatre heures n'eussent pas manqué de tout.

On indiqua à Henri la place d'honneur.

Il s'assit.

— Mangez, messieurs, dit-il.

Aussitôt cette permission donnée, le bruit des couteaux et des fourchettes sur les assiettes de faïence prouva à Henri qu'elle était attendue avec une certaine impatience et accueillie avec une suprême satisfaction.

— A propos, demanda Henri à l'enseigne, a-t-on retrouvé nos deux officiers de marine?

— Oui, monsieur.

— Où sont-ils?

— Là, voyez, au bout de la table.

Non-seulement ils étaient assis au bout de la table, mais encore à l'endroit le plus obscur de la chambre.

— Messieurs, dit Henri, vous êtes mal placés et vous ne mangez point, ce me semble.

— Merci, monsieur le comte, répondit l'un d'eux, nous sommes très fatigués, et nous avions en vérité plus besoin de sommeil que de nourriture; nous avons déjà dit cela à messieurs vos officiers, mais ils ont insisté, disant que votre ordre était que nous soupassions avec vous. Ce nous est un grand honneur, et dont nous sommes bien reconnaissants. Mais néanmoins, si, au lieu de nous garder plus longtemps, vous aviez la bonté de nous faire donner une chambre...

Henri avait écouté avec la plus grande attention, mais il était évident que c'était bien plutôt la voix qu'il écoutait que la parole.

— Et c'est aussi l'avis de votre compagnon? dit Henri, lorsque l'officier de marine eut cessé de parler.

Et il regardait ce compagnon, qui tenait son chapeau rabattu sur ses yeux et qui s'obstinait à ne pas souffler mot, avec une attention si profonde, que plusieurs des convives commencèrent à le regarder aussi.

Celui-ci, forcé de répondre à la question du comte, articula d'une façon presque inintelligible ces deux mots:

— Oui, comte.

A ces deux mots, le jeune homme tressaillit.

Alors, se levant, il marcha droit au bas bout de la table, tandis que les assistants suivaient avec une attention singulière les mouvements de Henri et la manifestation bien visible de son étonnement.

Henri s'arrêta près des deux officiers.

— Monsieur, dit-il à celui qui avait parlé le premier, faites-moi une grâce.

— Laquelle, monsieur le comte.

— Assurez-moi que vous n'êtes pas le frère de M. Aurilly, ou peut-être M. Aurilly lui-même.

— Aurilly! s'écrièrent tous les assistants.

— Et que votre compagnon, continua Henri, veuille bien relever un peu le chapeau qui lui couvre le visage, sans quoi je l'appellerai monseigneur, et je m'inclinerai devant lui.

Et en même temps, son chapeau à la main, Henri s'inclina respectueusement devant l'inconnu.

Celui-ci leva la tête.

— Monseigneur le duc d'Anjou! s'écrièrent les officiers.

— Le duc vivant!

— Ma foi, messieurs, dit l'officier, puisque vous voulez bien reconnaître votre prince vaincu et fugitif, je ne résisterai pas plus longtemps à cette manifestation dont je vous suis reconnaissant; vous ne vous trompiez pas, messieurs, je suis bien le duc d'Anjou.

— Vive monseigneur! s'écrièrent les officiers.

LXXIV

PAUL-ÉMILE

Toutes ces acclamations, bien que sincères, effarouchèrent le prince.

— Oh! silence, silence, messieurs, dit-il, ne soyez pas plus contents que moi, je vous prie, du bonheur qui m'arrive. Je suis enchanté de n'être pas mort, je vous prie de le croire, et cependant, si vous ne m'eussiez point reconnu, je ne me fusse pas le premier vanté d'être vivant.

— Quoi! monseigneur, dit Henri, vous m'aviez reconnu, vous vous retrouviez au milieu d'une troupe de Français, vous nous voyiez désespérés de votre perte, et vous nous laissiez dans cette douleur de vous avoir perdu!

— Messieurs, répondit le prince, outre une foule de raisons qui me faisaient désirer de garder l'incognito, j'avoue, puisqu'on me croyait mort, que je n'eusse point été fâché de cette occasion, qui ne se représentera probablement pas de mon vivant, de savoir un peu quelle oraison funèbre on prononcera sur ma tombe.

— Monseigneur, monseigneur!

— Non, vraiment, reprit le duc, je suis un homme comme Alexandre de Macédoine, moi; je fais la guerre avec art et j'y mets de l'amour-propre comme tous les artistes. Eh bien! sans vanité, j'ai, je crois, fait une faute.

— Monseigneur, dit Henri en baissant les yeux, ne dites point de pareilles choses, je vous prie.

— Pourquoi pas? Il n'y a que le pape qui soit infaillible, et depuis Boniface VIII, cette infaillibilité est fort discutée.

— Voyez à quelle chose vous nous exposiez, monseigneur, si quelqu'un de nous se fût permis de donner son avis sur cette expédition, et que cet avis eût été un blâme.

— Eh bien! pourquoi pas? Croyez-vous que je ne me sois point déjà fort blâmé moi-même; non pas d'avoir livré la bataille, mais de l'avoir perdue?

— Monseigneur, cette bonté nous effraie, et que Votre Altesse me permette de le lui dire, cette gaîté n'est point naturelle. Que Votre Altesse ait la bonté de nous rassurer, en nous disant qu'elle ne souffre point.

Un nuage terrible passa sur le front du prince, et couvrit ce front, déjà si fatal, d'un crêpe sinistre.

— Non pas, dit-il, non pas. Je ne fus jamais mieux portant, Dieu merci ! qu'à cette heure, et je me sens à merveille au milieu de vous.

Les officiers s'inclinèrent.

— Combien d'hommes sous vos ordres, du Bouchage?

— Cent cinquante, monseigneur.

— Ah ! ah ! cent cinquante sur douze mille, c'est la proportion du désastre de Cannes. Messieurs, on enverra un boisseau de vos bagues à Anvers, mais je doute que les beautés flamandes puissent s'en servir, à moins de se faire effiler les doigts avec les couteaux de leurs maris : ils coupaient bien, ces couteaux !

— Monseigneur, reprit Joyeuse, si notre bataille est une bataille de Cannes, nous sommes plus heureux que les Romains, car nous avons conservé notre Paul-Émile.

— Sur mon âme, messieurs, reprit le duc, le Paul-Émile d'Anvers, c'est Joyeuse, et, sans doute, pour pousser la ressemblance jusqu'au bout avec son héroïque modèle, ton frère est mort, n'est-ce pas, du Bouchage ?

Henri se sentit le cœur déchiré par cette froide question.

— Non, monseigneur, répondit-il, il vit.

— Ah! tant mieux, dit le duc avec un sourire glacé; quoi ! notre brave Joyeuse a survécu. Où est-il que je l'embrasse?

— Il n'est point ici, monseigneur.

— Ah ! oui, blessé.

— Non, monseigneur, sain et sauf.

— Mais fugitif comme moi, errant, affamé, honteux et pauvre guerrier, hélas ! Le proverbe a bien raison : Pour la gloire l'épée, après l'épée le sang, après le sang les larmes.

— Monseigneur, j'ignorais le proverbe, et je suis heureux, malgré le proverbe, d'apprendre à Votre Altesse que mon frère a eu le bonheur de sauver trois mille hommes, avec lesquels il occupe un gros bourg à sept lieues d'ici, et, tel que me voit Son Altesse, je marche comme éclaireur de son armée.

Le duc pâlit.

— Trois mille hommes ! dit-il, et c'est Joyeuse

qui a sauvé ces trois mille hommes? Sais-tu que c'est un Xénophon, ton frère; il est pardieu fort heureux que mon frère, à moi, m'ait envoyé le tien, sans quoi je revenais tout seul en France. Vive Joyeuse, pardieu ! foin de la maison de Valois ; ce n'est pas elle, ma foi, qui peut prendre pour sa devise : *Hilariter*.

— Monseigneur , oh! monseigneur ! murmura du Bouchage suffoqué de douleur, en voyant que cette hilarité du prince cachait une sombre et douloureuse jalousie.

— Non, sur mon âme, je dis vrai, n'est-ce pas, Aurilly? Nous revenons en France pareils à François Ier après la bataille de Pavie. Tout est perdu, plus l'honneur ! Ah ! ah ! ah ! j'ai retrouvé la devise de la maison de France, moi!

Un morne silence accueillit ces rires déchirants comme s'ils eussent été des sanglots.

— Monseigneur, interrompit Henri, racontez-moi comment le dieu tutélaire de la France a sauvé Votre Altesse.

— Eh ! cher comte, c'est bien simple, le dieu tutélaire de la France était occupé à autre chose de plus important sans doute en ce moment, de sorte que je me suis sauvé tout seul.

— Et comment cela, monseigneur?

— Mais à toutes jambes.

Pas un sourire n'accueillit cette plaisanterie, que le duc eût certes punie de mort si elle eût été faite par un autre que par lui.

— Oui, oui, c'est bien le mot. Hein ? comme nous courions, continua-t-il, n'est-ce pas, mon brave Aurilly?

— Chacun, dit Henri, connaît la froide bravoure et le génie militaire de Votre Altesse, nous la supplions donc de ne pas nous déchirer le cœur en se donnant des torts qu'elle n'a pas. Le meilleur général n'est pas invincible, et Annibal lui-même a été vaincu à Zama.

— Oui, répondit le duc, mais Annibal avait gagné les batailles de la Trébie, de Trasimène et de Cannes, tandis que moi je n'ai gagné que celle de Cateau-Cambrésis ; ce n'est point assez, en vérité, pour soutenir la comparaison.

— Mais monseigneur plaisante lorsqu'il dit qu'il a fui?

— Non, pardieu ! je ne plaisante pas : d'ailleurs trouves-tu qu'il y ait de quoi plaisanter, du Bouchage?

— Pouvait-on faire autrement, monsieur le

comte? dit Aurilly, croyant qu'il était besoin qu'il vînt en aide à son maître.

— Tais-toi, Aurilly, dit le duc; demande à l'ombre de Saint-Aignan si l'on pouvait ne pas fuir?

Aurilly baissa la tête.

— Ah! vous ne savez pas l'histoire de Saint-Aignan, vous autres; c'est vrai; je vais vous la conter en trois grimaces.

A cette plaisanterie qui, dans la circonstance, avait quelque chose d'odieux, les officiers froncèrent le sourcil, sans s'inquiéter s'ils déplaisaient ou non à leur maître.

— Imaginez-vous donc, messieurs, dit le prince sans paraître avoir le moins du monde remarqué ce signe de désapprobation, imaginez-vous qu'au moment où la bataille se déclarait perdue, il réunit cinq cents chevaux et, au lieu de s'en aller comme tout le monde, il vint à moi et me dit:

— Il faut donner, monseigneur.

— Comment, donner? lui répondis-je; vous êtes fou, Saint-Aignan, ils sont cent contre un.

— Fussent-ils mille, répliqua-t-il avec une affreuse grimace, je donnerai.

— Donnez, mon cher, donnez, répondis-je; moi je ne donne pas, au contraire.

— Vous me donnerez cependant votre cheval, qui ne peut plus marcher, et vous prendrez le mien qui est frais; comme je ne veux pas fuir, tout cheval m'est bon, à moi.

Et, en effet, il prit mon cheval blanc, et me donna son cheval noir, en me disant:

— Prince, voilà un coureur qui fera vingt lieues en quatre heures, si vous le voulez.

Puis, se retournant vers ses hommes:

— Allons, messieurs, dit-il, suivez-moi; en avant ceux qui ne veulent pas tourner le dos!

Et il piqua vers l'ennemi avec une seconde grimace plus affreuse que la première.

Il croyait trouver des hommes, il trouva de l'eau; j'avais prévu la chose, moi: Saint-Aignan et ses paladins y sont restés.

S'il m'eût écouté, au lieu de faire cette vaillantise inutile, nous l'aurions à cette table, et il ne ferait pas à cette heure une troisième grimace plus laide probablement encore que les deux premières.

Un frisson d'horreur parcourut le cercle des assistants.

— Ce misérable n'a pas de cœur, pensa Henri. Oh! pourquoi son malheur, sa honte et surtout sa naissance le protégent-ils contre l'appel qu'on aurait tant de bonheur à lui adresser!

— Messieurs, dit à voix basse Aurilly qui sentit le terrible effet produit au milieu de cet auditoire de gens de cœur par les paroles du prince, vous voyez comme monseigneur est affecté, ne faites donc point attention à ses paroles: depuis le malheur qui lui est arrivé, je crois qu'il a vraiment des instants de délire.

— Et voilà, dit le prince en vidant son verre, comment Saint-Aignan est mort et comment je vis; au reste, en mourant, il m'a rendu un dernier service: il a fait croire, comme il montait mon cheval, que c'était moi qui étais mort; de sorte que ce bruit s'est répandu non-seulement dans l'armée française, mais encore dans l'armée flamande, qui alors s'est ralentie à ma poursuite; mais rassurez-vous, messieurs, nos bons Flamands ne porteront pas la chose en paradis; nous aurons une revanche, messieurs, et sanglante même, et je me compose depuis hier, mentalement du moins, la plus formidable armée qui ait jamais existé.

— En attendant, monseigneur, dit Henri, Votre Altesse va prendre le commandement de mes hommes; il ne m'appartient plus à moi, simple gentilhomme, de donner un seul ordre là où est un fils de France.

— Soit, dit le prince, et je commence par ordonner à tout le monde de souper, et à vous particulièrement, monsieur du Bouchage, car vous n'avez pas même approché de votre assiette.

— Monseigneur, je n'ai pas faim.

— En ce cas, du Bouchage, mon ami, retournez visiter vos postes. Annoncez aux chefs que je vis, mais priez-les de ne pas s'en réjouir trop hautement, avant que nous n'ayons gagné une meilleure citadelle ou rejoint le corps d'armée de notre invincible Joyeuse, car je vous avoue que je me soucie moins que jamais d'être pris, maintenant que j'ai échappé au feu et à l'eau.

— Monseigneur, Votre Altesse sera obéie rigoureusement, et nul ne saura, excepté ces messieurs, qu'elle nous fait l'honneur de demeurer parmi nous.

— Et ces messieurs me garderont le secret? demanda le duc.

Tout le monde s'inclina.

Le duc plongea ses regards à travers les vitres. — PAGE 63.

— Allez à votre visite, comte.

Du Bouchage sortit de la salle.

Il n'avait fallu, comme on le voit, qu'un instant à ce vagabond, à ce fugitif, à ce vaincu, pour redevenir fier, insouciant et impérieux.

Commander à cent hommes ou à cent mille, c'est toujours commander; le duc d'Anjou en eût agi de même avec Joyeuse. Les princes ne demandent jamais ce qu'ils croient mériter, mais ce qu'ils croient qu'on leur doit.

Tandis que du Bouchage exécutait l'ordre avec d'autant plus de ponctualité qu'il voulait paraître moins dépité d'obéir, François questionnait, et Aurilly, cette ombre du maître, laquelle suivait tous ses mouvements, questionnait aussi.

Le duc trouvait étonnant qu'un homme du nom et du rang de du Bouchage eût consenti à prendre ainsi le commandement d'une poignée d'hommes, et se fût chargé d'une expédition aussi périlleuse. C'était en effet le poste d'un simple enseigne et non celui du frère d'un grand-amiral.

Chez le prince tout était soupçon, et tout soupçon avait besoin d'être éclairé.

Il insista donc, et apprit que le grand-amiral, en mettant son frère à la tête de la reconnaissance, n'avait fait que céder à ses pressantes instances.

Celui qui donnait ce renseignement au duc, et qui le donnait sans mauvaise intention aucune, était l'enseigne des gendarmes d'Aunis, lequel avait recueilli du Bouchage, et s'était vu enlever son commandement, comme du Bouchage venait de se voir enlever le sien par le duc.

Le prince avait cru apercevoir un léger sentiment d'irritabilité dans le cœur de l'enseigne contre du Bouchage, voilà pourquoi il interrogeait particulièrement celui-ci.

— Mais, demanda le prince, quelle était donc l'intention du comte, qu'il sollicitait avec tant d'instance un si pauvre commandement ?

— Rendre service à l'armée d'abord, dit l'enseigne, et de ce sentiment je n'en doute pas.

— D'abord, avez-vous dit ?— quel est l'ensuite, monsieur ?

— Ah ! monseigneur, dit l'enseigne, je ne sais pas.

— Vous me trompez ou vous vous trompez vous-même, monsieur ; vous savez.

— Monseigneur, je ne puis donner, même à Votre Altesse, que les raisons de mon service.

— Vous le voyez, dit le prince en se retournant vers les quelques officiers demeurés à table, j'avais parfaitement raison de me tenir caché, messieurs, puisqu'il y a dans mon armée des secrets dont on m'exclut.

— Ah ! monseigneur, reprit l'enseigne, Votre Altesse comprend bien mal ma discrétion ; il n'y a de secrets qu'en ce qui concerne M. du Bouchage ; ne pourrait-il pas arriver, par exemple, que tout en servant l'intérêt général, M. Henri eût voulu rendre service à quelque parent ou à quelque ami, en le faisant escorter ?

— Qui donc est ici parent ou ami du comte ? Qu'on le dise ; voyons, que je l'embrasse !

— Monseigneur, dit Aurilly en venant se mêler à la conversation avec cette respectueuse familiarité dont il avait pris l'habitude, monseigneur, je viens de découvrir une partie du secret, et il n'a rien qui puisse motiver la défiance de Votre Altesse. Ce parent que M. du Bouchage voulait faire escorter, eh bien !...

— Eh bien ! fit le prince, achève, Aurilly.

— Eh bien ! monseigneur, c'est une parente.

— Ah ! ah ! ah ! s'écria le duc, que ne me disait-on la chose tout franchement ? Ce cher Henri !... Eh ! mais, c'est tout naturel... Allons, allons, fermons les yeux sur la parente, et n'en parlons plus.

— Votre Altesse fera d'autant mieux, dit Aurilly, que la chose est des plus mystérieuses.

— Comment cela ?

— Oui, la dame, comme la célèbre Bradamante dont j'ai vingt fois chanté l'histoire à Votre Altesse, la dame se cache sous des habits d'homme.

— Oh ! monseigneur, dit l'enseigne, je vous en supplie ; M. Henri m'a paru avoir de grands respects pour cette dame, et, selon toute probabilité, en voudrait-il aux indiscrets.

— Sans doute, sans doute, monsieur l'enseigne ; nous serons muet comme des sépulcres, soyez tranquille ; muet comme le pauvre Saint-Aignan ; seulement, si nous voyons la dame, nous tâcherons de ne pas lui faire de grimaces. Ah ! Henri a une parente avec lui, comme cela tout au milieu des gendarmes ? et où est-elle, Aurilly, cette parente ?

— Là-haut.

— Comment ! là-haut, dans cette maison-ci ?

— Oui, monseigneur ; mais, chut ! voici M. du Bouchage.

— Chut ! répéta le prince en riant aux éclats.

LXXV

UN DES SOUVENIRS DU DUC D'ANJOU

L e jeune homme, en rentrant, put entendre le funeste éclat de rire du prince; mais il n'avait point assez vécu auprès de Son Altesse pour connaître toutes les menaces renfermées dans une manifestation joyeuse du duc d'Anjou.

Il eût pu s'apercevoir aussi, au trouble de quelques physionomies, qu'une conversation hostile avait été tenue par le duc en son absence et interrompue par son retour.

Mais Henri n'avait point assez de défiance pour deviner de quoi il s'agissait : nul n'était assez son ami pour le lui dire en présence du duc.

D'ailleurs Aurilly faisait bonne garde, et le duc, qui sans aucun doute avait déjà à peu près arrêté son plan, retenait Henri près de sa personne, jusqu'à ce que tous les officiers présents à la conversation fussent éloignés.

Le duc avait fait quelques changements à la distribution des postes.

Ainsi, quand il était seul, Henri avait jugé à propos de se faire centre, puisqu'il était chef, et d'établir son quartier général dans la maison de Diane.

Puis, au poste le plus important après celui-là, et qui était celui de la rivière, il envoyait l'enseigne.

Le duc, devenu chef à la place de Henri, prenait la place de Henri, et envoyait Henri où celui-ci devait envoyer l'enseigne.

Henri ne s'en étonna point. Le prince s'était aperçu que ce point était le plus important, et il le lui confiait : c'était chose toute naturelle, si naturelle, que tout le monde, et Henri le premier, se méprit à son intention.

Seulement il crut devoir faire une recommandation à l'enseigne des gendarmes, et s'approcha de lui. C'était tout naturel aussi qu'il mît sous sa protection les deux personnes sur lesquelles il veillait et qu'il allait être forcé, momentanément du moins, d'abandonner.

Mais, aux premiers mots que Henri tenta d'échanger avec l'enseigne, le duc intervint.

— Des secrets! dit-il avec son sourire.

Le gendarme avait compris, mais trop tard, l'indiscrétion qu'il avait faite. Il se repentait, et, voulant venir en aide au comte :

— Non, monseigneur, répondit-il; monsieur le comte me demande seulement combien il me reste de livres de poudre sèche et en état de servir.

Cette réponse avait deux buts, sinon deux résultats : le premier, de détourner les soupçons du duc s'il en avait; le second, d'indiquer au comte qu'il avait un auxiliaire sur lequel il pouvait compter.

— Ah! c'est différent, répondit le duc, forcé d'ajouter foi à ces paroles sous peine de compromettre par le rôle d'espion sa dignité de prince.

Puis, pendant que le duc se retournait vers la porte qu'on ouvrait :

— Son Altesse sait que vous accompagnez quelqu'un, glissa tout bas l'enseigne à Henri.

Du Bouchage tressaillit; mais il était trop tard. Ce tressaillement lui-même n'avait point échappé au duc, et, comme pour s'assurer par lui-même si les ordres avaient été exécutés partout, il proposa au comte de le conduire jusqu'à son poste, proposition que le comte fut bien forcé d'accepter.

Henri eût voulu prévenir Remy de se tenir sur ses gardes, et de préparer à l'avance quelque réponse; mais il n'y avait plus moyen: tout ce qu'il put faire, ce fut de congédier l'enseigne par ces mots:

— Veillez bien sur la poudre, n'est-ce pas? veillez-y comme j'y veillerais moi-même.

— Oui, monsieur le comte, répliqua le jeune homme.

En chemin, le duc demanda à du Bouchage:

— Où est cette poudre que vous recommandez à notre jeune officier, comte?

— Dans la maison où j'avais placé le quartier général, Altesse.

— Soyez tranquille, du Bouchage, répondit le duc, je connais trop bien l'importance d'un pareil dépôt, dans la situation où nous sommes, pour ne pas y porter toute mon attention. Ce n'est point notre jeune enseigne qui le surveillera, c'est moi.

La conversation en resta là. On arriva, sans parler davantage, au confluent du fleuve et de la rivière; le duc fit à du Bouchage force recommandations de ne pas quitter son poste, et revint.

Il retrouva Aurilly; celui-ci n'avait point quitté la salle du repas, et, couché sur un banc, dormait dans le manteau d'un officier.

Le duc lui frappa sur l'épaule et le réveilla.

Aurilly se frotta les yeux et regarda le prince.

— Tu as entendu? lui demanda celui-ci.

— Oui, monseigneur, répondit Aurilly.

— Sais-tu seulement de quoi je veux parler?

— Pardieu! de la dame inconnue, de la parente de M. le comte du Bouchage.

— Bien; je vois que le faro de Bruxelles et la bière de Louvain ne t'ont point encore trop épaissi le cerveau.

— Allons donc, monseigneur, parlez ou faites seulement un signe, et Votre Altesse verra que je suis plus ingénieux que jamais.

— Alors, voyons, appelle toute ton imagination à ton aide et devine.

— Eh bien, monseigneur, je devine que Votre Altesse est curieuse.

— Ah! parbleu! c'est une affaire de tempéra-

ment cela; il s'agit seulement de me dire ce qui pique ma curiosité à cette heure.

— Vous voulez savoir quelle est la brave créature qui suit ces deux messieurs de Joyeuse à travers le feu et à travers l'eau?

— *Per mille pericula Martis!* comme dirait ma sœur Margot, si elle était là, tu as mis le doigt sur la chose, Aurilly. A propos, lui as-tu écrit, Aurilly?

— A qui, monseigneur?

— A ma sœur Margot.

— Avais-je donc à écrire à Sa Majesté?

— Sans doute.

— Sur quoi?

— Mais sur ce que nous sommes battus, pardieu! ruinés, et sur ce qu'elle doit se bien tenir.

— A quelle occasion, monseigneur?

— A cette occasion, que l'Espagne, débarrassée de moi au nord, va lui tomber sur le dos au midi.

— Ah! c'est juste.

— Tu n'as pas écrit?

— Dame! monseigneur!

— Tu dormais.

— Oui, je l'avoue; mais encore l'idée me fût-elle venue d'écrire, avec quoi eussé-je écrit, monseigneur? Je n'ai ici, ni papier, ni encre, ni plume.

— Eh bien cherche. *Quære et invenies*, dit l'Evangile.

— Comment diable Votre Altesse veut-elle que je trouve tout cela dans la chaumière d'un paysan qui, il y a mille à parier contre un, ne sait pas écrire?

— Cherche toujours, imbécile, et si tu ne trouves pas cela, eh bien...

— Eh bien?

— Eh bien, tu trouveras autre chose.

— Oh! imbécile que je suis! s'écria Aurilly, en se frappant le front, ma foi, oui, Votre Altesse a raison, et ma tête s'embourbe; cela tient à ce que j'ai une affreuse envie de dormir, voyez-vous, monseigneur.

— Allons, allons, je veux bien te croire; chasse cette envie-là pour un instant, et puisque tu n'as pas écrit, toi, j'écrirai, moi; cherche-moi seulement tout ce qu'il me faut pour écrire; cherche, Aurilly, cherche, et ne reviens que lorsque tu auras trouvé; moi, je reste ici.

— J'y vais, monseigneur.

— Et si, dans ta recherche, attends donc, et

Il fut bien surpris de voir un homme assis près du feu. — PAGE 68.

dans ta recherche, tu t'aperçois que la maison soit d'un style pittoresque... Tu sais combien j'aime les intérieurs flamands, Aurilly?

— Oui, monseigneur.

— Eh bien, tu m'appelleras.

— A l'instant même, monseigneur; vous pouvez être tranquille.

Aurilly se leva, et, léger comme un oiseau, il se dirigea vers la chambre voisine, où se trouvait le pied de l'escalier.

Aurilly était léger comme un oiseau; aussi à peine entendit-on un léger craquement au moment où il mit le pied sur les premières marches; mais aucun bruit ne décela sa tentative.

Au bout de cinq minutes, il revint près de son maître qui s'était installé, ainsi qu'il avait dit, dans la grande salle.

— Eh bien? demanda celui-ci.

— Eh bien, monseigneur, si j'en crois les apparences, la maison doit être diablement pittoresque.

— Pourquoi cela?

— Peste! monseigneur, parce qu'on n'y entre pas comme on veut.

— Que dis-tu?

— Je dis qu'un dragon la garde.

— Quelle est cette sotte plaisanterie, mon maître?

— Eh! monseigneur, ce n'est malheureusement pas une sotte plaisanterie, c'est une triste vérité. Le trésor est au premier, dans une chambre derrière une porte sous laquelle on voit luire de la lumière.

— Bien, après?

— Monseigneur veut dire avant.

— Aurilly!

— Eh bien! avant cette porte, monseigneur, on trouve un homme couché sur le seuil dans un grand manteau gris.

— Oh! oh! M. du Bouchage se permet de mettre un gendarme à la porte de sa maîtresse?

— Ce n'est point un gendarme, monseigneur, c'est quelque valet de la dame ou du comte lui-même.

— Et quelle espèce de valet?

— Monseigneur, impossible de voir sa figure, mais ce que l'on voit, et parfaitement, c'est un large couteau flamand passé à sa ceinture et sur lequel il appuie une vigoureuse main.

— C'est piquant, dit le duc; réveille-moi un peu ce gaillard-là, Aurilly.

— Oh! par exemple, non, monseigneur.

— Tu dis?

— Je dis que, sans compter ce qui pourrait m'arriver à l'endroit du couteau flamand, je ne vais pas m'amuser à me faire un mortel ennemi de MM. de Joyeuse, qui sont très bien en cour. Si nous eussions été roi des Pays-Bas, passe encore; mais nous n'avons qu'à faire les gracieux, monseigneur, surtout avec ceux qui nous ont sauvés; car les Joyeuse nous ont sauvés. Prenez garde, monseigneur, si vous ne le dites pas, ils le diront.

— Tu as raison, Aurilly, dit le duc en frappant du pied; toujours raison, et cependant...

— Oui, je comprends; et cependant Votre Altesse n'a pas vu un seul visage de femme depuis quinze mortels jours. Je ne parle point de ces espèces d'animaux qui peuplent les polders; cela ne mérite pas le nom d'hommes ni de femmes; ce sont des mâles et des femelles, voilà tout.

— Je veux voir cette maîtresse de du Bouchage, Aurilly; je veux la voir, entends-tu?

— Oui, monseigneur, j'entends.

— Eh bien, réponds-moi alors.

— Eh bien, monseigneur, je réponds que vous la verrez peut-être; mais pas par la porte, au moins.

— Soit, dit le prince, mais si je ne puis la voir par la porte, je la verrai par la fenêtre, au moins.

— Ah! voilà une idée, monseigneur, et la preuve que je la trouve excellente, c'est que je vais vous chercher une échelle.

Aurilly se glissa dans la cour de la maison et alla se heurter au poteau d'un appentis sous lequel les gendarmes avaient abrité leurs chevaux.

Après quelques investigations, Aurilly trouva ce qu'on trouve presque toujours sous un appentis, c'est-à-dire une échelle.

Il la manœuvra au milieu des hommes et des animaux assez habilement pour ne pas réveiller les uns, et ne pas recevoir de coups de pied des autres, et alla l'appliquer dans la rue à la muraille extérieure.

Il fallait être prince et souverainement dédaigneux des scrupules vulgaires, comme le sont en général les despotes de droit divin, pour oser, en présence du factionnaire se promenant de long en large devant la porte où étaient enfermés les prisonniers, pour oser accomplir une action aussi audacieusement insultante à l'égard de du Bouchage, que celle que le prince était en train d'accomplir.

Aurilly le comprit et fit observer au prince la sentinelle qui, ne sachant pas quels étaient ces deux hommes, s'apprêtait à leur crier: Qui vive!

François haussa les épaules et marcha droit au soldat.

Aurilly le suivit.

— Mon ami, dit le prince, cette place est le point le plus élevé du bourg, n'est-ce pas?

— Oui, monseigneur, dit la sentinelle qui, reconnaissant François, lui fit le salut d'honneur, et n'étaient ces tilleuls qui gênent la vue, à la lueur de la lune, on découvrirait une partie de la campagne.

— Je m'en doutais, dit le prince; aussi ai-je fait apporter cette échelle pour regarder par-dessus. Monte donc, Aurilly, ou plutôt, non, laisse-moi monter; un prince doit tout voir par lui-même.

— Ou dois-je appliquer l'échelle, monseigneur? demanda l'hypocrite valet.

— Mais, au premier endroit venu, contre cette muraille, par exemple.

L'échelle appliquée, le duc monta.

Soit qu'il se doutât du projet du prince, soit par discrétion naturelle, le factionnaire tourna la tête du côté opposé au prince.

Le prince atteignit le haut de l'échelle; Aurilly demeura au pied.

La chambre dans laquelle Henri avait enfermé Diane était tapissée de nattes et meublée d'un grand lit de chêne, avec des rideaux de serge, d'une table et de quelques chaises.

La jeune femme, dont le cœur paraissait soulagé d'un poids énorme depuis cette fausse nouvelle de la mort du prince, qu'elle avait apprise au camp des gendarmes d'Aunis, avait demandé à Remy un peu de nourriture, que celui-ci avait montée avec l'empressement d'une joie indicible.

Pour la première fois alors, depuis l'heure où Diane avait appris la mort de son père, Diane avait goûté un mets plus substantiel que le pain; pour la première fois, elle avait bu quelques gouttes d'un vin du Rhin que les gendarmes avaient trouvé dans la cave et avaient apporté à du Bouchage.

Après ce repas, si léger qu'il fût, le sang de Diane, fouetté par tant d'émotions violentes et de fatigues inouïes, afflua plus impétueux à son cœur, dont il semblait avoir oublié le chemin; Remy vit ses yeux s'appesantir et sa tête se pencher sur son épaule.

Il se retira discrètement, et, comme on l'a vu, se coucha sur le seuil de la porte, non qu'il eût la moindre défiance, mais parce que, depuis le départ de Paris, c'était ainsi qu'il agissait.

C'était à la suite de ces dispositions qui assuraient la tranquillité de la nuit, qu'Aurilly était monté et avait trouvé Remy couché en travers du corridor.

Diane, de son côté, dormait le coude appuyé sur la table, sa tête appuyée sur sa main.

Son corps souple et délicat était renversé de côté sur sa chaise au long dossier; la petite lampe de fer placée sur la table, près de l'assiette à demi garnie, éclairait cet intérieur qui paraissait si calme à la première vue, et dans lequel venait cependant de s'éteindre une tempête, qui allait se rallumer bientôt.

Dans le cristal rayonnait, pur comme du diamant en fusion, le vin du Rhin à peine effleuré par Diane; ce grand verre ayant la forme d'un calice, placé entre la lampe et Diane, adoucissait encore la lumière et rafraîchissait la teinte du visage de la dormeuse.

Les yeux fermés, ces yeux aux paupières veinées d'azur, la bouche suavement entr'ouverte, les cheveux rejetés en arrière par-dessus le capuchon du grossier vêtement d'homme qu'elle portait, Diane devait apparaître comme une vision sublime aux regards qui s'apprêtaient à violer le secret de sa retraite.

Le duc, en l'apercevant, ne put retenir un mouvement d'admiration; il s'appuya sur le bord de la fenêtre, et dévora des yeux jusqu'aux moindres détails de cette idéale beauté.

Mais tout à coup, au milieu de cette contemplation, ses sourcils se froncèrent; il redescendit deux échelons avec une sorte de précipitation nerveuse.

Dans cette situation, le prince n'était plus exposé aux reflets lumineux de la fenêtre, reflets qu'il avait paru fuir: il s'adossa donc au mur, croisa ses bras sur sa poitrine, et rêva.

Aurilly, qui ne le perdait pas des yeux, put le voir avec ses regards perdus dans le vague, comme sont ceux d'un homme qui appelle à lui ses souvenirs les plus anciens et les plus fugitifs.

Après dix minutes de rêverie et d'immobilité, le duc remonta vers la fenêtre, plongea de nouveau ses regards à travers les vitres, mais ne parvint sans doute pas à la découverte qu'il désirait, car la même ombre resta sur son front, et la même incertitude dans son regard.

Il en était là de ses recherches, lorsque Aurilly s'approcha vivement du pied de l'échelle.

— Vite, vite, monseigneur, descendez, dit Aurilly, j'entends des pas au bout de la rue voisine.

Mais au lieu de se rendre à cet avis, le duc descendit lentement, sans rien perdre de son attention à interroger ses souvenirs.

— Il était temps! dit Aurilly.

— De quel côté vient le bruit? demanda le duc.

— De ce côté, dit Aurilly, et il étendit la main dans la direction d'une espèce de ruelle sombre.

Le prince écouta.

Maintenant tu es bien mort. — PAGE 75.

— Je n'entends plus rien, dit-il.

— La personne se sera arrêtée; c'est quelque espion qui nous guette.

— Enlève l'échelle, dit le prince.

Aurilly obéit; le prince, pendant ce temps, s'assit sur le banc de pierre qui bordait de chaque côté la porte de la maison.

Le bruit ne s'était point renouvelé, et personne ne paraissait à l'extrémité de la ruelle.

Aurilly revint.

— Eh bien! monseigneur, demanda-t-il, est-elle belle?

— Fort belle, répondit le prince d'un air sombre.

— Qui vous fait si triste alors, monseigneur? Vous aurait-elle vu?

— Elle dort.

— De quoi vous préoccupez-vous en ce cas? Le prince ne répondit pas.

— Brune?... blonde?... interrogea Aurilly.

— C'est bizarre, Aurilly, murmura le prince, j'ai vu cette femme-là quelque part.

— Vous l'avez reconnue alors.

— Non, car je ne puis mettre aucun nom sur

son visage; seulement sa vue m'a frappé d'un coup violent au cœur.

Aurilly regarda le prince tout étonné, puis, avec un sourire dont il ne se donna pas la peine de dissimuler l'ironie :

— Voyez-vous cela! dit-il.

— Eh! monsieur, ne riez pas, je vous prie, répliqua séchement François; ne voyez-vous pas que je souffre?

— Oh! monseigneur, est-il possible? s'écria Aurilly.

— Oui, en vérité, c'est comme je te le dis, je ne sais ce que j'éprouve; mais, ajouta-t-il d'un air sombre, je crois que j'ai eu tort de regarder.

— Cependant, justement à cause de l'effet que sa vue a produit sur vous, il faut savoir quelle est cette femme, monseigneur.

— Certainement qu'il le faut, dit François.

— Cherchez bien dans vos souvenirs, monseigneur; est-ce à la cour que vous l'avez vue?

— Non, je ne crois pas.

— En France, en Navarre, en Flandre?

— Non.

— C'est une Espagnole peut-être?

— Je ne crois pas.

— Une Anglaise? quelque dame de la reine Elisabeth?

— Non, non, elle doit se rattacher à ma vie d'une façon plus intime; je crois qu'elle m'est apparue dans quelque terrible circonstance.

— Alors vous la reconnaîtrez facilement, car, Dieu merci! la vie de monseigneur n'a pas vu beaucoup de ces circonstances dont Son Altesse parlait tout à l'heure.

— Tu trouves? dit François, avec un funèbre sourire.

— Aurilly s'inclina.

— Vois-tu, dit le duc, maintenant je me sens assez maître de moi pour analyser mes sensations : cette femme est belle, mais belle à la façon d'une morte, belle comme une ombre, belle comme les figures qu'on voit dans les rêves; aussi me semble-t-il que c'est dans un rêve que je l'ai vue; et, continua le duc, j'ai fait deux ou trois rêves effrayants dans ma vie, et qui m'ont laissé comme un froid au cœur. Eh bien! oui, j'en suis sûr maintenant, c'est dans un de ces rêves-là que j'ai vu la femme de là-haut.

— Monseigneur, monseigneur, s'écria Aurilly, que Votre Altesse me permette de lui dire que,

rarement, je l'ai entendue exprimer si doulou-reusement sa susceptibilité en matière de sommeil; le cœur de Son Altesse est heureusement trempé de manière à lutter avec l'acier le plus dur, et les vivants n'y mordent pas plus que les ombres, j'espère; tenez, moi, monseigneur, si je ne me sentais sous le poids de quelque regard qui nous surveille de cette rue, j'y monterais à mon tour, à l'échelle, et j'aurais raison, je vous le promets, du rêve, de l'ombre et du frisson de Votre Altesse.

— Ma foi, tu as raison, Aurilly, va chercher l'échelle; dresse-la et monte; qu'importe le surveillant! n'es-tu pas à moi? Regarde, Aurilly, regarde.

Aurilly avait déjà fait quelques pas pour obéir à son maître, quand soudain un pas précipité retentit sur la place et Henri cria au duc :

— Alarme! monseigneur, alarme!

D'un seul bond Aurilly rejoignit le duc.

— Vous, dit le prince, vous ici, comte! et sous quel prétexte avez-vous quitté votre poste?

— Monseigneur, répondit Henri avec fermeté, si Votre Altesse croit devoir me faire punir, elle le fera. En attendant, mon devoir était de venir ici, et m'y voici venu.

Le duc, avec un sourire significatif, jeta un coup d'œil sur la fenêtre.

— Votre devoir, comte? Expliquez-moi cela, dit-il.

— Monseigneur, des cavaliers ont paru du côté de l'Escaut; on ne sait s'ils sont amis ou ennemis.

— Nombreux? demanda le duc avec inquiétude.

— Très nombreux, monseigneur.

— Eh bien, comte, pas de fausse bravoure, vous avez bien fait de revenir; faites réveiller vos gendarmes. Longeons la rivière qui est moins large, et décampons, c'est le plus prudent parti.

— Sans doute, monseigneur, sans doute; mais il serait urgent, je crois, de prévenir mon frère.

— Deux hommes suffiront.

— Si deux hommes suffisent, monseigneur, dit Henri, j'irai avec un gendarme.

— Non pas, morbleu! dit vivement François, non pas, du Bouchage, vous viendrez avec nous. Peste! ce n'est point en de pareils moments que l'on se sépare d'un défenseur tel que vous.

— Votre Altesse emmène toute l'escorte ?

— Toute.

— C'est bien, monseigneur, répliqua Henri en s'inclinant ; dans combien de temps part Votre Altesse ?

— Tout de suite, comte.

— Holà ! quelqu'un ! cria Henri.

Le jeune enseigne sortit de la ruelle comme s'il n'eût attendu que cet ordre de son chef pour paraître.

Henri lui donna ses ordres, et presque aussitôt on vit les gendarmes se replier sur la place de toutes les extrémités du bourg, en faisant leurs préparatifs de départ.

Au milieu d'eux le duc s'entretenait avec les officiers.

— Messieurs, dit-il, le prince d'Orange me fait poursuivre, à ce qu'il paraît ; mais il ne convient pas qu'un fils de France soit fait prisonnier sans le prétexte d'une bataille comme Poitiers ou Pavie. Cédons donc au nombre et replions-nous sur Bruxelles. Je serai sûr de ma vie et de ma liberté tant que je demeurerai au milieu de vous.

Puis, se tournant vers Aurilly :

— Toi, tu vas rester ici, lui dit-il. Cette femme ne peut nous suivre. Et d'ailleurs je connais assez ces Joyeuse pour savoir que celui-ci n'osera point emmener sa maîtresse avec lui en ma présence. D'ailleurs nous n'allons point au bal, et nous courrons d'un train qui fatiguerait la dame.

— Où va monseigneur ?

— En France ; je crois que mes affaires sont tout à fait gâtées ici.

— Mais dans quelle partie de la France ? Monseigneur pense-t-il qu'il soit prudent pour lui de retourner à la cour ?

— Non pas ; aussi, selon toutes les apparences, je m'arrêterai en route dans un de mes apanages, à Château-Thierry, par exemple.

— Votre Altesse est-elle fixée ?

— Oui, Château-Thierry me convient sous tous les rapports, c'est à une distance convenable de Paris, à vingt-quatre lieues ; j'y surveillerai MM. de Guise, qui sont la moitié de l'année à Soissons. Donc, c'est à Château-Thierry que tu m'amèneras la belle inconnue.

— Mais, monseigneur, elle ne se laissera peut-être pas emmener.

— Es-tu fou ? puisque du Bouchage m'accompagne à Château-Thierry et qu'elle suit du Bou-

chage, les choses, au contraire, iront toutes seules.

— Mais elle peut vouloir aller d'un autre côté, si elle remarque que j'ai de la pente à la conduire vers vous.

— Ce n'est pas vers moi que tu la conduiras, mais, je te le répète, c'est vers le comte. Allons donc ! mais, parole d'honneur, on croirait que c'est la première fois que tu m'aides en pareille circonstance. As-tu de l'argent ?

— J'ai les deux rouleaux d'or que Votre Altesse m'a donnés au sortir du camp des polders.

— Va donc de l'avant. Et par tous les moyens possibles, tu entends ? par tous, amène-moi ma belle inconnue à Château-Thierry ; peut-être qu'en la regardant de plus près je la reconnaîtrai.

— Et le valet aussi ?

— Oui, s'il ne te gêne pas.

— Mais s'il me gêne ?

— Fais de lui ce que tu fais d'une pierre que tu rencontres sur ton chemin, jette-le dans un fossé.

— Bien, monseigneur.

Tandis que les deux funèbres conspirateurs dressaient leurs plans dans l'ombre, Henri montait au premier et réveillait Remy.

Remy, prévenu, frappa à la porte d'une certaine façon, et presque aussitôt la jeune femme ouvrit.

Derrière Remy, elle aperçut du Bouchage.

— Bonsoir, monsieur, dit-elle avec un sourire que son visage avait désappris.

— Oh ! pardonnez-moi, madame, se hâta de dire le comte, je ne viens point vous importuner, je viens vous faire mes adieux.

— Vos adieux ! vous partez, monsieur le comte ?

— Pour la France, oui, madame.

— Et vous nous laissez ?

— J'y suis forcé, madame, mon premier devoir étant d'obéir au prince.

— Au prince ! il y a un prince, ici ? dit Remy.

— Quel prince ? demanda Diane en pâlissant.

— M. le duc d'Anjou que l'on croyait mort, et qui est miraculeusement sauvé, nous a rejoints.

Diane poussa un cri terrible, et Remy devint si pâle, qu'il semblait avoir été frappé d'une mort subite.

— Répétez-moi, balbutia Diane, que M. le

duc d'Anjou est vivant, que M. le duc d'Anjou est ici.

— S'il n'y était point, madame, et s'il ne me commandait de le suivre, je vous eusse accompagnée jusqu'au couvent dans lequel, m'avez-vous dit, vous comptez vous retirer.

— Oui, oui, dit Remy, le couvent, madame, le couvent.

Et il appuya un doigt sur ses lèvres.

Un signe de tête de Diane lui apprit qu'elle avait compris ce signe.

— Je vous eusse accompagnée d'autant plus volontiers, madame, continua Henri, que vous pourrez être inquiétée par les gens du prince.

— Comment cela?

— Oui, tout me porte à croire qu'il sait qu'une femme habite cette maison, et il pense sans doute que cette femme est une amie à moi.

— Et d'où vous vient cette croyance?

— Notre jeune enseigne l'a vu dresser une échelle contre la muraille et regarder par cette fenêtre.

— Oh! s'écria Diane, mon Dieu! mon Dieu!

— Rassurez-vous, madame, il a entendu dire à son compagnon qu'il ne vous connaissait pas.

— N'importe, n'importe, dit la jeune femme en regardant Remy.

— Tout ce que vous voudrez, madame, tout, dit Remy en armant ses traits d'une suprême résolution.

— Ne vous alarmez point, madame, dit Henri, le duc va partir à l'instant même; un quart d'heure encore et vous serez seule et li-

bre. Permettez-moi donc de vous saluer avec respect et de vous dire encore une fois que jusqu'à mon soupir de mort mon cœur battra pour vous et par vous. Adieu! madame, adieu!

Et le comte, s'inclinant aussi religieusement qu'il eût fait devant un autel, fit deux pas en arrière.

— Non! non! s'écria Diane avec l'égarement de la fièvre; non, Dieu n'a pas voulu cela; non; Dieu avait tué cet homme, il ne peut l'avoir ressuscité; non, non, monsieur; vous vous trompez, il est mort!

En ce moment même, et comme pour répondre à cette douloureuse invocation à la miséricorde céleste, la voix du prince retentit dans la rue.

— Comte, disait-elle, comte, vous nous faites attendre.

— Vous l'entendez, madame, dit Henri. Une dernière fois, adieu!

Et serrant la main de Remy, il s'élança dans l'escalier.

Diane s'approcha de la fenêtre, tremblante et convulsive comme l'oiseau que fascine le serpent des Antilles.

Elle aperçut le duc à cheval; son visage était coloré par la lueur des torches que portaient deux gendarmes.

— Oh! il vit le démon, il vit! murmura Diane à l'oreille de Remy avec un accent tellement terrible, que le digne serviteur en fut épouvanté lui-même; il vit, vivons aussi; il part pour la France. Soit, Remy, c'est en France que nous allons.

LXXVI

SÉDUCTION

es préparatifs du départ des gendarmes avaient jeté la confusion dans le bourg ; leur départ fit succéder le plus profond silence au bruit des armes et des voix.

Remy laissa ce bruit s'éteindre peu à peu et se perdre tout à fait ; puis, lorsqu'il crut la maison complétement déserte, il descendit dans la salle basse pour s'occuper de son départ et de celui de Diane.

Mais, en poussant la porte de cette salle, il fut bien surpris de voir un homme assis près du feu, le visage tourné de son côté.

Cet homme guettait évidemment la sortie de Remy, quoique en l'apercevant il eût pris l'air de la plus profonde insouciance.

Remy s'approcha, selon son habitude, avec une démarche lente et brisée, en découvrant son front chauve et pareil à celui d'un vieillard accablé d'années.

Celui vers lequel il s'approchait avait la lumière derrière lui, de sorte que Remy ne put distinguer ses traits.

— Pardon, monsieur, dit-il, je me croyais seul ou presque seul ici.

— Moi aussi, répondit l'interlocuteur ; mais je vois avec plaisir que j'aurai des compagnons.

— Oh ! de bien tristes compagnons, monsieur, se hâta de dire Remy, car, excepté un jeune homme malade que je ramène en France...

— Ah ! fit tout à coup Aurilly en affectant toute la bonhomie d'un bourgeois compatissant, je sais ce que vous voulez dire.

— Vraiment ? demanda Remy.

— Oui, vous voulez parler de la jeune dame.

— De quelle jeune dame ? s'écria Remy sur la défensive.

— Là ! là ! ne vous fâchez point, mon bon ami, répondit Aurilly ; je suis l'intendant de la maison de Joyeuse ; j'ai rejoint mon jeune maître par l'ordre de son frère ; et, à son départ, le comte m'a recommandé une jeune dame et un vieux serviteur qui ont l'intention de retourner en France, après l'avoir suivi en Flandre...

Cet homme parlait ainsi en s'approchant de Remy avec un visage souriant et affectueux. Il s'était placé, dans son mouvement, au milieu du rayon de la lampe, en sorte que toute la clarté l'illuminait.

Remy alors put le voir.

Mais, au lieu de s'avancer de son côté vers son interlocuteur, Remy fit un pas en arrière, et un sentiment semblable à celui de l'horreur se peignit un instant sur son visage mutilé.

— Vous ne répondez pas, on dirait que je vous fais peur ? demanda Aurilly de son visage le plus souriant.

— Monsieur, répondit Remy en affectant une voix cassée, pardonnez à un pauvre vieillard que ses malheurs et ses blessures ont rendu timide et défiant.

— Raison de plus, mon ami, répondit Aurilly, pour que vous acceptiez le secours et l'appui d'un honnête compagnon ; d'ailleurs, comme je vous l'ai dit tout à l'heure, je viens de la part d'un maître qui doit vous inspirer confiance.

— Assurément, monsieur.

Et Remy fit un pas en arrière.

— Vous me quittez?...

— Je vais consulter ma maîtresse; je ne puis rien prendre sur moi, vous comprenez.

— Oh! c'est naturel; mais permettez que je me présente moi-même, je lui expliquerai ma mission dans tous ses détails.

— Non, non, merci; madame dort peut-être encore, et son sommeil m'est sacré.

— Comme vous voudrez. D'ailleurs, je n'ai plus rien à vous dire, sinon ce que mon maître m'a chargé de vous communiquer.

— A moi?

— A vous et à la jeune dame.

— Votre maître, M. le comte du Bouchage, n'est-ce pas?

— Lui-même,

— Merci, monsieur.

Lorsqu'il eut refermé la porte, toutes les apparences du vieillard, excepté le front chauve et le visage ridé, disparurent à l'instant même, et il monta l'escalier avec une telle précipitation et une vigueur si extraordinaire, que l'on n'eût pas donné vingt-cinq ans à ce vieillard qui, un instant auparavant, en paraissait soixante.

— Madame! madame! s'écria Remy d'une voix altérée, dès qu'il aperçut Diane.

— Eh! qu'y a-t-il encore, Remy? le duc n'est-il point parti?

— Si fait, madame; mais il y a ici un démon mille fois pire, mille fois plus à craindre que lui; un démon sur lequel tous les jours, depuis six ans, j'ai appelé la vengeance du ciel comme vous le faisiez pour son maître, et cela comme vous le faisiez aussi, en attendant la mienne.

— Aurilly, peut-être? demanda Diane.

— Aurilly lui-même; l'infâme est là, en bas, oublié comme un serpent hors du nid par son infernal complice.

— Oublié, dis-tu, Remy! oh! tu te trompes; toi qui connais le duc, tu sais bien qu'il ne laisse point au hasard le soin de faire le mal, quand ce mal, il peut le faire lui-même; non! non! Remy, Aurilly n'est point oublié ici, il y est laissé, et laissé pour un dessein quelconque, crois-moi.

— Oh! sur lui, madame, je croirai tout ce que vous voudrez!

— Me connaît-il?

— Je ne crois pas.

— Et t'a-t-il reconnu?

— Oh! moi, madame, répondit Remy avec un triste sourire, moi, l'on ne me reconnaît pas.

— Il m'a devinée, peut-être?

— Non, car il a demandé à vous voir.

— Remy, je te dis que, s'il ne m'a point reconnue, il me soupçonne.

— En ce cas, rien de plus simple, dit Remy d'un air sombre, et je remercie Dieu de nous tracer si franchement notre route; le bourg est désert, l'infâme est seul, comme je suis seul... j'ai vu un poignard à sa ceinture... j'ai un couteau à la mienne.

— Un moment, Remy, un moment, dit Diane, je ne vous dispute pas la vie de ce misérable; mais, avant de le tuer, il faut savoir ce qu'il nous veut, et si, dans la situation où nous sommes, il n'y a pas moyen d'utiliser le mal qu'il veut nous faire. Comment s'est-il présenté à vous, Remy?

— Comme l'intendant de M. du Bouchage, madame.

— Tu vois bien, il ment; donc il a un intérêt à mentir. Sachons ce qu'il veut, tout en lui cachant notre volonté à nous.

— J'agirai selon vos ordres, madame.

— Pour le moment, que demande-t-il?

— A vous accompagner.

— En quelle qualité?

— En qualité d'intendant du comte.

— Dis-lui que j'accepte.

— Oh! madame!

— Ajoute que je suis sur le point de passer en Angleterre, où j'ai des parents, et que cependant j'hésite; mens comme lui; pour vaincre, Remy, il faut au moins combattre à armes égales.

— Mais il vous verra.

— Et mon masque! D'ailleurs je soupçonne qu'il me connaît, Remy.

— Alors, s'il vous connaît, il vous tend un piège.

— Le moyen de s'en garantir, est d'avoir l'air d'y tomber.

— Cependant...

— Voyons, que crains-tu? connais-tu quelque chose de pire que la mort?

— Non.

— Eh bien! n'es-tu donc plus décidé à mourir pour l'accomplissement de notre vœu?

— Si fait; mais non pas à mourir sans vengeance.

— Remy, Remy, dit Diane avec un regard brillant d'une exaltation sauvage, nous nous vengerons, sois tranquille, toi du valet, moi du maître.

— Eh bien! soit, madame, c'est chose dite.

— Va, mon ami, va,

Et Remy descendit, mais hésitant encore. Le brave jeune homme avait, à la vue d'Aurilly, ressenti malgré lui ce frissonnement nerveux plein de sombre terreur que l'on ressent à la vue des reptiles; il voulait tuer parce qu'il avait eu peur.

Mais cependant, au fur et à mesure qu'il descendait, la résolution rentrait dans cette âme si fortement trempée, et en rouvrant la porte, il était résolu, malgré l'avis de Diane, à interroger Aurilly, à le confondre, et, s'il trouvait en lui les mauvaises intentions qu'il lui soupçonnait, à le poignarder sur la place.

C'était ainsi que Remy entendait la diplomatie.

Aurilly l'attendait avec impatience; il avait ouvert la fenêtre afin de garder d'un seul coup d'œil toutes les issues.

Remy vint à lui, armé d'une résolution inébranlable; aussi ses paroles furent-elles douces et calmes.

— Monsieur, lui dit-il, ma maîtresse ne peut accepter ce que vous lui proposez.

— Et pourquoi cela?

— Parce que vous n'êtes point l'intendant de M. du Bouchage.

Aurilly pâlit.

— Mais qui vous a dit cela? demanda-t-il.

— Rien de plus simple. M. du Bouchage m'a quitté en me recommandant la personne que j'accompagne, et M. du Bouchage, en me quittant, ne m'a pas dit un mot de vous.

— Il ne m'a vu qu'après vous avoir quitté.

— Mensonges, monsieur, mensonges!

— Aurilly se redressa; l'aspect de Remy lui donnait toutes les apparences d'un viellard.

— Vous le prenez sur un singulier ton, brave homme, dit-il en fonçant le sourcil. Prenez garde, vous êtes vieux, je suis jeune; vous êtes faible, je suis fort.

Remy sourit, mais ne répondit rien.

— Si je vous voulais du mal, à vous ou à votre maîtresse, continua Aurilly, je n'aurais que la main à lever.

— Oh! oh! fit Remy, peut-être me trompé-je, et est-ce du bien que vous lui voulez?

— Sans doute.

— Expliquez-moi ce que vous désirez, alors.

— Mon ami, dit Aurilly, je désire faire votre fortune d'un seul coup, si vous me servez.

— Et si je ne vous sers pas?

— En ce cas-là, puisque vous me parlez franchement, je vous répondrai avec une pareille franchise: en ce cas-là, je désire vous tuer.

— Me tuer! ah! fit Remy avec un sombre sourire.

— Oui, j'ai plein pouvoir pour cela.

— Remy respira.

— Mais pour que je vous serve, dit-il, faut-il au moins que je connaisse vos projets.

— Les voici: vous avez deviné juste, mon brave homme; je ne suis point au comte du Bouchage.

— Ah! et à qui êtes-vous?

— Je suis à un plus puissant seigneur.

— Faites-y attention: vous allez mentir encore.

— Et pourquoi cela?

— Au-dessus de la maison de Joyeuse, je ne vois pas beaucoup de maisons.

— Pas même la maison de France?

— Oh! oh! fit Remy.

— Et voilà comme elle paie, ajouta Aurilly en glissant un des rouleaux d'or du duc d'Anjou dans la main de Remy.

Remy tressaillit au contact de cette main, et fit un pas en arrière.

— Vous êtes au roi? demanda-t-il avec une naïveté qui eût fait honneur même à un homme plus rusé que lui.

— Non, mais à son frère, M. le duc d'Anjou.

— Ah! très bien; je suis le très humble serviteur de M. le duc.

— A merveille.

— Mais après?

— Comment, après?

— Oui, que désire monseigneur?

— Monseigneur, très cher, dit Aurilly en s'approchant de Remy et en essayant pour la seconde fois de lui glisser le rouleau dans la main, monseigneur est amoureux de votre maîtresse.

— Il la connaît donc?

— Il l'a vue.

— Il l'a vue! s'écria Remy dont la main crispée s'appuya sur le manche de son couteau, et quand cela l'a-t-il vue?

— Ce soir.

— Impossible, ma maîtresse n'a pas quitté sa chambre.

— Eh bien! voilà justement; le prince a agi comme un véritable écolier, preuve qu'il est véritablement amoureux.

— Comment a-t-il agi? voyons, dites.

— Il a pris une échelle et a grimpé au balcon.

— Ah! fit Remy en comprimant les battements tumultueux de son cœur; ah! voilà comment il a agi?

— Il paraît qu'elle est fort belle, ajouta Aurilly.

— Vous ne l'avez donc pas vue, vous?

— Non, mais d'après ce que monseigneur m'a dit, je brûle de la voir, ne fût-ce que pour juger de l'exagération que l'amour apporte dans un esprit sensé. Ainsi donc, c'est convenu, vous êtes avec nous.

Et pour la troisième fois, Aurilly essaya de faire accepter l'or à Remy.

— Certainement que je suis à vous, dit Remy en repoussant la main d'Aurilly; mais encore faut-il que je sache quel est mon rôle dans les événements que vous préparez.

— Répondez-moi d'abord : la dame de là-haut est-elle la maîtresse de M. du Bouchage ou de son frère?

Le sang monta au visage de Remy.

— Ni de l'un ni de l'autre, dit-il avec contrainte; la dame de là-haut n'a pas d'amant.

— Pas d'amant! mais alors c'est un morceau de roi. Une femme qui n'a pas d'amant! morbleu, monseigneur, nous avons trouvé la pierre philosophale.

— Donc, reprit Remy, monseigneur le duc d'Anjou est amoureux de ma maîtresse?

— Oui.

— Et que veut-il?

— Il veut l'avoir à Château-Thierry, où il se rend à marches forcées.

— Voilà, sur mon âme, une passion venue bien vite.

— C'est comme cela que les passions viennent à monseigneur.

— Je ne vois à cela qu'un inconvénient, dit Remy.

— Lequel?

— C'est que ma maîtresse va s'embarquer pour l'Angleterre.

— Diable! voilà en quoi justement vous pouvez m'être utile : décidez-la.

— A quoi?

— A prendre la route opposée.

— Vous ne connaissez pas ma maîtresse, monsieur; c'est une femme qui tient à ses idées; d'ailleurs, ce n'est pas le tout qu'elle aille en France au lieu d'aller à Londres. Une fois à Château-Thierry, croyez-vous qu'elle cède aux désirs du prince?

— Pourquoi pas?

— Elle n'aime pas le duc d'Anjou.

— Bah! on aime toujours un prince du sang.

— Mais comment monseigneur le duc d'Anjou, s'il soupçonne ma maîtresse d'aimer M. le comte du Bouchage ou M. le duc de Joyeuse, a-t-il eu l'idée de l'enlever à celui qu'elle aime?

— Bonhomme, dit Aurilly, tu as des idées triviales, et nous aurons de la peine à nous entendre, à ce que je vois; aussi je ne discuterai pas; j'ai préféré la douceur à la violence, et maintenant, si tu me forces à changer de conduite, eh bien! soit, j'en changerai.

— Que ferez-vous?

— Je te l'ai dit, j'ai plein pouvoir du prince. Je te tuerai dans quelque coin, et j'enlèverai la dame.

— Vous croyez à l'impunité?

— Je crois à tout ce que mon maître me dit de croire. Voyons, décideras-tu ta maîtresse à venir en France?

— J'y tâcherai; mais je ne puis répondre de rien.

— Et quand aurai-je la réponse?

— Le temps de monter chez elle et de la consulter.

— C'est bien; monte, je t'attends.

— J'obéis, monsieur.

— Un dernier mot, bonhomme : tu sais que je tiens dans ma main ta fortune et ta vie?

— Je le sais.

— Cela suffit, va, je m'occuperai des chevaux pendant ce temps.

— Ne vous hâtez pas trop.

— Bah! je suis sûr de la réponse; est-ce que les princes trouvent des cruelles?

— Il me semblait que cela arrivait quelquefois.

— Oui, dit Aurilly, mais c'est chose rare, allez.

Et tandis que Remy remontait, Aurilly, comme s'il eût été certain de l'accomplissement de ses espérances, se dirigeait réellement vers l'écurie.

— Eh bien? demanda Diane en apercevant Remy.

— Eh bien! madame, le duc vous a vue.

— Et...

— Et il vous aime.

— Le duc m'a vue! le duc m'aime! s'écria Diane; mais tu es en délire, Remy.

— Non; je vous dis ce qu'il m'a dit.

— Et qui t'a dit cela?

- Cet homme! cet Aurilly! cet infâme!

— Mais s'il m'a vue, il m'a reconnue, alors.

— Si le duc vous eût reconnue, croyez-vous qu'Aurilly oserait se présenter devant vous et vous parler d'amour au nom du prince? Non, le duc ne vous a pas reconnue.

— Tu as raison, mille fois raison, Remy. Tant de choses ont passé depuis six ans dans cet esprit infernal, qu'il m'a oubliée. Suivons cet homme, Remy.

— Oui, mais cet homme vous reconnaîtra, lui.

— Pourquoi veux-tu qu'il ait plus de mémoire que son maître?

— Oh! parce que son intérêt à lui est de se souvenir, tandis que l'intérêt du prince est d'oublier; que le duc oublie, lui, le sinistre débauché, l'aveugle, le blasé, l'assassin de ses amours, cela se conçoit. Lui, s'il n'oubliait pas, comment pourrait-il vivre? Mais Aurilly n'aura pas oublié, lui; s'il voit votre visage, il croira voir une ombre vengeresse, et vous dénoncera.

— Remy, je croyais t'avoir dit que j'avais un masque, je croyais que tu m'avais dit que tu avais un couteau.

— C'est vrai, madame, dit Remy, et je commence à croire que Dieu est d'intelligence avec nous pour punir les méchants.

Alors appelant Aurilly du haut de l'escalier:

— Monsieur, dit-il, monsieur!

— Eh bien? demanda Aurilly.

— Eh bien, ma maîtresse remercie M. le comte du Bouchage d'avoir ainsi pourvu à sa sûreté, et elle accepte avec reconnaissance votre offre obligeante.

— C'est bien, c'est bien, dit Aurilly, prévenez-la que les chevaux sont prêts.

— Venez, madame, venez, dit Remy, en offrant son bras à Diane.

Aurilly attendait au bas de l'escalier, lanterne en main, avide qu'il était de voir le visage de l'inconnue.

— Diable! murmura-t-il, elle a un masque. Oh! mais d'ici à Château-Thierry les cordons de soie seront usés.... ou coupés.

LXXVII

LE VOYAGE

O n se mit en route.

Aurilly affectait avec Remy le ton de la plus parfaite égalité, et, avec Diane, les airs du plus profond respect.

Mais il était facile pour Remy de voir que ces airs de respect étaient intéressés.

En effet, tenir l'étrier d'une femme quand elle monte à cheval ou qu'elle en descend, veiller sur chacun de ses mouvements avec sollicitude, et ne laisser échapper jamais une occasion de ramasser son gant ou d'agrafer son manteau, c'est le rôle d'un amant, d'un serviteur ou d'un curieux.

En touchant le gant, Aurilly voyait la main ; en agrafant le manteau, il regardait sous le masque ; en tenant l'étrier, il provoquait un hasard qui lui fît entrevoir ce visage, que le prince, dans ses souvenirs confus, n'avait point reconnu, mais que lui, Aurilly, avec sa mémoire exacte, comptait bien reconnaître.

Mais le musicien avait affaire à forte partie ; Remy réclama son service auprès de sa compagne, et se montra jaloux des prévenances d'Aurilly.

Diane elle-même, sans paraître soupçonner les causes de cette bienveillance, prit parti pour celui qu'Aurilly regardait comme un vieux serviteur et voulait soulager d'une partie de sa peine, et elle pria Aurilly de laisser faire à Remy tout seul ce qui regardait Remy.

Aurilly en fut réduit, pendant les longues marches, à espérer l'ombre et la pluie, pendant les haltes, à désirer les repas.

Pourtant il fut trompé dans son attente, pluie ou soleil n'y faisait rien, et le masque restait sur le visage ; quant aux repas, ils étaient pris par la jeune femme dans une chambre séparée.

Aurilly comprit que, s'il ne reconnaissait pas, il était reconnu ; il essaya de voir par les serrures, mais la dame tournait constamment le dos aux portes ; il essaya de voir par les fenêtres, mais il trouva devant les fenêtres d'épais rideaux, ou, à défaut de rideaux, les manteaux des voyageurs.

Ni questions ni tentatives de corruption ne réussirent sur Remy ; le serviteur annonçait que telle était la volonté de sa maîtresse et par conséquent la sienne.

— Mais ces précautions sont-elles donc prises pour moi seul ? demandait Aurilly.

— Non, pour tout le monde.

— Mais enfin, M. le duc d'Anjou l'a vue ; alors elle ne se cachait pas.

— Hasard, pur hasard, répondait Remy, et c'est justement parce que, malgré elle, ma maîtresse a été vue par M. le duc d'Anjou, qu'elle prend ses précautions pour n'être plus vue par personne.

Cependant les jours s'écoulaient, on approchait du terme, et, grâce aux précautions de Remy et de sa maîtresse, la curiosité d'Aurilly avait été mise en défaut.

Déjà la Picardie apparaissait aux regards des voyageurs.

Aurilly qui, depuis trois ou quatre jours, essayait de tout, de la bonne mine, de la bouderie, des petits soins, et presque des violences, commençait à perdre patience, et les mauvais instincts de sa nature prenaient peu à peu le dessus.

On eût dit qu'il comprenait que, sous le voile de cette femme, était caché un secret mortel.

Un jour il demeura un peu en arrière avec Remy, et renouvela sur lui ses tentatives de séduction, que Remy repoussa, comme d'habitude.

— Enfin, dit Aurilly, il faudra cependant bien qu'un jour ou l'autre je voie ta maîtresse.

— Sans doute, dit Remy, mais ce sera au jour qu'elle voudra, et non au jour que vous voudrez.

— Cependant si j'employais la force? dit Aurilly.

Un éclair qu'il ne put retenir jaillit des yeux de Remy.

— Essayez! dit-il.

Aurilly vit l'éclair, il comprit ce qui vivait d'énergie dans celui qu'il prenait pour un vieillard.

Il se mit à rire.

— Que je suis fou! dit-il, et que m'importe qui elle est? C'est bien la même, n'est-ce pas, que M. le duc d'Anjou a vue?

— Certes!

— Et qu'il m'a dit de lui amener à Château-Thierry?

— Oui.

— Eh bien, c'est tout ce qu'il me faut; ce n'es pas moi qui suis amoureux d'elle, c'est monseigneur, et pourvu que vous ne cherchiez pas à fuir, à m'échapper...

— En avons-nous l'air? dit Remy.

— Non.

— Nous en avons si peu l'air, et c'est si peu notre intention, que, n'y fussiez-vous pas, nous continuerions notre route pour Château-Thierry; si le duc désire nous voir, nous désirons le voir aussi, nous.

— Alors, dit Aurilly, cela tombe à merveille.

Puis, comme s'il eût voulu s'assurer du désir réel qu'avaient Remy et sa compagne de ne pas changer de chemin :

— Votre maîtresse veut-elle s'arrêter ici quelques instants? dit-il.

Et il montrait une espèce d'hôtellerie sur la route.

— Vous savez, lui dit Remy, que ma maîtresse ne s'arrête que dans les villes.

— Je l'avais vu, dit Aurilly, mais je ne l'avais pas remarqué.

— C'est ainsi.

— Eh bien, moi qui n'ai pas fait de vœu, je m'arrête un instant; continuez votre route, je vous rejoins.

Et Aurilly indiqua le chemin à Remy, descendit de cheval et s'approcha de l'hôte, qui vint au devant de lui avec de grands respects et comme s'il le connaissait.

Remy rejoignit Diane.

— Que vous disait-il? demanda la jeune femme.

— Il exprimait son désir ordinaire.

— Celui de me voir?

— Oui.

Diane sourit sous son masque.

— Prenez garde, dit Remy, il est furieux.

— Il ne me verra pas. Je ne le veux pas, et c'est te dire qu'il n'y pourra rien.

— Mais une fois que vous serez à Château-Thierry, ne faudra-t-il point qu'il vous voie à visage découvert?

— Qu'importe, si la découverte arrive trop tard pour eux? D'ailleurs le maître ne m'a point reconnue.

— Oui, mais le valet vous reconnaîtra.

— Tu vois que jusqu'à présent ni ma voix ni ma démarche ne l'ont frappé.

— N'importe, madame, dit Remy, tous ces mystères qui existent depuis huit jours pour Aurilly, n'avaient point existé pour le prince, ils n'avaient point excité sa curiosité, point éveillé ses souvenirs, au lieu que, depuis huit jours, Aurilly cherche, calcule, suppute; votre vue frappera une mémoire éveillée sur tous les points, il vous reconnaîtra s'il ne vous a pas reconnue.

En ce moment ils furent interrompus par Aurilly, qui avait pris un chemin de traverse et qui les ayant suivis sans les perdre de vue, apparaissait tout à coup dans l'espoir de saisir quelques mots de leur conversation.

Le silence soudain qui accueillit son arrivée lui prouva significativement qu'il gênait; il se contenta donc de suivre par derrière comme il faisait quelquefois.

Dès ce moment, le projet d'Aurilly fut arrêté.

Il se défiait réellement de quelque chose, comme l'avait dit Remy; seulement il se défiait instinctivement, car, pas un instant, son esprit, flottant de conjectures en conjectures, ne s'était arrêté à la réalité.

Il ne pouvait s'expliquer qu'on lui cachât avec tant d'acharnement ce visage que tôt ou tard il devait voir.

Pour mieux conduire son projet à sa fin, il sembla de ce moment y avoir complétement renoncé, et se montra le plus commode et le plus joyeux compagnon possible durant le reste de la journée.

Remy ne remarqua point ce changement sans inquiétude.

On arriva à une ville et l'on y coucha comme d'habitude.

Le lendemain, sous prétexte que la traite était longue, on partit avec le jour.

A midi, il fallut s'arrêter pour laisser reposer les chevaux.

A deux heures on se remit en route. On marcha encore jusqu'à quatre.

Une grande forêt se présentait dans le lointain : c'était celle de La Fère.

Elle avait cet aspect sombre et mystérieux de nos forêts du Nord ; mais cet aspect si imposant pour les natures méridionales, à qui, avant toute chose, il faut la lumière du jour et la chaleur du soleil, était impuissant sur Remy et sur Diane, habitués aux bois profonds de l'Anjou et de la Sologne.

Seulement ils échangèrent un regard comme s'ils eussent compris tous deux que c'était là que les attendait cet événement qui, depuis le moment du départ, planait sur leurs têtes.

On entra dans la forêt.

Il pouvait être six heures du soir.

Au bout d'une demi-heure de marche, le jour était sur son déclin.

Un grand vent faisait tourbillonner les feuilles et les enlevait vers un étang immense, perdu dans les profondeurs des arbres, comme une autre mer Morte, et qui côtoyait la route qui s'étendait devant les voyageurs.

Depuis deux heures la pluie, qui tombait par torrents, avait détrempé le terrain argileux. Diane, assez sûre de son cheval, et d'ailleurs assez insouciante de sa propre sûreté, laissait aller son cheval sans le soutenir ; Aurilly marchait à droite, Remy à gauche.

Aurilly était sur la lisière de l'étang, Remy sur le milieu du chemin.

Aucune créature humaine n'apparaissait sous les sombres arceaux de verdure, sur la longue courbe du chemin.

On eût dit que la forêt était un de ces bois enchantés sous l'ombre desquels rien ne peut vivre, si l'on n'eût entendu parfois sortir de ses profondeurs le rauque hurlement des loups que réveillait l'approche de la nuit.

Tout à coup Diane sentit que la selle de son cheval, sellé comme d'habitude par Aurilly, vacillait et tournait ; elle appela Remy, qui sauta au bas du sien et se pencha pour resserrer la courroie.

En ce moment Aurilly s'approcha de Diane occupée, et du bout de son poignard coupa la ganse de soie qui retenait le masque.

Avant qu'elle eût deviné le mouvement ou porté la main à son visage, Aurilly enleva le masque et se pencha vers elle, qui de son côté se penchait vers lui.

Les yeux de ces deux créatures s'étreignirent dans un regard terrible ; nul n'eût pu dire lequel était le plus pâle et lequel le plus menaçant.

Aurilly sentit une sueur froide inonder son front, laissa tomber le masque et le stylet, et frappa ses deux mains avec angoisse en criant :

— Ciel et terre !... — La dame de Monsoreau !!!

— C'est un nom que tu ne répéteras plus !... s'écria Remy en saisissant Aurilly à la ceinture et en l'enlevant de son cheval.

Tous deux roulèrent sur le chemin.

Aurilly allongea la main pour ressaisir son poignard.

— Non, Aurilly, non, lui dit Remy en se penchant sur lui et en lui appuyant le genou sur la poitrine, non, il faut demeurer ici.

Le dernier voile qui paraissait étendu sur le souvenir d'Aurilly sembla se déchirer.

— Le Haudoin ! s'écria-t-il, je suis mort !

— Ce n'est pas encore vrai, dit Remy en étendant sa main gauche sur la bouche du misérable qui se débattait sous lui, mais tout à l'heure !

Et, de sa main droite, il tira son couteau de sa gaîne.

— Maintenant, dit-il, Aurilly, tu as raison, maintenant tu es bien mort.

Et l'acier disparut dans la gorge du musicien, qui poussa un râle inarticulé.

Diane, les yeux hagards, à demi-tournée sur

sa selle, appuyée au pommeau, frémissante, mais impitoyable, n'avait point détourné la tête de ce terrible spectacle.

Cependant, lorsqu'elle vit le sang jaillir le long de la lame, elle se renversa en arrière, et tomba de son cheval, raide comme si elle était morte.

Remy ne s'occupa point d'elle en ce terrible moment; il fouilla Aurilly, lui enleva les deux rouleaux d'or, puis attacha une pierre au cou du cadavre et le précipita dans l'étang.

La pluie continuait de tomber à flots.

— Efface, ô mon Dieu! dit-il, efface la trace de ta justice, car elle a encore d'autres coupables à frapper.

Puis il se lava les mains dans l'eau sombre et dormante, prit dans ses bras Diane encore évanouie, la hissa sur son cheval, et monta lui-même sur le sien en soutenant sa compagne.

Le cheval d'Aurilly, effrayé par les hurlements des loups qui se rapprochaient, comme si cette scène les eût appelés, disparut dans les bois.

Lorsque Diane fut revenue à elle, les deux voyageurs, sans échanger une seule parole, continuèrent leur route vers Château-Thierry.

LXXVIII

COMMENT LE ROI HENRI III N'INVITA POINT CRILLON A DÉJEUNER, ET COMMENT CHICOT S'INVITA TOUT SEUL.

Le lendemain du jour où les événements que nous venons de raconter s'étaient passés dans la forêt de la Fère, le roi de France sortait du bain à neuf heures du matin à peu près.

Son valet de chambre, après l'avoir roulé dans une couverture de fine laine, et l'avoir épongé avec deux nappes de cette épaisse ouate de Perse, qui ressemble à la toison d'une brebis, le valet de chambre avait fait place aux coiffeurs et aux habilleurs, qui, eux-mêmes, avaient fait place aux parfumeurs et aux courtisans.

Enfin, ces derniers partis, le roi avait mandé son maître-d'hôtel, en lui disant qu'il prendrait autre chose que son consommé ordinaire, attendu qu'il se sentait en appétit ce matin.

Cette bonne nouvelle, répandue à l'instant même dans le Louvre, y faisait naître une joie bien légitime, et le fumet des viandes commençait à s'exhaler des offices, lorsque Crillon, colonel des gardes françaises, on se le rappelle, entra chez Sa Majesté pour prendre ses ordres.

— Ma foi, mon bon Crillon, lui dit le roi, veille comme tu voudras ce matin au salut de ma personne; mais, pour Dieu! ne me force point à faire le roi; je suis tout béat et tout hilare aujourd'hui; il me semble que je ne pèse pas une once et que je vais m'envoler. J'ai faim, Crillon, comprends-tu cela, mon ami?

— Je le comprends d'autant mieux, sire, répondit le colonel des gardes françaises, que j'ai grand'faim moi-même.

— Oh! toi, Crillon, dit en riant le roi, tu as toujours faim.

— Pas toujours, sire ; oh! non, Votre Majesté exagère, mais trois fois par jour ; et Votre Majesté?

— Oh! moi, une fois par an, et encore quand j'ai reçu de bonnes nouvelles.

— Harnibieu! il paraît alors que vous avez reçu de bonnes nouvelles, sire? Tant mieux, tant mieux, car elles deviennent de plus en plus rares, à ce qu'il me semble.

— Pas la moindre, Crillon ; mais tu sais le proverbe?

— Ah! oui : pas de nouvelles, bonnes nouvelles. Je ne m'y fie pas aux proverbes, sire, et surtout à celui-là ; il ne vous est rien venu du côté de la Navarre?

— Rien.

— Rien?

— Sans doute, preuve qu'on y dort.

— Et du côté de la Flandre ?

— Rien.

— Rien? preuve qu'on s'y bat. Et du côté de Paris?

— Rien.

— Preuve qu'on y fait des complots.

— Ou des enfants, Crillon. A propos d'enfants, Crillon, je crois que je vais en avoir un.

— Vous, sire! s'écria Crillon, au comble de l'étonnement.

— Oui, la reine a rêvé cette nuit qu'elle était enceinte.

— Enfin, sire... dit Crillon.

— Eh bien! quoi?

— Cela me rend on ne peut plus joyeux de savoir que Votre Majesté avait faim de si grand matin. Adieu, sire.

— Va, mon bon Crillon, va.

— Harnibieu! sire, fit Crillon, puisque Votre Majesté a si grand'faim, elle devrait bien m'inviter à déjeuner.

— Pourquoi cela, Crillon?

— Parce qu'on dit que Votre Majesté vit de l'air du temps, ce qui la fait maigrir, attendu que l'air est mauvais, et que j'aurais été enchanté de pouvoir dire : Harnibieu! ce sont pu-

res calomnies, le roi mange comme tout le monde.

— Non, Crillon, non, au contraire, laisse croire ce qu'on croit; cela me fait rougir de manger comme un simple mortel, devant mes sujets. Ainsi, Crillon, comprends bien ceci : un roi doit toujours rester poétique, et ne se jamais montrer que noblement. Ainsi, voyons, un exemple.

— J'écoute, sire.

— Rappelle-toi le roi Alexander.

— Quel roi Alexander?

— Alexander Magnus. Ah! tu ne sais pas le latin, c'est vrai. Eh bien! Alexandre aimait à se baigner devant ses soldats, parce qu'Alexandre était beau, bien fait et suffisamment dodu, ce qui fait qu'on le comparait à l'Apollon, et même à l'Antinoüs.

— Oh! oh! sire, fit Crillon, vous auriez diablement tort de faire comme lui et de vous baigner devant les vôtres, car vous êtes bien maigre, mon pauvre sire.

— Brave Crillon, va, dit Henri en lui frappant sur l'épaule, tu es un bien excellent brutal, tu ne me flattes pas, toi; tu n'es pas courtisan, mon vieil ami.

— C'est qu'aussi vous ne m'invitez pas à déjeuner, reprit Crillon en riant avec bonhomie et en prenant congé du roi, plutôt content que mécontent, car la tape sur l'épaule avait fait balance au déjeuner absent.

Crillon parti, la table fut dressée aussitôt.

Le maître-d'hôtel royal s'était surpassé. Une certaine bisque de perdreaux avec une purée de truffes et de marrons attira tout d'abord l'attention du roi, que de belles huîtres avaient déjà tenté.

Aussi le consommé habituel, ce fidèle réconfortant du monarque, fut-il négligé ; il ouvrait en vain ses grands yeux dans son écuelle d'or ; ses yeux mendiants, comme eût dit Théophile, n'obtinrent absolument rien de Sa Majesté.

Le roi commença l'attaque sur sa bisque de perdreaux.

Il en était à sa quatrième bouchée, lorsqu'un pas léger effleura le parquet derrière lui, une chaise grinça sur ses roulettes, et une voix bien connue demanda aigrement :

— Un couvert!

Le roi se retourna.

— Chicot ! s'écria-t-il.

— En personne.

Et Chicot, reprenant ses habitudes, qu'aucune absence ne lui pouvait faire perdre, Chicot s'étendit dans sa chaise, prit une assiette, une fourchette, et sur le plat d'huîtres commença, en les arrosant de citron, à prélever les plus grosses et les plus grasses, sans ajouter un seul mot.

— Toi ici ! toi revenu ! s'écria Henri.

— Chut ! lui fit de la main Chicot, la bouche pleine.

Et il profita de cette exclamation du roi pour attirer à lui les perdreaux.

— Halte-là, Chicot, c'est mon plat ! s'écria Henri en allongeant la main pour retenir la bisque.

Chicot partagea fraternellement avec son prince et lui en rendit la moitié.

Puis il se versa du vin, passa de la bisque à un pâté de thon, du thon à des écrevisses farcies, avala par manière d'acquit, et par-dessus le tout, le consommé royal ; puis, poussant un grand soupir :

— Je n'ai plus faim, dit-il.

— Par la mordieu ! je l'espère bien, Chicot.

— Ah !... bonjour, mon roi, comment vas-tu ? Je te trouve un petit air tout guilleret ce matin.

— N'est-ce pas, Chicot ?

— De charmantes petites couleurs.

— Hein ?

— Est-ce à toi ?

— Parbleu !

— Alors, je t'en fais mon compliment.

— Le fait est que je me sens on ne peut plus dispos ce matin.

— Tant mieux, mon roi, tant mieux.

Ah çà ! mais ton déjeuner ne finissait point là, et il te restait bien encore quelques petites friandises ?

— Voici des cerises confites par les dames de Montmartre.

— Elles sont trop sucrées.

— Des noix farcies de raisin de Corinthe.

— Fi ! on a laissé les pépins dans les raisins.

— Tu n'es content de rien.

— C'est que, parole d'honneur, tout dégénère, même la cuisine, et qu'on vit de plus en plus mal à la cour.

— Vivrait-on mieux à celle du roi de Navarre ? demanda Henri en riant.

— Eh ! eh !... je ne dis pas non.

— Alors, c'est qu'il s'y est fait de grands changements.

— Ah ! quant à cela, tu ne crois pas si bien dire, Henriquet.

— Parle-moi un peu de ton voyage, alors ; cela me distraira.

— Très volontiers, je ne suis venu que pour cela. Par où veux-tu que je commence ?

— Par le commencement. Comment as-tu fait la route ?

— Oh ! une véritable promenade.

— Tu n'as pas eu de désagréments par les chemins ?

— Moi, j'ai fait un voyage de fée.

— Pas de mauvaises rencontres ?

— Allons donc ! est-ce qu'on se permettrait de regarder de travers un ambassadeur de Sa Majesté très chrétienne ? Tu calomnies tes sujets, mon fils.

— Je disais cela, reprit le roi, flatté de la tranquillité qui régnait dans son royaume, parce que n'ayant point de caractère officiel, ni même apparent, tu pouvais risquer.

— Je te dis, Henriquet, que tu as le plus charmant royaume du monde ; les voyageurs y sont nourris gratis, on les y héberge pour l'amour de Dieu, ils n'y marchent que sur des fleurs, et, quant aux ornières, elles sont tapissées de velours à franges d'or ; c'est incroyable, mais cela est.

— Enfin, tu es content, Chicot ?

— Enchanté.

— Oui, oui, ma police est bien faite.

— A merveille ! c'est une justice à lui rendre.

— Et la route est sûre ?

— Comme celle du paradis : on n'y rencontre que de petits anges qui passent en chantant les louanges du roi.

— Chicot, nous en revenons à Virgile.

— A quel endroit de Virgile ?

— Aux Bucoliques. *O fortunatos nimium !*

— Ah ! très bien, et pourquoi cette exception en faveur des laboureurs, mon fils ?

— Hélas ! parce qu'il n'en est pas de même dans les villes.

— Le fait est, Henri, que les villes sont un centre de corruption.

— Juges-en : tu fais cinq cents lieues sans encombre.

— Je te le dis, sur des roulettes.

— Moi, je vais seulement à Vincennes, trois quarts de lieue...

— Eh bien?

— Eh bien! je manque d'être assassiné sur la route.

— Ah bah! fit Chicot.

— Je te conterai cela, mon ami, je suis en train d'en faire imprimer la relation circonstanciée; sans mes quarante-cinq, j'étais mort.

— Vraiment! et où la chose s'est-elle passée?

— Tu veux demander où elle devait se passer?

— Oui.

— A Bel-Esbat.

— Près du couvent de notre ami Gorenflot?

— Justement.

— Et comment s'est-il conduit dans cette circonstance, notre ami?

— A merveille, comme toujours, Chicot; je ne sais si de son côté il avait entendu parler de quelque chose, mais, au lieu de ronfler comme font à cette heure tous mes fainéants de moines, il était debout sur son balcon, tandis que tout son couvent tenait la route.

— Et il n'a rien fait autre chose?

— Qui?

— Dom Modeste.

— Il m'a béni avec une majesté qui n'appartient qu'à lui, Chicot.

— Et ses moines?

— Ils ont crié vive le roi! à tue-tête.

— Et tu ne t'es pas aperçu d'autre chose?

— De quelle chose?

— C'est qu'ils portassent une arme quelconque sous leur robe.

— Ils étaient armés de toutes pièces, Chicot; voilà où je reconnais la prévoyance du digne prieur; voilà où je me dis: Cet homme savait tout, et cependant cet homme n'a rien dit, rien demandé; il n'est pas venu le lendemain, comme d'Epernon, fouiller dans toutes mes poches, en me disant: Sire, pour avoir sauvé le roi.

— Oh! quant à cela, il en était incapable; d'ailleurs ses mains n'y entreraient pas, dans tes poches.

— Chicot, pas de plaisanteries sur dom Modeste, c'est un des plus grands hommes qui illustreront mon règne, et je te déclare qu'à la première occasion je lui fais donner un évêché.

— Et tu feras très bien, mon roi.

— Remarque une chose, Chicot, dit le roi en prenant son air profond, lorsqu'ils sortent des rangs du peuple les gens d'élite sont complets; nous autres gentilshommes, vois-tu, nous prenons dans notre sang certaines vertus et certains vices de race, qui nous font des spécialités historiques. Ainsi, les Valois sont fins et subtils, braves, mais paresseux; les Lorrains sont ambitieux et avares avec des idées, de l'intrigue, du mouvement; les Bourbons sont sensuels et circonspects, mais sans idée, sans force, sans volonté; vois plutôt Henri. Lorsque la nature, au contraire, pétrit de prime saut un homme né de rien, elle n'emploie que sa plus fine argile; ainsi ton Gorenflot est complet.

— Tu trouves?

— Oui, savant, modeste, rusé, brave; on fera de lui tout ce qu'on voudra, un ministre, un général d'armée, un pape.

— Là, là! sire, arrêtez-vous, dit Chicot: si le brave homme vous entendait, il crèverait dans sa peau, car il est fort orgueilleux, quoi que tu en dises, le prieur dom Modeste.

— Tu es jaloux, Chicot!

— Moi, Dieu m'en garde: la jalousie! fi, la vilaine passion.

— Oh! c'est que je suis juste, moi, la noblesse du sang ne m'aveugle point, *stemmata quid faciunt?*

— Bravo! Et tu disais donc, mon roi, que tu avais failli être assassiné?

— Oui.

— Par qui?

— Par la Ligue, mordieu!

— Comment se porte-t-elle, la Ligue?

— Toujours de même.

— Ce qui veut dire de mieux en mieux; elle engraisse, Henriquet, elle engraisse.

— Oh! oh! les corps politiques ne vivent point, qui s'engraissent trop jeunes; c'est comme les enfants, Chicot.

— Ainsi, tu es content, mon fils?

— A peu près.

— Tu te trouves en paradis?

— Oui, Chicot, et ce m'est une grande joie de te voir arriver au milieu de ma joie, et j'y entrevois un surcroît de joie.

— *Habemus consulem facetum*, comme disait Caton.

— Tu apportes de bonnes nouvelles, n'est-ce pas, mon enfant?

— Je crois bien.

— Et tu me fais languir, friand que tu es.

— Par où veux-tu que je commence, mon roi?

— Je te l'ai déjà dit, par le commencement; mais tu divagues toujours.

— Dois-je prendre à partir de mon départ?

— Non, le voyage a été excellent, tu me l'as dit, n'est-ce pas?

— Tu vois bien que je reviens entier, ce me semble.

— Oui, voyons donc l'arrivée en Navarre.

— J'y suis.

— Que faisait Henri, quand tu es arrivé?

— L'amour.

— Avec Margot?

— Oh! non.

— Cela m'eût étonné; il est donc toujours infidèle à sa femme? le scélérat; infidèle à une fille de France! Heureusement qu'elle le lui rend. Et lorsque tu es arrivé, quel était le nom de la rivale de Margot?

— Fosseuse.

— Une Montmorency! Allons, ce n'est pas mal pour cet ours du Béarn. On parlait ici d'une paysanne, d'une jardinière, d'une bourgeoise.

— Oh! c'est vieux tout cela.

— Ainsi, Margot est trompée?

— Autant que femme peut l'être.

— Et elle est furieuse?

— Enragée.

— Et elle se venge?

— Je le crois bien.

Henri se frotta les mains avec une joie sans pareille.

— Que va-t-elle faire? s'écria-t-il en riant; va-t-elle remuer ciel et terre, jeter Espagne sur Navarre, Artois et Flandre sur Espagne? va-t-elle un peu appeler son petit frère Henriquet contre son petit mari Henriot, heim?

— C'est possible.

— Tu l'as vue?

— Oui.

— Et au moment où tu l'as quittée, que faisait-elle?

— Oh! cela, tu ne devinerais jamais.

— Elle se préparait à prendre un autre amant?

— Elle se préparait à être sage-femme.

— Comment! que signifie cette phrase, ou plutôt cette inversion anti-française? Il y a équivoque, Chicot, gare à l'équivoque!

— Non pas, mon roi, non pas. Peste! nous sommes un peu trop grammairien pour faire des équivoques, trop délicat pour faire des coq-à-l'âne, et trop véridique pour avoir jamais voulu dire femme sage! Non, non, mon roi; c'est bien sage-femme que j'ai dit.

— *Obstetrix?*

— *Obstetrix*, oui, mon roi; *Juno Lucina*, si tu aimes mieux.

— Monsieur Chicot!

— Oh! roule tes yeux tant que tu voudras; je te dis que ta sœur Margot était en train de faire un accouchement quand je suis parti de Nérac.

— Pour son compte! s'écria Henri en pâlissant, Margot aurait des enfants?

— Non, non, pour le compte de son mari; tu sais bien que les derniers Valois n'ont pas la vertu prolifique; ce n'est point comme les Bourbons, peste!

— Ainsi Margot accouche, verbe actif.

— Tout ce qu'il y a de plus actif.

— Qui accouche-t-elle?

— Mademoiselle Fosseuse.

— Ma foi, je n'y comprends rien, dit le roi.

— Ni moi non plus, dit Chicot; mais je ne me suis pas engagé à te faire comprendre; je me suis engagé à te dire ce qui est, voilà tout.

— Mais ce n'est peut-être qu'à son corps défendant qu'elle a consenti à cette humiliation?

— Certainement, il y a eu lutte; mais du moment où il y a eu lutte, il y a eu infériorité de part ou d'autre; vois Hercule avec Antée, vois Jacob avec l'ange, eh bien! ta sœur a été moins forte que Henri, voilà tout.

— Mordieu! j'en suis aise, en vérité.

— Mauvais frère.

— Ils doivent s'exécrer alors?

— Je crois qu'au fond ils ne s'adorent pas.

— Mais en apparence?

— Ils sont les meilleurs amis du monde, Henri.

— Oui; mais un beau matin viendra quelque nouvel amour qui les brouillera tout à fait.

— Eh bien! ce nouvel amour est venu, Henri.

— Bah!

— Oui, d'honneur; mais veux-tu que je te dise la peur que j'ai?

— Dis.

— J'ai peur que ce nouvel amour, au lieu de les brouiller, ne les raccommode.

— Ainsi, il y a un nouvel amour?

Remy le précipita dans l'étang. — PAGE 76.

— Eh ! mon Dieu, oui.

— Du Béarnais?

— Du Béarnais.

— Pour qui ?

— Attends donc ; tu veux tout savoir, n'est-ce pas?

— Oui, raconte, Chicot, raconte; tu racontes très bien.

— Merci, mon fils; alors, si tu veux tout savoir, il faut que je remonte au commencement.

— Remonte, mais dis vite.

— Tu avais écrit une lettre au féroce Béarnais?

— Comment sais-tu cela?

— Parbleu ! je l'ai lue.

— Qu'en dis-tu?

— Que si ce n'était pas délicat de procédé, c'était au moins astucieux de langage.

— Elle devait les brouiller.

— Oui, si Henri et Margot eussent été des conjoints ordinaires, des époux bourgeois.

— Que veux-tu dire?

— Je veux dire que le Béarnais n'est point une bête.

— Oh!

— Et qu'il a deviné.

— Deviné quoi?

— Que tu voulais le brouiller avec sa femme.

— C'était clair, cela.

— Oui, mais ce qui l'était moins, c'était le but dans lequel tu voulais les brouiller.

— Ah! diable! le but.

— Oui, ce damné Béarnais ne s'est-il pas avisé de croire que tu n'avais d'autre but, en le brouillant avec sa femme, que de ne pas payer à ta sœur la dot que tu lui dois!

— Ouais!

— Mon Dieu, oui, voilà ce que ce Béarnais du diable s'est logé dans l'esprit.

— Continue, Chicot, continue, dit le roi devenu sombre; après?

— Eh bien! à peine eut-il deviné cela qu'il devint ce que tu es en ce moment, triste et mélancolique.

— Après, Chicot, après?

— Alors, cela l'a distrait de sa distraction, et il n'a presque plus aimé Fosseuse.

— Bah!

— C'est comme je te le dis; alors il a été pris de cet autre amour dont je te parlais.

— Mais c'est donc un Persan que cet homme, c'est donc un païen, un Turc? il pratique donc la polygamie? Et qu'a dit Margot?

— Cette fois, mon fils, cela va t'étonner, mais Margot a été ravie.

— Du désastre de Fosseuse, je conçois cela.

— Non pas, non pas, enchantée pour son propre compte.

— Elle prend donc goût à l'état de sage-femme?

— Ah! cette fois elle ne sera pas sage-femme.

— Que sera-t-elle donc?

— Elle sera marraine, son mari le lui a promis et les dragées sont même répandues à l'heure qu'il est.

— Dans tous les cas, ce n'est point avec son apanage qu'il les a achetées.

— Tu crois cela, mon roi?

— Sans doute, puisque je lui refuse cet apa-

nage. Mais quel est le nom de la nouvelle maîtresse?

— Oh! c'est une belle et forte personne, qui porte une ceinture magnifique, et qui est fort capable de se défendre si on l'attaque.

— Et s'est-elle défendue?

— Pardieu!

— De sorte que Henri a été repoussé avec perte?

— D'abord.

— Ah! ah! et ensuite?

— Henri est entêté; il est revenu à la charge.

— De sorte?

— De sorte qu'il l'a prise.

— Comment cela?

— De force.

— De force!

— Oui, avec des pétards.

— Que diable me dis-tu donc là, Chicot?

— La vérité.

— Des pétards! et qu'est-ce donc que cette belle que l'on prend avec des pétards?

— C'est mademoiselle Cahors.

— Mademoiselle Cahors!

— Oui, une belle et grande fille, ma foi, qu'on disait pucelle comme Péronne, qui a un pied sur le Lot, l'autre sur la montagne, et dont le tuteur est, ou plutôt était M. de Vesin, un brave gentilhomme de tes amis.

— Mordieu! s'écria Henri furieux; ma ville! il a pris ma ville!

— Dame! tu comprends, Henriquet; tu ne voulais pas la lui donner après la lui avoir promise; il a bien fallu qu'il se décidât à la prendre. Mais, à propos, tiens, voilà une lettre qu'il m'a chargé de te remettre en main propre.

Et Chicot, tirant une lettre de sa poche, la remit au roi.

C'était celle que Henri avait écrite après la prise de Cahors, et qui finissait par ces mots :

Quod mihi dixisti profuit multum; cognosco meos devotos ; nosce tuos ; Chicotus cætera expediet.

Ce qui signifiait :

« Ce que tu m'as dit, m'a été fort utile; je connais mes amis, connais les tiens; Chicotte dira le reste. »

LXXIX

COMMENT APRÈS AVOIR REÇU DES NOUVELLES DU MIDI HENRI EN REÇUT DU NORD

L e roi, au comble de l'exaspération, put à peine lire la lettre que Chicot venait de lui donner.

Pendant qu'il déchiffrait le latin du Béarnais avec des crispations d'impatience qui faisaient trembler le parquet, Chicot, devant un grand miroir de Venise suspendu au-dessus d'un dressoir d'orfévrerie, admirait sa tenue et les grâces infinies que sa personne avait prises sous l'habit militaire.

Infinies était le mot, car jamais Chicot n'avait paru si grand; sa tête, un peu chauve, était surmontée d'une salade conique dans le genre de ces armets allemands que l'on ciselait si curieusement à Trèves et à Mayence, et il était occupé pour le moment à replacer sur son buffle, graissé par la sueur et le frottement des armes, une demi-cuirasse de voyage, que, pour déjeuner, il avait posée sur un buffet; en outre, tout en rebouclant sa cuirasse, il faisait sonner sur le parquet des éperons plus capables d'éventrer que d'éperonner un cheval.

— Oh! je suis trahi! s'écria Henri lorsqu'il eut achevé la lecture; le Béarnais avait un plan, et je ne l'en ai pas soupçonné.

— Mon fils, répliqua Chicot, tu connais le proverbe : Il n'est pire eau que l'eau qui dort.

— Va-t'en au diable, avec tes proverbes!

Chicot s'avança vers la porte comme pour obéir.

— Non, reste.

— Chicot s'arrêta.

— Cahors pris! continua Henri.

— Et de la bonne façon même, dit Chicot.

— Mais il a donc des généraux, des ingénieurs?

— Nenni, dit Chicot, le Béarnais est trop pauvre; comment les paierait-il? Non pas, il fait tout lui-même.

— Et... il se bat? dit Henri avec une sorte de dédain.

— Te dire qu'il s'y met tout d'abord et d'enthousiasme, non, je n'oserais pas, non; il ressemble à ces gens qui tâtent l'eau avant que de se baigner; il se mouille le bout des doigts dans une petite sueur de mauvais augure, se prépare la poitrine avec quelques *meâ culpâ*, le front avec quelques réflexions philosophiques; cela lui prend les dix premières minutes qui suivent le premier coup de canon, après quoi il donne une tête dans l'action et nage dans le plomb fondu et dans le feu comme une salamandre.

— Diable! fit Henri, diable!

— Et je t'assure, Henri, qu'il y faisait chaud, là-bas.

Le roi se leva précipitamment et arpenta la salle à grands pas.

— Voilà un échec pour moi! s'écriait-il en terminant tout haut sa pensée commencée tout bas, on en rira. Je serai chansonné. Ces coquins de Gascons sont caustiques, et je les entends déjà, aiguisant leurs dents et leurs sourires sur les horribles airs de leurs musettes. Mordieu! heureusement que j'ai eu l'idée d'envoyer à François ce secours tant demandé; Anvers va me compenser Cahors; le Nord effacera les fautes du Midi.

— Amen! dit Chicot en plongeant délicatement, pour achever son dessert, le bout de ses doigts dans les drageoirs et dans les compotiers du roi.

En ce moment la porte s'ouvrit et l'huissier annonça :

— M. le comte du Bouchage !

— Ah ! s'écria Henri, je te le disais bien, Chicot, voilà ma nouvelle qui arrive. Entrez, comte, entrez.

L'huissier démasqua la porte, et l'on vit apparaître dans le cadre de cette porte, à la portière tombant à demi, le jeune homme qu'on venait d'annoncer, pareil à un portrait en pied d'Holbein ou du Titien.

Il s'avança lentement et fléchit le genou au milieu du tapis de la chambre.

— Toujours pâle, lui dit le roi, toujours lugubre. Voyons, ami, pour un moment, prends ton visage de Pâques, et ne me dis pas de bonnes choses avec un mauvais air ; parle vite, du Bouchage, parce que j'ai soif de ton récit. Tu viens de Flandre, mon fils ?

— Oui, sire.

— Et lestement, à ce que je vois.

— Sire, aussi vite qu'un homme peut marcher sur la terre.

— Sois le bienvenu. Anvers, où en est Anvers ?

— Anvers appartient au prince d'Orange, sire.

— Au prince d'Orange, qu'est-ce que c'est que cela ?

— A Guillaume, si vous l'aimez mieux.

— Ah çà, mais, et mon frère ne marchait-il pas sur Anvers ?

— Oui, sire ; mais maintenant, ce n'est plus sur Anvers qu'il marche, c'est sur Château-Thierry.

— Il a quitté l'armée ?

— Il n'y a plus d'armée, sire.

— Oh ! fit le roi en faiblissant des genoux et en retombant dans son fauteuil, mais Joyeuse ?

— Sire, mon frère, après avoir fait des prodiges avec ses marins, après avoir soutenu toute la retraite, mon frère a rallié le peu d'hommes échappés au désastre, et a fait avec eux une escorte à M. le duc d'Anjou.

— Une défaite ! murmura le roi.

Puis, tout à coup, avec un éclair étrange dans le regard :

— Alors les Flandres sont perdues pour mon frère ?

— Absolument, sire.

— Sans retour ?

— Je le crains.

Le front du prince s'éclaircit graduellement comme sous le jour d'une pensée intérieure.

— Ce pauvre François, dit-il en souriant, il a du malheur en couronnes. Il a manqué celle de Navarre ; il a étendu la main vers celle d'Angleterre ; il a touché celle de Flandre : gageons, du Bouchage, qu'il ne régnera jamais : pauvre frère, lui qui en a tant envie !

— Eh ! mon Dieu ! c'est toujours comme cela quand on a envie de quelque chose, dit Chicot d'un ton solennel.

— Et combien de prisonniers ? demanda le roi.

— Deux mille, à peu près.

— Combien de morts ?

— Autant au moins ; M. de Saint-Aignan est du nombre.

— Comment ! il est mort, ce pauvre Saint-Aignan ?

— Noyé.

— Noyé ! Comment ! vous vous êtes donc jetés dans l'Escaut ?

— Non pas ; c'est l'Escaut qui s'est jeté sur nous.

Le comte fit alors au roi un récit exact de la bataille et de l'inondation.

Henri l'écouta d'un bout à l'autre avec une pose, un silence et une physionomie qui ne manquaient pas de majesté.

Puis, lorsque le récit fut fini, il se leva et alla s'agenouiller devant le prie-Dieu de son oratoire, fit son oraison, et, un instant après, revint avec un visage parfaitement rasséréné.

— Là ! dit-il, j'espère que je prends les choses en roi. Un roi soutenu par le Seigneur est réellement plus qu'un homme. Voyons, comte, imitez-moi, et puisque votre frère est sauvé comme le mien, Dieu merci, eh bien ! déridons-nous un peu.

— Je suis à vos ordres, sire.

— Que veux-tu pour prix de tes services, du Bouchage ? parle.

— Sire, dit le jeune homme en secouant la tête, je n'ai rendu aucun service.

— Je le conteste ; mais en tout cas, ton frère en a rendu.

Borromée. — PAGE 92.

— D'immenses, sire.

— Il a sauvé l'armée, dis-tu, ou plutôt les débris de l'armée.

— Il n'y a pas, dans ce qu'il en reste, un seul homme qui ne vous dise qu'il doit la vie à mon frère.

— Eh bien! du Bouchage, ma volonté est d'étendre mon bienfait sur vous deux, et j'imiterai en cela le Seigneur tout-puissant qui vous a protégés d'une façon si visible en vous faisant tous deux pareils, c'est-à-dire riches, braves et

beaux; en outre j'imiterai ces grands politiques si bien inspirés toujours, lesquels avaient pour coutume de récompenser les messagers de mauvaises nouvelles.

— Allons donc! dit Chicot, je connais des exemples de messagers pendus pour avoir été porteurs de mauvais messages.

— C'est possible, dit majestueusement Henri, mais il y a le sénat qui a remercié Varron.

— Tu me cites des républicains. Valois, Valois, le malheur te rend humble.

— Voyons, du Bouchage, que veux-tu ? que désires-tu ?

— Puisque Votre Majesté me fait l'honneur de me parler si affectueusement, j'oserai mettre à profit sa bienveillance ; je suis las de la vie, sire ; et cependant j'ai répugnance à abréger ma vie, car Dieu le défend ; tous les subterfuges qu'un homme d'honneur emploie en pareil cas sont des péchés mortels ; se faire tuer à l'armée, se laisser mourir de faim, oublier de nager quand on traverse un fleuve, ce sont des travestissements de suicide au milieu desquels Dieu voit parfaitement clair, car, vous le savez, sire, nos pensées les plus secrètes sont à jour devant Dieu ; je renonce donc à mourir avant le terme que Dieu a fixé à ma vie, mais le monde me fatigue et je sortirai du monde.

— Mon ami ! fit le roi.

Chicot leva la tête et regarda avec intérêt ce jeune homme si beau, si brave, si riche, et qui cependant parlait d'une voix si désespérée.

— Sire, continua le comte avec l'accent de la résolution, tout ce qui m'arrive depuis quelque temps fortifie en moi ce désir ; je veux me jeter dans les bras de Dieu, souverain consolateur des affligés, comme il est en même temps souverain maître des heureux de la terre ; daignez donc, sire, me faciliter les moyens d'entrer en religion, car, ainsi que dit le prophète, mon cœur est triste comme la mort.

Chicot, le railleur personnage, interrompit un instant la gymnastique incessante de ses bras et de sa physionomie, pour écouter cette douleur majestueuse qui parlait si noblement, si sincèrement, par la voix la plus douce et la plus persuasive que Dieu ait jamais donnée à la jeunesse et à la beauté.

Son œil brillant s'éteignit en reflétant le regard désolé du frère de Joyeuse, tout son corps s'étendit et s'affaissa par la sympathie de ce découragement qui semblait avoir, non pas détendu, mais tranché chaque fibre du corps de du Bouchage.

Le roi, lui aussi, avait senti son cœur se fondre à l'audition de cette douloureuse requête.

— Ah ! je comprends, ami, dit-il, tu veux entrer en religion, mais tu te sens homme encore, et tu crains les épreuves.

— Je ne crains pas pour les austérités, sire, mais pour le temps qu'elles laissent à l'indécision ; non, non, ce n'est point pour adoucir les épreuves qui me seront imposées, car j'espère ne rien retirer à mon corps des souffrances physiques, à mon esprit des privations morales ; c'est pour enlever à l'un ou à l'autre tout prétexte de revenir au passé ; c'est pour faire, en un mot, jaillir de la terre, cette grille qui doit me séparer à jamais du monde, et qui, d'après les règles ecclésiastiques, d'ordinaire pousse lentement comme une haie d'épines.

— Pauvre garçon, dit le roi qui avait suivi le discours de du Bouchage en scandant pour ainsi dire chacune de ses paroles, pauvre garçon ! je crois qu'il fera un bon prédicateur, n'est-ce pas, Chicot ?

Chicot ne répondit rien. Du Bouchage continua :

— Vous comprenez, sire, que c'est dans ma famille même que s'établira la lutte ; que c'est dans mes proches que je trouverai la plus rude opposition ; mon frère le cardinal, si bon en même temps qu'il est si mondain, cherchera mille raisons de me faire changer d'avis, et s'il ne réussit point à me persuader, comme j'en suis sûr, il s'attaquera aux impossibilités matérielles, et m'alléguera Rome, qui met des délais entre chaque degré des ordres. Là, Votre Majesté est toute-puissante, là je reconnaîtrai la force du bras que Votre Majesté veut bien étendre sur ma tête. Vous m'avez demandé ce que je désirais, sire, vous m'avez promis de satisfaire à mon désir ; mon désir, vous le voyez, est tout en Dieu ; obtenez de Rome que je sois dispensé du noviciat.

Le roi, de rêveur qu'il était, se releva souriant, et prenant la main du comte :

— Je ferai ce que tu me demandes, mon fils, lui dit-il ; tu veux être à Dieu, tu as raison, c'est un meilleur maître que moi.

— Beau compliment que tu lui fais là ! murmura Chicot entre sa moustache et ses dents.

— Eh bien ! soit, continua le roi, tu seras ordonné selon tes désirs, cher comte, je te le promets.

— Et Votre Majesté me comble de joie ! s'écria le jeune homme en baisant la main de Henri avec autant de joie que s'il eût été fait duc, pair ou maréchal de France. Ainsi, c'est chose dite.

— Parole de roi, foi de gentilhomme, dit Henri.

La figure de du Bouchage s'éclaira ; quelque

chose comme un sourire d'extase passa sur ses lèvres ; il salua respectueusement le roi, et disparut.

— Voilà un heureux, un bien heureux jeune homme ! s'écria Henri.

— Bon ! s'écria Chicot, tu n'as rien à lui envier, ce me semble, il n'est pas plus lamentable que toi, sire.

— Mais comprends donc, Chicot, il va être moine, il va se donner au ciel.

— Eh ! qui diable t'empêche d'en faire autant ? Il demande des dispenses à son frère le cardinal ; mais j'en connais un cardinal, moi, qui te donnera toutes les dispenses nécessaires ; il est encore mieux que toi avec Rome, celui-là ; tu ne le connais pas ? c'est le cardinal de Guise.

— Chicot !

— Et si la tonsure t'inquiète, car, enfin, c'est une opération délicate que celle de la tonsure, les plus jolies mains du monde, les plus jolis ciseaux de la rue de la Coutellerie, des ciseaux d'or, mafoi, te donneront ce précieux symbole, qui portera au chiffre trois le nombre des couronnes que tu auras portées et qui justifiera la devise : *Manet ultima cœlo.*

— De jolies mains, dis-tu ?

— Eh bien ! voyons, est-ce que tu vas dire, par hasard, du mal des mains de madame la duchesse de Montpensier après en avoir dit de ses épaules ? Quel roi tu fais, et quelle sévérité tu montres à l'endroit de tes sujettes !

Le roi fronça le sourcil et passa sur ses tempes une main tout aussi blanche que celles dont on lui parlait, mais plus tremblante assurément.

— Voyons, voyons, dit Chicot, laissons tout cela, car je vois, du reste, que la conversation t'ennuie, et revenons aux choses qui m'intéressent personnellement.

Le roi fit un geste moitié indifférent, moitié approbatif.

Chicot regarda autour de lui, faisant marcher son fauteuil sur les deux pieds de derrière.

— Voyons, dit-il à demi-voix, réponds, mon fils : ces messieurs de Joyeuse sont partis *comme cela* pour les Flandres.

— D'abord, que veut dire ton *comme cela ?*

— Il veut dire que ce sont des gens si âpres, l'un au plaisir, l'autre à la tristesse, qu'il me paraît surprenant qu'ils aient quitté Paris sans faire un peu de vacarme, l'un pour s'amuser, l'autre pour s'étourdir.

— Eh bien ?

— Eh bien ! comme tu es de leurs meilleurs amis, tu dois savoir comment ils s'en sont allés.

— Sans doute, que je le sais.

— Alors, dis-moi, Henriquet, as-tu entendu dire ?...

Chicot s'arrêta.

— Quoi ?

— Qu'ils aient battu quelqu'un de considérable, par exemple ?

— Je ne l'ai pas entendu dire.

— Ont-ils enlevé quelque femme avec effraction et pistolades ?

— Pas, que je sache.

— Ont-ils... brûlé quelque chose, par hasard ?

— Quoi ?

— Que sais-je, moi ? ce qu'on brûle pour se distraire quand on est grand seigneur, la maison d'un pauvre diable, par exemple.

— Es-tu fou, Chicot ? brûler une maison dans ma ville de Paris, est-ce que l'on oserait se permettre d'y faire de ces choses-là ?

— Ah ! oui, l'on se gêne !

— Chicot !

— Enfin, ils n'ont rien fait dont tu aies entendu le bruit ou vu la fumée ?

— Ma foi, non.

— Tant mieux, dit Chicot, respirant avec une sorte de facilité qu'il n'avait pas eue pendant tout le temps qu'avait duré l'interrogatoire qu'il venait de faire subir à Henri.

— Sais-tu une chose, Chicot ? dit Henri.

— Non, je ne la sais pas.

— C'est que tu deviens méchant.

— Moi ?

— Oui, toi.

— Le séjour de la tombe m'avait édulcoré, grand roi, mais ta présence me *surit. Omnia letho putrescunt.*

— C'est-à-dire que je suis moisi ? fit le roi.

— Un peu, mon fils, un peu.

— Vous devenez insupportable, Chicot, et je vous attribue des projets d'intrigue et d'ambition que je croyais loin de votre caractère.

— Des projets d'ambition, à moi ? Chicot ambitieux ! Henriquet, mon fils, tu n'étais que niais, tu deviens fou, il y a progrès.

— Et moi je vous dis, monsieur Chicot, que vous voulez éloigner de moi tous mes servi-

Quelque bruit que vous entendiez, n'y pénétrez pas. — Page 96.

teurs, en leur supposant des intentions qu'ils n'ont pas, des crimes auxquels ils n'ont pas pensé; je dis que vous voulez m'accaparer, enfin.

— T'accaparer! moi! s'écria Chicot; t'accaparer! pourquoi faire? Dieu m'en préserve, tu es un être trop gênant, *bone Deus!* sans compter que tu es difficile à nourrir en diable. Oh! non, non, par exemple.

— Hum! fit le roi.

— Voyons, explique-moi d'où te vient cette idée cornue?

— Vous avez commencé par écouter froidement mes éloges à l'endroit de votre ancien ami, dom Modeste, à qui vous devez beaucoup.

— Moi, je dois beaucoup à dom Modeste? Bon, bon, bon! après?

— Après, vous avez essayé de me calomnier mes Joyeuse, deux amis véritables, ceux-là.

— Je ne dis pas non.

— Ensuite, vous avez lancé votre coup de griffe sur les Guises.

— Ah! tu les aimes à présent, ceux-là aussi;

tu es dans ton jour d'aimer tout le monde, à ce qu'il paraît.

— Non, je ne les aime pas; mais comme, en ce moment, ils se tiennent cois et couverts; comme, en ce moment, ils ne me font pas le moindre tort; comme je ne les perds pas un instant de vue; que tout ce que je remarque en eux c'est toujours la même froideur de marbre, et que je n'ai pas l'habitude d'avoir peur des statues, si menaçantes qu'elles soient, je m'en tiens à celles dont je connais le visage et l'attitude; vois-tu, Chicot, un fantôme, lorsqu'il est devenu familier, n'est plus qu'un compagnon insupportable. Tous ces Guises, avec leurs regards effarouchés et leurs grandes épées, sont les gens de mon royaume qui jusque aujourd'hui m'ont fait le moins de tort; et ils ressemblent, veux-tu que je dise à quoi?

— Dis, Henriquet, tu me feras plaisir; tu sais bien que tu es plein de subtilités dans les comparaisons.

— Ils ressemblent à ces perches qu'on lâche dans les étangs pour donner la chasse aux gros poissons et les empêcher d'engraisser par trop: mais suppose un instant que les gros poissons n'en aient pas peur.

— Eh bien?

— Elles n'ont pas assez bonnes dents pour entamer leurs écailles.

— Oh! Henri, mon enfant, que tu es donc subtil!

— Tandis que ton Béarnais...

— Voyons, as-tu aussi une comparaison pour le Béarnais?

— Tandis que ton Béarnais, qui miaule comme un chat, mord comme un tigre...

— Sur ma vie, dit Chicot, voilà Valois qui pourlèche Guise! Allons, allons, mon fils, tu es en trop bonne voie pour t'arrêter. Divorce tout de suite et épouse madame de Montpensier; tu auras au moins une chance avec elle; si tu ne lui fais pas d'enfant, elle t'en fera; n'a-t-elle pas été amoureuse de toi dans le temps?

Henri se rengorgea.

— Oui, dit-il, mais j'étais occupé ailleurs; voilà la source de toutes ses menaces. Chicot, tu as mis le doigt dessus; elle a contre moi une rancune de femme, et elle m'agace de temps en temps, mais heureusement je suis homme, et je n'ai qu'à en rire.

Henri achevait ces paroles en relevant son col rabattu à l'italienne, quand l'huissier Nambu cria du seuil de la porte:

— Un messager de M. le duc de Guise pour Sa Majesté!

— Est-ce un courrier ou un gentilhomme? demanda le roi.

— C'est un capitaine, sire.

— Par ma foi, qu'il entre, et il sera le bienvenu.

En même temps un capitaine de gendarmes entra vêtu de l'uniforme de campagne, et fit le salut accoutumé.

LXXX

LES DEUX COMPÈRES

hicot, à cette annonce, s'était assis, et, selon son habitude, tournait impertinemment le dos à la porte, et son œil à demi voilé se plongeait dans une de ces méditations intérieures qui lui étaient si habituelles, quand les premiers mots que prononça le messager des Guises le firent tressaillir.

En conséquence, il rouvrit l'œil.

Heureusement, ou malheureusement, le roi, occupé du nouveau venu, ne fit point attention à cette manifestation, toujours effrayante de la part de Chicot.

Le messager se trouvait placé à dix pas du fauteuil dans lequel Chicot s'était blotti, et comme le profil de Chicot dépassait à peine les garnitures du fauteuil, l'œil de Chicot voyait le messager tout entier, tandis que le messager ne pouvait voir que l'œil de Chicot.

— Vous venez de la Lorraine? demanda le roi à ce messager, dont la taille était assez noble et la mine assez guerrière.

— Non pas, sire, mais de Soissons, où M. le duc, qui n'a pas quitté cette ville depuis un mois, m'a remis cette lettre que j'ai l'honneur de déposer aux pieds de Votre Majesté.

L'œil de Chicot étincelait et ne perdait pas un geste du nouveau venu, comme ses oreilles n'en perdaient pas une parole.

Le messager ouvrit son buffle fermé par des agrafes d'argent, et tira d'une poche de cuir, doublée de soie, placée sur le cœur, non pas une lettre, mais deux lettres, car l'une entraîna l'autre à laquelle elle s'était attachée par la cire de son cachet, de sorte que, comme le capitaine n'en tirait qu'une, la seconde ne tomba pas moins sur le tapis.

L'œil de Chicot suivit cette lettre au vol, comme l'œil du chat suit le vol de l'oiseau.

Il vit aussi, à la chute inattendue de cette lettre, la rougeur se répandre sur les joues du messager, son embarras pour la ramasser, comme pour donner la première au roi.

Mais Henri ne vit rien, lui; Henri, modèle de confiance, c'était son heure, ne fit attention à rien. Il ouvrit seulement celle des deux lettres qu'on voulait bien lui offrir, et lut.

De son côté, le messager, voyant le roi absorbé dans sa lecture, s'absorba dans la contemplation du roi, sur le visage duquel il semblait chercher le reflet de toutes les pensées que cette intéressante lecture pouvait faire naître dans son esprit.

— Ah! maître Borromée! maître Borromée! murmura Chicot, en suivant de son côté des yeux chaque mouvement du fidèle de M. de Guise! Ah! tu es capitaine, et tu ne donnes qu'une lettre au roi quand tu en as deux dans ta poche; attends, mon mignon, attends.

— C'est bien! c'est bien! fit le roi en relisant chaque ligne de la lettre du duc avec une satisfaction visible; allez, capitaine, allez, et dites à M. de Guise que je suis reconnaissant de l'offre qu'il me fait.

— Votre Majesté ne m'honore point d'une réponse écrite? demanda le messager.

— Non, je le verrai dans un mois ou six semaines; par conséquent, je le remercierai moi-même; allez!

Le capitaine s'inclina et sortit de l'appartement.

— Tu vois bien, Chicot, dit alors le roi à son compagnon, qu'il croyait toujours dans le fond de son fauteuil, tu vois bien, M. de Guise est pur de toute machination. Ce brave duc, il a su l'affaire de Navarre : il craint que les huguenots ne s'enhardissent et ne relèvent la tête, car il a appris que les Allemands veulent déjà envoyer du renfort au roi de Navarre. Or, que fait-il? devine ce qu'il fait.

Chicot ne répondit point : Henri crut qu'il attendait l'explication.

— Eh bien! continua-t-il, il m'offre l'armée qu'il vient de lever en Lorraine pour surveiller les Flandres, et il me prévient que, dans six semaines, cette armée sera tout à ma disposition avec son général. Que dis-tu de cela, Chicot?

Silence absolu de la part du Gascon.

— En vérité, mon cher Chicot, continua le roi, tu as cela d'absurde, mon ami, que tu es entêté comme une mule d'Espagne, et que si l'on a le malheur de te convaincre de quelque erreur, ce qui arrive souvent, tu boudes; eh! oui, tu boudes comme un sot que tu es.

Pas un souffle ne vint contredire Henri dans l'opinion qu'il venait de manifester d'une façon si franche sur son ami.

Il y avait quelque chose qui déplaisait plus encore à Henri que la contradiction, c'était le silence.

— Je crois, dit-il, que le drôle a eu l'impertinence de s'endormir. Chicot, continua-t-il en s'avançant vers le fauteuil, ton roi te parle, veux-tu répondre?

Mais Chicot ne pouvait répondre, attendu qu'il n'était plus là. Et Henri trouva le fauteuil vide.

Ses yeux parcoururent toute la chambre; le Gascon n'était pas plus dans la chambre que dans le fauteuil.

Son casque avait disparu comme lui et avec lui.

Le roi fut saisi d'une sorte de frisson superstitieux; il lui passait quelquefois par l'esprit que Chicot était un être surhumain, quelque incarnation diabolique, de la bonne espèce, c'est vrai, mais diabolique, enfin.

Il appela Nambu.

Nambu n'avait rien de commun avec Henri. C'était un esprit fort au contraire, comme le sont en général ceux qui gardent les antichambres des rois. Il croyait aux apparitions et aux disparitions des êtres vivants, et non des spectres.

Nambu assura positivement à Sa Majesté avoir vu Chicot sortir cinq minutes avant la sortie de l'envoyé de monseigneur le duc de Guise.

Seulement il sortait avec une légèreté et les précautions d'un homme qui ne voulait pas qu'on le vît sortir.

— Décidément, fit Henri en passant dans son oratoire, Chicot s'est fâché d'avoir eu tort. Que les hommes sont mesquins, mon Dieu! Je dis cela pour tous, et même pour les plus spirituels.

Maître Nambu avait raison; Chicot, coiffé de sa salade et raidi par sa longue épée, avait traversé les antichambres sans grand bruit; mais quelque précaution qu'il prît, il lui avait bien fallu laisser sonner ses éperons sur les degrés qui conduisaient des appartements au guichet du Louvre, bruit qui avait fait retourner beaucoup de monde, et avait valu à Chicot force saluts, car on savait la position de Chicot près du roi, et beaucoup saluaient Chicot plus bas qu'ils n'eussent salué le duc d'Anjou.

Dans un angle du guichet, Chicot s'arrêta comme pour rattacher un éperon.

Le capitaine de M. de Guise, nous l'avons dit, était sorti cinq minutes à peine après Chicot, auquel il n'avait prêté aucune attention. Il avait descendu les degrés et avait traversé les cours, fier et enchanté à la fois; fier, parce qu'à tout prendre il n'était point un soldat de mauvaise mine, et qu'il se plaisait à faire parader ses grâces devant les Suisses et les gardes de Sa Majesté très chrétienne : enchanté, parce que le roi l'avait accueilli de façon à prouver qu'il n'avait aucun soupçon contre M. de Guise. Au moment où il franchissait le guichet du Louvre, et où il traversait le pont-levis, il fut réveillé par un cliquetis d'éperons qui semblait être l'écho des siens.

Il se retourna, pensant que le roi faisait peut-être courir après lui, et grande fut sa stupéfaction en reconnaissant, sous les pointes retroussées de sa salade, le visage benin et la physionomie chattemite du bourgeois Robert Briquet, sa damnée connaissance.

On se rappelle que le premier mouvement de ces deux hommes à l'égard l'un de l'autre n'avait pas été précisément un mouvement de sympathie.

Borromée ouvrit sa bouche d'un demi-pied carré, comme dit Rabelais, et croyant voir que celui qui le suivait désirait avoir affaire à lui, il suspendit sa marche, de sorte que Chicot l'eut rejoint en deux enjambées.

On sait, au reste, quelles enjambées c'étaient que celles de Chicot.

— Corbœuf! dit Borromée.

— Ventre de biche! s'écria Chicot.

— Mon doux bourgeois!

— Mon révérend père!

— Avec cette salade!

— Sous ce buffle!

— C'est merveille pour moi de vous voir!

— C'est satisfaction pour moi de vous rejoindre!

Et les deux fiers à bras se regardèrent pendant quelques secondes avec l'hésitation hostile de deux coqs qui vont se quereller et qui, pour s'intimider l'un l'autre, se dressent sur leurs ergots.

Borromée fut le premier qui passa du grave au doux.

Les muscles de son visage se détendirent, et avec un air de franchise guerrière et d'aimable urbanité :

— Vive Dieu! dit-il, vous êtes un rusé compère, maître Robert Briquet!

— Moi, mon révérend! répondit Chicot, à quelle occasion me dites-vous cela, je vous prie?

— A l'occasion du couvent des Jacobins, où vous m'avez fait croire que vous n'étiez qu'un simple bourgeois. Il faut, en vérité, que vous soyez dix fois plus retors et plus vaillant qu'un procureur et un capitaine tout ensemble.

Chicot sentit que le compliment était fait des lèvres, et non du cœur.

— Ah! ah! répondit-il avec bonhomie, et que devons-nous dire de vous, seigneur Borromée?

— De moi?

— Oui, de vous.

— Et pourquoi?

— Pour m'avoir fait croire que vous n'étiez qu'un moine. Il faut, en vérité, que vous soyez dix fois plus retors que le pape lui-même; et, compère, je ne vous déprécie point en disant cela, car le pape d'aujourd'hui est, convenez-en, un rude éventeur de mèches.

— Pensez-vous ce que vous dites? demanda Borromée.

— Ventre de biche! est-ce que je mens jamais, moi?

— Eh bien! touchez là.

Et il tendit la main à Chicot.

— Ah! vous m'avez malmené au convent, frère capitaine, dit Chicot.

— Je vous prenais pour un bourgeois, mon maître, et vous savez bien le souci que nous avons des bourgeois, nous autres gens d'épée.

— C'est vrai, dit Chicot en riant, c'est comme des moines, et cependant vous m'avez pris au piége.

— Au piége?

— Sans doute; car, sous ce déguisement vous tendiez un piége. Un brave capitaine comme vous ne troque point, sans grave raison, sa cuirasse contre un froc.

— Avec un homme d'épée, dit Borromée, je n'aurai pas de secrets. Eh bien! oui, j'ai certains intérêts personnels dans le couvent des Jacobins; mais vous?

— Et moi aussi, dit Chicot; mais chut!

— Causons un peu de tout cela, voulez-vous?

— Sur mon âme, j'en brûle.

— Aimez-vous le bon vin?

— Oui, quand il est bon.

— Eh bien! je connais un petit cabaret sans rival, selon moi, dans Paris.

— Eh! j'en connais un aussi, dit Chicot; comment s'appelle le vôtre?

— *La Corne d'Abondance.*

— Ah! ah! fit Chicot en tressaillant.

— Eh bien! que se passe-t-il donc?

— Rien.

— Avez-vous quelque chose contre ce cabaret?

— Non pas, au contraire.

— Vous le connaissez?

— Pas le moins du monde, et je m'en étonne.

— Vous plaît-il que nous y marchions, compère?

— Comment donc! tout de suite.

— Allons donc.

— Où est-ce?

— Du côté de la porte Bourdelle. L'hôte est un vieux dégustateur, et qui sait parfaitement apprécier la différence qu'il y a entre le palais d'un homme comme vous et le gosier d'un passant altéré.

— C'est-à-dire que nous y pourrons causer à l'aise.

— Dans la cave, si nous voulons.

— Et sans être dérangés?

— Nous fermerons les portes.

— Allons, dit Chicot, je vois que vous êtes l'homme de ressource, et aussi bien vu dans les cabarets que dans les couvents.

— Croiriez-vous que j'ai des intelligences avec l'hôte?

— Cela m'en a tout l'air.

— Ma foi non, et cette fois vous êtes dans l'erreur; maître Bonhomet me vend du vin quand je veux, et je le paie quand je peux, voilà tout.

— Bonhomet? dit Chicot. Sur ma parole, voilà un nom qui promet.

— Et qui tient. Venez, compère, venez.

— Oh! oh! se dit Chicot en suivant le faux moine, c'est ici qu'il faut faire un choix parmi tes meilleures grimaces, ami Chicot; car si Bonhomet te reconnaît tout de suite, c'est fait de toi, et tu n'es qu'un sot.

LXXXI

LA CORNE D'ABONDANCE

L e chemin que Borromée faisait suivre à Chicot, sans se douter que Chicot le connaissait aussi bien que lui, rappelait à notre Gascon les beaux jours de l'âge de sa jeunesse.

En effet, combien de fois, la tête vide, les jambes souples, les bras pendants ou ballants, comme dit l'admirable argot populaire, combien de fois Chicot, sous un rayon de soleil d'hiver ou dans l'ombre fraîche de l'été, avait-il été trouver cette maison de *la Corne d'Abondance* vers laquelle un étranger le conduisait en ce moment!

Alors quelques pièces d'or, et même d'argent sonnant dans son escarcelle, le faisaient plus heureux qu'un roi; il se laissait aller au savoureux bonheur de fainéantiser, autant que bon lui semblerait, à lui qui n'avait ni maîtresse au logis, ni enfant affamé sur la porte, ni parents soupçonneux et grondants derrière la fenêtre.

Alors Chicot s'asseyait insoucieux sur le banc de bois ou l'escabeau du cabaret; il attendait Gorenflot, ou plutôt le trouvait exact aux premières fumées du repas préparé.

Alors Gorenflot s'animait à vue d'œil, et Chicot, toujours intelligent, toujours observateur toujours anatomiste, Chicot étudiait chacun de degrés de son ivresse, étudiant cette curieuse nature à travers la vapeur subtile d'une émotion raisonnable; et sous l'influence du bon vin, de la chaleur et de la liberté, la jeunesse remontait splendide, victorieuse et pleine de consolations à son cerveau.

Chicot, en passant devant le carrefour Bussy, se haussa sur les pointes pour tâcher d'apercevoir la maison qu'il avait recommandée aux soins de Remy, mais la rue était sinueuse, et s'arrêter n'eût pas été d'une bonne politique; il suivit donc le capitaine Borromée avec un petit soupir.

Bientôt la grande rue Saint-Jacques apparut à ses yeux, puis le cloître Saint-Benoît, et presque en face du cloître, l'hôtellerie de *la Corne d'Abondance*, de *la Corne d'Abondance* un peu vieillie, un peu crasseuse, un peu lézardée, mais ombragée toujours par des platanes et des marronniers à l'extérieur, et meublée à l'intérieur de ses pots d'étain luisants et de ses casseroles brillantes qui sont les fictions de l'or et de l'argent pour les buveurs et les gourmands, mais qui attirent réellement le véritable or et le véritable argent dans la poche du cabaretier, par des raisons sympathiques dont il faut demander compte à la nature.

Chicot, après son coup d'œil jeté du seuil de la porte sur l'intérieur et l'extérieur, Chicot fit le gros dos, perdit encore six pouces de sa taille, qu'il avait déjà diminuée en présence du capitaine, il y ajouta une grimace de satyre fort différente de ses allures franches et de ses jeux honnêtes de physionomie, et se prépara à affronter la présence de son ancien hôte, maître Bonhomet.

D'ailleurs Borromée passa le premier pour lui

montrer le chemin, et, à la vue de ces deux nasques, maître Bonhomet ne se donna la peine de reconnaître que celui qui marchait devant.

Si la façade de *la Corne d'Abondance* s'était lézardée, la façade du digne cabaretier, de son côté aussi, avait subi les ravages du temps.

Outre les rides, qui correspondent sur le visage humain aux gerçures que le temps imprime au front des monuments, maître Bonhomet avait pris des façons d'homme puissant, qui, pour tous autres que pour les gens d'épée, le rendaient de difficile approche, et qui racornissaient, pour ainsi dire, son visage.

Mais Bonhomet respectait toujours l'épée : c'était son faible ; il avait contracté cette habitude dans un quartier fort éloigné de toute surveillance municipale, sous l'influence des Bénédictins pacifiques.

En effet, s'il s'élevait, par malheur, une querelle en ce glorieux cabaret, avant qu'on eût été à la Contrescarpe chercher les Suisses ou les archers du guet, l'épée avait déjà joué, et joué de façon à mettre plusieurs pourpoints en perce ; ce méchef était arrivé sept ou huit fois à Bonhomet et lui avait coûté cent livres chaque fois ; il respectait donc l'épée, d'après ce système : crainte fait respect.

Quant aux autres clients de *la Corne d'Abondance*, écoliers, clercs, moines et marchands, Bonhomet s'en arrangeait tout seul ; il avait acquis une certaine célébrité en coiffant d'un large seau de plomb les récalcitrants ou déloyaux payeurs, et cette exécution mettait toujours de son côté certains piliers de cabaret qu'il s'était choisis parmi les plus vigoureux courtauds des boutiques voisines.

Au reste, on savait si bon et si pur le vin que chacun avait le droit d'aller chercher lui-même à la cave ; on connaissait si bien sa longanimité à l'égard de certaines pratiques créditées à son comptoir, que personne ne murmurait de ses humeurs fantasques.

Ces humeurs, quelques vieux habitués les attribuaient à un fond de chagrin que maître Bonhomet aurait eu dans son ménage.

Telles furent, du moins, les explications que Borromée crut devoir donner à Chicot sur le caractère de l'hôte dont ils allaient apprécier ensemble l'hospitalité.

Cette misanthropie de Bonhomet avait eu un fâcheux résultat pour la décoration et le confortable de l'hôtellerie. En effet, le cabaretier se trouvant, c'était son idée du moins, fort audessus de ses pratiques, ne donna aucun soin à l'embellissement du cabaret ; il en résulta que Chicot, en entrant dans la salle, se reconnut tout d'abord ; rien n'était changé, sinon la teinte fuligineuse du plafond, qui, du gris, était passée au noir.

En ces temps bienheureux, les auberges n'avaient point encore contracté l'odeur si âcre et si fade du tabac brûlé, dont s'imprègnent aujourd'hui les boiseries et les tentures des salles, odeur qu'absorbe et qu'exhale tout ce qui est poreux et spongieux.

Il résultait de là que, malgré sa crasse vénérable et sa tristesse apparente, la salle de *la Corne d'Abondance* ne contrariait point, par des exhalaisons exotiques, les miasmes vineux profondément engagés dans chaque atome de l'établissement, en sorte que, permis soit-il de le dire, un vrai buveur trouvait plaisir dans ce temple du dieu Bacchus, car il respirait l'arôme et l'encens le plus cher à ce dieu.

Chicot passa derrière Borromée, comme nous l'avons dit, et ne fut aucunement vu, ou plutôt aucunement reconnu de l'hôte de la *Corne d'Abondance*.

Il connaissait le coin le plus obscur de la salle commune, et comme s'il n'en eût pas connu d'autre, il allait s'y installer, lorsque Borromée l'arrêtant :

— Tout beau ! l'ami, dit-il, il y a derrière cette cloison un petit réduit où deux hommes à secrets peuvent honnêtement converser après boire, et même pendant qu'ils boivent.

— Allons-y, alors, dit Chicot.

Borromée fit un signe à notre hôte, qui voulait dire :

— Compère, le cabinet est-il libre ?

Bonhomet répondit par un autre signe qui voulait dire :

— Il l'est.

Et il conduisit Chicot, qui faisait semblant de se heurter à tous les angles du corridor, dans ce petit réduit si connu de ceux de nos lecteurs qui ont bien voulu perdre leur temps à lire la *Dame de Monsoreau*.

— Là ! dit Borromée, attendez-moi ici tandis que je vais user d'un privilége accordé aux familiers de l'établissement, et dont vous userez vous-même à votre tour, quand vous y serez plus connu.

— Lequel? demanda Chicot.

— C'est d'aller moi-même à la cave choisir le vin que nous allons boire.

— Ah! ah! fit Chicot; joli privilége. Allez.

— Borromée sortit.

Chicot le suivit de l'œil; puis, aussitôt que la porte se fut refermée derrière lui, il alla soulever de la muraille une image de l'assassinat de Crédit tué par les mauvais payeurs, laquelle image était encadrée dans un cadre de bois noir, et faisait pendant à un autre représentant une douzaine de pauvres hères tirant le diable par la queue.

Derrière cette image, il y avait un trou, et par ce trou on pouvait voir dans la grande salle sans être vu.

Ce trou, Chicot le connaissait, car c'était un trou de sa façon.

— Ah! ah! dit-il, tu me conduis dans un cabaret dont tu es l'habitué; tu me pousses dans un réduit où tu crois que je ne pourrai pas être vu, et d'où tu penses que je ne pourrai pas voir, et dans ce réduit il y a un trou, grâce auquel tu ne feras pas un geste que je ne le voie. Allons, allons, mon capitaine, tu n'es pas fort!

Et Chicot, tout en prononçant ces paroles avec un air de mépris qui n'appartenait qu'à lui, appliqua son œil à la cloison, forée artistement dans un défaut du bois.

Par ce trou, il aperçut Borromée appuyant d'abord précautionnellement son doigt sur ses lèvres, et causant ensuite avec Bonhomet, qui acquiesçait à ses désirs par un signe de tête olympien.

Au mouvement des lèvres du capitaine, Chicot, fort expert en pareille matière, devina que la phrase prononcée par lui voulait dire:

— Servez-nous dans ce réduit, et quelque bruit que vous y entendiez, n'y pénétrez pas.

— Après quoi Borromée prit une veilleuse qui brûlait éternellement sur un bahut, souleva une trappe, et descendit lui-même à la cave, profitant du privilége le plus précieux accordé aux habitués de l'établissement.

— Aussitôt Chicot frappa à la cloison d'une façon particulière.

En entendant cette façon de frapper, qui devait lui rappeler quelque souvenir profondément enraciné dans son cœur, Bonhomet tressaillit, regarda en l'air et écouta.

Chicot frappa une seconde fois, et en homme qui s'étonne que l'on n'ait pas obéi à un premier appel.

Bonhomet se précipita vers le réduit et trouva Chicot debout et le visage menaçant.

A cette vue, Bonhomet poussa un cri, il croyait Chicot mort, comme tout le monde, et pensait se trouver en face de son fantôme.

— Qu'est-ce à dire, mon maître, dit Chicot, et depuis quand habituez-vous les gens de ma trempe à appeler deux fois?

— Oh! cher monsieur Chicot, dit Bonhomet, serait-ce vous, ou n'est-ce que votre ombre?

— Que ce soit moi ou mon ombre, dit Chicot, du moment où vous me reconnaissez, mon maître, j'espère que vous m'obéirez de point en point.

— Oh! certainement, cher seigneur, ordonnez.

— Quelque bruit que vous entendiez dans ce cabinet, maître Bonhomet, et quelque chose qui s'y passe, j'espère que vous attendrez que je vous appelle pour y venir.

— Et cela me sera d'autant plus facile, cher monsieur Chicot, que la recommandation que vous me faites est exactement la même que vient de me faire votre compagnon.

— Oui, mais ce n'est pas lui qui appellera, entendez-vous bien, seigneur Bonhomet, ce sera moi; ou, s'il appelle, vous entendez, ce sera exactement comme s'il n'appelait pas.

— C'est chose convenue, monsieur Chicot.

— Bien; et maintenant éloignez tous vos autres clients sous un prétexte quelconque, et que dans dix minutes nous soyons aussi libres et aussi isolés chez vous, que si nous étions venus pour y pratiquer le jeûne, le jour du vendredi-saint.

— Dans dix minutes, seigneur Chicot, il n'y aura pas un chat dans tout l'hôtel, à l'exception de votre humble serviteur.

— Allez, Bonhomet, allez, vous avez conservé toute mon estime, dit majestueusement Chicot.

— Oh! mon Dieu! mon Dieu! dit Bonhomet en se retirant, que va-t-il donc se passer dans ma pauvre maison?

Et comme il s'en allait à reculons, il rencontra Borromée qui remontait de la cave avec ses bouteilles.

Il appliqua un furieux coup de dague sur le dos de son compagnon. — PAGE 102.

— Tu as entendu? lui dit celui-ci; dans dix minutes, pas une âme dans l'établissement.

Bonhomet fit de sa tête, si dédaigneuse à l'ordinaire, un signe d'obéissance et se retira dans sa cuisine, afin d'y rêver aux moyens d'obéir à la double injonction de ses deux redoutables clients.

Borromée rentra dans le réduit, et trouva Chicot qui l'attendait, la jambe en avant et le sourire sur les lèvres.

Nous ignorons comment maître Bonhomet s'y était pris; mais, la dixième minute écoulée, le dernier écolier franchissait le seuil de sa porte, donnant le bras au dernier clerc, et disant :

— Oh! oh! le temps est à l'orage chez maître Bonhomet; décampons, ou gare la grêle.

LXXXII

CE QUI ARRIVA DANS LE RÉDUIT DE MAÎTRE BONHOMET

Lorsque le capitaine rentra dans le réduit avec un panier de douze bouteilles à la main, Chicot le reçut d'un air tellement ouvert et souriant, que Borromée fut tenté de prendre Chicot pour un niais.

Borromée avait hâte de déboucher les bouteilles qu'il était allé chercher à la cave; mais ce n'était rien, en comparaison de la hâte de Chicot.

Aussi les préparatifs ne furent-ils pas longs. Les deux compagnons, en buveurs expérimentés, demandèrent quelques salaisons, dans le but louable de ne pas laisser éteindre la soif. Ces salaisons leur furent apportées par Bonhomet, auquel chacun d'eux jeta un dernier coup d'œil.

Bonhomet répondit à chacun d'eux; mais si quelqu'un eût pu juger ces deux coups d'œil, il eût trouvé une grande différence entre celui qui était adressé à Borromée et celui qui était adressé à Chicot.

Bonhomet sortit et les deux compagnons commencèrent à boire.

D'abord, comme si l'occupation était trop importante pour que rien dût l'interrompre, les deux buveurs avalèrent bon nombre de rasades sans échanger une seule parole.

Chicot surtout était merveilleux; sans avoir dit autre chose que :

— Par ma foi, voilà du joli bourgogne!

Et :

— Sur mon âme, voilà d'excellent jambon!

Il avait avalé deux bouteilles, c'est-à-dire une bouteille par phrase.

— Pardieu! murmurait à part lui Borromée, voilà une singulière chance que j'ai eue de tomber sur un pareil ivrogne.

A la troisième bouteille, Chicot leva les yeux au ciel.

— En vérité, dit-il, nous buvons d'un train à nous enivrer.

— Bon! ce saucisson est si salé! dit Borromée.

— Ah! cela vous va, dit Chicot, continuons, l'ami, j'ai la tête solide.

Et chacun d'eux avala encore sa bouteille.

Le vin produisait sur les deux compagnons un effet tout opposé : il déliait la langue de Chicot et nouait celle de Borromée.

— Ah! murmura Chicot, tu te tais, l'ami; tu doutes de toi.

— Ah! se dit tout bas Borromée, tu bavardes, donc tu te grises.

— Combien faut-il donc de bouteilles, compère? demanda Borromée.

— Pour quoi faire? dit Chicot.

— Pour être gai.

— Avec quatre, j'ai mon compte.

— Et pour être gris?

— Mettons-en six.

— Et pour être ivre?

— Doublons.

— Gascon! pensa Borromée; il balbutie et n'en est encore qu'à la quatrième.

— Alors nous avons de la marge, dit Borromée, en tirant du panier une cinquième bouteille pour lui et une cinquième pour Chicot.

Seulement Chicot remarquait que des cinq bouteilles rangées à la droite de Borromée, les unes étaient à moitié, les autres aux deux tiers, aucune n'était vide.

Cela le confirma dans cette pensée qui lui était venue tout d'abord, que le capitaine avait de mauvaises intentions à son égard.

Il se souleva pour aller au devant de la cinquième bouteille que lui présentait Borromée, et oscilla sur ses jambes.

— Bon! dit-il, avez-vous senti?

— Quoi?

— Une secousse de tremblement de terre.

— Bah!

— Oui, ventre de biche! heureusement que l'hôtellerie de *la Corne d'Abondance* est solide, quoiqu'elle soit bâtie sur pivot.

— Comment! elle est bâtie sur pivot? demanda Borromée.

— Sans doute, puisqu'elle tourne.

— C'est juste, dit Borromée en avalant son verre jusqu'à la dernière goutte; je sentais bien l'effet, mais je ne devinais pas la cause.

— Parce que vous n'êtes pas latiniste, dit Chicot, parce que vous n'avez pas lu le traité *De natura rerum;* si vous l'eussiez lu, vous sauriez qu'il n'y a pas d'effet sans cause.

— Eh bien! mon cher confrère, dit Borromée, **car** enfin vous êtes capitaine comme moi, n'est-ce pas?

— Capitaine depuis la plante des pieds jusqu'à la pointe des cheveux, répondit Chicot.

— Eh bien! mon cher capitaine, reprit Borromée, dites-moi, puisqu'il n'y a pas d'effet sans cause, à ce que vous prétendez, dites-moi quelle était la cause de votre déguisement?

— De quel déguisement?

— De celui que vous portiez lorsque vous êtes venu chez dom Modeste.

— Comment donc étais-je déguisé?

— En bourgeois.

— Ah! c'est vrai.

— Dites-moi cela, et vous commencerez mon éducation de philosophe.

— Volontiers; mais, à votre tour, vous me direz, n'est-ce pas, pourquoi vous étiez déguisé en moine? confidence pour confidence.

— Tope! dit Borromée.

— Touchez là, dit Chicot, et il tendit sa main au capitaine.

Celui-ci frappa d'aplomb dans la main de Chicot.

— A mon tour, dit Chicot.

Et il frappa à côté de la main de Borromée.

— Bien! dit Borromée.

— Vous voulez donc savoir pourquoi j'étais déguisé en bourgeois? demanda Chicot d'une langue qui allait s'épaississant de plus en plus.

— Oui, cela m'intrigue.

— Et vous me direz à votre tour?

— Parole d'honneur.

— Foi de capitaine; d'ailleurs n'est-ce pas chose convenue?

— C'est vrai, je l'avais oublié. Eh bien! c'est tout simple.

— Dites alors.

— Et en deux mots vous serez au courant.

— J'écoute.

— J'espionnais pour le roi.

— Comment, vous espionniez.

— Oui.

— Vous êtes donc espion par état?

— Non, en amateur.

— Qu'espionniez-vous chez dom Modeste?

— Tout. J'espionnais dom Modeste d'abord, puis frère Borromée ensuite, puis le petit Jacques, puis tout le couvent.

— Et qu'avez-vous découvert, mon digne ami?

— J'ai d'abord découvert que dom Modeste était une grosse bête.

— Il ne faut pas être fort habile pour cela.

— Pardon, pardon, car Sa Majesté Henri III, qui n'est pas un niais, le regarde comme la lumière de l'Eglise, et compte en faire un évêque.

— Soit, je n'ai rien à dire contre cette promotion, au contraire; je rirai bien ce jour-là; et qu'avez-vous découvert encore?

— J'ai découvert que certain frère Borromée n'était pas un moine, mais un capitaine.

— Ah! vraiment! vous avez découvert cela?

— Du premier coup.

— Après?

— J'ai découvert que le petit Jacques s'exerçait avec le fleuret, en attendant qu'il s'escrimât avec l'épée, et qu'il s'exerçait sur une cible, en attendant qu'il s'exerçât sur un homme.

— Ah! tu as découvert cela! dit Borromée, en fronçant le sourcil, et, après, qu'as-tu découvert encore?

— Oh! donne-moi à boire, ou sans cela je ne me souviendrai plus de rien.

— Tu remarqueras que tu entames la sixième bouteille, dit Borromée en riant.

— Aussi je me grise, dit Chicot, je ne prétends pas le contraire; sommes-nous donc venus ici pour faire de la philosophie?

— Non, nous sommes venus ici pour boire.

— Buvons donc!

Et Chicot remplit son verre.

— Eh bien! demanda Borromée lorsqu'il eut fait raison à Chicot, te souviens-tu?

— De quoi?

— De ce que tu as vu encore dans le couvent?

— Parbleu! dit Chicot.

— Eh bien! qu'as-tu vu?

— J'ai vu que les moines, au lieu d'être des frocards, étaient des soudards, et au lieu d'obéir à dom Modeste, t'obéissaient à toi. Voilà ce que j'ai vu.

— Ah! vraiment; mais sans doute ce n'est pas encore tout?

— Non; mais à boire, à boire, à boire, ou la mémoire va m'échapper.

Et comme la bouteille de Chicot était vide, il tendit son verre à Borromée, qui lui versa de la sienne.

Chicot vida son verre sans reprendre haleine.

— Eh bien! nous rappelons-nous? demanda Borromée.

— Si nous nous rappelons?... je le crois bien!

— Qu'as-tu vu encore?

— J'ai vu qu'il y avait un complot.

— Un complot! dit Borromée, pâlissant.

— Un complot, oui, répondit Chicot.

— Contre qui?

— Contre le roi.

— Dans quel but?

— Dans le but de l'enlever.

— Et quand cela?

— Quand il reviendrait de Vincennes.

— Tonnerre!

— Plaît-il?

— Rien. Ah! vous avez vu cela?

— Je l'ai vu.

— Et vous en avez prévenu le roi!

— Parbleu! puisque j'étais venu pour cela.

— Alors c'est vous qui êtes cause que le coup a manqué?

— C'est moi, dit Chicot.

— Massacre! murmura Borromée entre ses dents.

— Vous dites? demanda Chicot.

— Je dis que vous avez de bons yeux, l'ami.

— Bah! répondit Chicot en balbutiant, j'ai vu bien autre chose encore. Passez-moi une de vos bouteilles, à vous, et je vous étonnerai quand je vous dirai ce que j'ai vu.

Borromée se hâta d'obtempérer au désir de Chicot.

— Voyons, dit-il, étonnez-moi.

— D'abord, dit Chicot, j'ai vu M. de Mayenne blessé.

— Bah!

— La belle merveille! il était sur ma route. Et puis, j'ai vu la prise de Cahors.

— Comment! la prise de Cahors! vous venez donc de Cahors?

— Certainement. Ah! capitaine, c'était beau à voir, en vérité, et un brave comme vous eût pris plaisir à ce spectacle.

— Je n'en doute pas; vous étiez donc près du roi de Navarre?

— Côte à côte, cher ami, comme nous sommes.

— Et vous l'avez quitté?

— Pour annoncer cette nouvelle au roi de France.

— Et vous arrivez du Louvre?

— Un quart d'heure avant vous.

— Alors, comme nous ne nous sommes pas quittés depuis ce temps-là, je ne vous demande pas ce que vous avez vu depuis notre rencontre au Louvre.

— Au contraire, demandez, demandez, car, sur ma parole, c'est le plus curieux.

— Dites, alors.

— Dites, dites! fit Chicot; ventre de biche! c'est bien facile à dire : Dites!

— Faites un effort.

— Encore un verre de vin pour me délier la langue... tout plein, bon. Eh bien! j'ai vu, camarade, qu'en tirant la lettre de Son Altesse le duc de Guise de ta poche, tu en as laissé tomber une autre.

Ce cher capitaine est bien malade, comme tu vois. — PAGE 105

— Une autre! s'écria Borromée en bondissant.

— Oui, dit Chicot, qui est là.

Et après avoir fait deux ou trois écarts, d'une main avinée, il posa le bout de son doigt sur le pourpoint de buffle de Borromée, à l'endroit même où était la lettre.

Borromée tressaillit comme si le doigt de Chicot eût été un fer rouge, et que ce fer rouge eût touché sa poitrine au lieu de toucher son pourpoint.

— Oh! oh! dit-il, il ne manquerait plus qu'une chose.

— A quoi?

— A tout ce que vous avez vu.

— Laquelle?

— C'est que vous sussiez à qui cette lettre est adressée.

— Ah! belle merveille! dit Chicot en laissant tomber ses deux bras sur la table; elle est adressée à madame la duchesse de Montpensier.

— Sang du Christ! s'écria Borromée, et vous n'avez rien dit de cela au roi, j'espère?

— Pas un mot, mais je le lui dirai.

— Et quand cela?

— Quand j'aurai fait un somme, dit Chicot.

Et il laissa tomber sa tête sur ses bras, comme il avait laissé tomber ses bras sur la table.

— Ah! vous savez que j'ai une lettre pour la duchesse? demanda le capitaine d'une voix étranglée.

— Je sais cela, roucoula Chicot, parfaitement.

— Et si vous pouviez vous tenir sur vos jambes, vous iriez au Louvre?

— J'irais au Louvre.

— Et vous me dénonceriez?

— Et je vous dénoncerais.

— De sorte que ce n'est pas une plaisanterie?

— Quoi?

— Qu'aussitôt votre somme achevé...

— Eh bien?

— Le roi saura tout?

— Mais, mon cher ami, reprit Chicot en soulevant sa tête et en regardant Borromée d'un air languissant, comprenez donc; vous êtes conspirateur, je suis espion; j'ai tant par complot que je dénonce; vous tramez un complot, je vous dénonce. Nous faisons chacun notre métier, et voilà. Bonsoir, capitaine.

Et en disant ces mots, non-seulement Chicot avait repris sa première position, mais encore il s'était arrangé sur son siége et sur la table de telle façon, que le devant de sa tête étant enseveli dans ses mains et le derrière abrité par son casque, il ne présentait de surface que le dos.

Mais aussi, ce dos, dépouillé de sa cuirasse placée sur une chaise, s'était complaisamment arrondi.

— Ah! dit Borromée, en fixant sur son compagnon un œil de flamme, ah! tu veux me dénoncer, cher ami?

— Aussitôt que je serai réveillé, cher ami, c'est convenu, fit Chicot.

— Mais il faut savoir si tu te réveilleras! s'écria Borromée.

Et, en même temps, il appliqua un furieux coup de dague sur le dos de son compagnon de bouteille, croyant le percer d'outre en outre et le clouer à la table.

Mais Borromée avait compté sans la cotte de mailles empruntée par Chicot au cabinet d'armes de dom Modeste.

La dague se brisa comme du verre sur cette brave cotte de mailles, à laquelle, pour la seconde fois, Chicot devait la vie.

En outre, avant que l'assassin fût revenu de sa stupeur, le bras droit de Chicot, se détendant comme un ressort, décrivit un demi-cercle et vint frapper d'un coup de poing pesant cinq cents livres le visage de Borromée, qui alla rouler, tout sanglant et tout meurtri, contre la muraille.

En une seconde, Borromée fut debout; en une autre seconde il eut l'épée à la main.

Ces deux secondes avaient suffi à Chicot pour se redresser et dégaîner à son tour.

Toutes les vapeurs du vin s'étaient dissipées comme par enchantement; Chicot se tenait à demi rejeté sur sa jambe gauche, l'œil fixe, le poignet ferme et prêt à recevoir son ennemi.

La table, comme un champ de bataille sur lequel étaient couchées les bouteilles vides, s'étendait entre les deux adversaires, et servait de retranchement à chacun.

Mais la vue du sang qui coulait de son nez sur son visage, et de son visage à terre, enivra Borromée, et, perdant toute prudence, il s'élança contre son ennemi, se rapprochant de lui autant que le permettait la table.

— Double brute! dit Chicot, tu vois bien que décidément c'est toi qui es ivre, car, d'un côté à l'autre de la table, tu ne peux pas m'atteindre, tandis que mon bras est de six pouces plus long que le tien, et mon épée de six pouces plus longue que la tienne. Et la preuve, tiens!

Et Chicot, sans même se fendre, allongea le bras avec la rapidité de l'éclair, et piqua Borromée au milieu du front.

Borromée poussa un cri, plus encore de colère que de douleur; et comme, à tout prendre, il était d'une bravoure excessive, il redoubla d'acharnement dans son attaque.

Chicot, toujours de l'autre côté de la table, prit une chaise et s'assit tranquillement.

— Mon Dieu! que ces soldats sont stupides! dit-il en haussant les épaules. Cela prétend savoir manier une épée, et le moindre bourgeois, si c'était son bon plaisir, les tuerait comme mouches. Allons, bien! il va m'éborgner maintenant. Ah! tu montes sur la table; bon! il ne manquait plus que cela. Mais prends donc garde, âne bâté que tu es, les coups de bas en haut sont terribles, et, si je le voulais, tiens, je t'embrocherais comme une mauviette.

Et il le piqua au ventre, comme il l'avait piqué au front.

Borromée rugit de fureur, et sauta en bas de la table.

— A la bonne heure, dit Chicot; nous voilà de plain-pied, et nous pouvons causer tout en escrimant. Ah! capitaine, capitaine, nous assassinons donc quelquefois comme cela dans nos moments perdus, entre deux complots?

— Je fais pour ma cause ce que vous faites pour la vôtre, dit Borromée, ramené aux idées sérieuses, et effrayé, malgré lui, du feu sombre qui jaillissait des yeux de Chicot.

— Voilà parler, dit Chicot, et cependant, l'ami, je vois avec plaisir que je vaux mieux que vous. Ah! pas mal.

Borromée venait de porter à Chicot un coup qui avait effleuré sa poitrine.

— Pas mal, mais je connais la botte; c'est celle que vous avez montrée au petit Jacques. Je disais donc que je valais mieux que vous, l'ami, car je n'ai point commencé la lutte, quelque bonne envie que j'en eusse; il y a plus, je vous ai laissé accomplir votre projet, en vous donnant toute latitude, et même encore, dans ce moment, je ne fais que parer; c'est que j'ai un arrangement à vous proposer.

— Rien! s'écria Borromée, exaspéré de la tranquillité de Chicot, rien!

Et il lui porta une botte qui eût percé le Gascon d'outre en outre, si celui-ci n'eût pas fait, sur ses longues jambes, un pas qui le mit hors de la portée de son adversaire.

— Je vais toujours te le dire, cet arrangement, pour ne rien avoir à me reprocher.

— Tais-toi! dit Borromée, inutile, tais-toi!

— Ecoute, dit Chicot, c'est pour ma conscience; je n'ai pas soif de ton sang, comprends-tu? et ne veux te tuer qu'à la dernière extrémité.

— Mais tue, tue donc, si tu peux! s'écria Borromée exaspéré.

— Non pas; déjà une fois dans ma vie j'ai tué un autre ferrailleur comme toi, je dirai même un autre ferrailleur plus fort que toi. Pardieu! tu le connais, il était aussi de la maison de Guise, lui, un avocat.

— Ah! Nicolas David! murmura Borromée,

effrayé du précédent et se remettant sur la défensive.

— Justement.

— Ah! c'est toi qui l'as tué?

— Oh! mon Dieu, oui, avec un joli petit coup que je vais te montrer, si tu n'acceptes pas l'arrangement.

— Eh bien! quel est l'arrangement, voyons?

— Tu passeras du service du duc de Guise à celui du roi, sans quitter cependant celui du duc de Guise.

— C'est-à-dire que je me ferais espion comme toi?

— Non pas, il y aura une différence; moi on ne me paie pas, et toi on te paiera; tu commenceras par me montrer cette lettre de M. le duc de Guise à madame la duchesse de Montpensier; tu m'en laisseras prendre une copie, et je te laisserai tranquille jusqu'à nouvelle occasion. Hein! suis-je gentil?

— Tiens, dit Borromée, voilà ma réponse.

La réponse de Borromée était un coupé sur les armes, si rapidement exécuté, que le bout de l'épée effleura l'épaule de Chicot.

— Allons, allons, dit Chicot, je vois bien qu'il faut absolument que je te montre le coup de Nicolas David, c'est un coup simple et joli.

Et Chicot, qui jusque-là s'était tenu sur la défensive, fit un pas en avant et attaqua à son tour.

— Voici le coup, dit Chicot: je fais une feinte en quarte basse.

Et il fit sa feinte; Borromée para en rompant; mais, après ce premier pas de retraite, il fut forcé de s'arrêter, la cloison se trouvant derrière lui.

— Bien! c'est cela, tu pares le cercle, c'est un tort, car mon poignet est meilleur que le tien; je lie donc l'épée, je reviens en tierce haute, je me fends, et tu es touché, ou plutôt tu es mort.

En effet, le coup avait suivi ou plutôt accompagné la démonstration, et la fine rapière, pénétrant dans la poitrine de Borromée, avait glissé comme une aiguille entre deux côtes et piqué profondément, et avec un bruit mat, la cloison de sapin.

Borromée étendit les bras et laissa tomber son épée, ses yeux se dilatèrent sanglants, sa bouche s'ouvrit, une écume rouge parut sur ses lèvres, sa tête se pencha sur son épaule avec

Jacques Clément — PAGE 114.

un soupir qui ressemblait à un râle, puis ses jambes cessèrent de le soutenir, et son corps, en s'affaissant, élargit la coupure de l'épée, mais ne put la détacher de la cloison, maintenue qu'elle était contre la cloison par le poignet infernal de Chicot, de sorte que le malheureux, semblable à un gigantesque phalène, resta cloué à la muraille que ses pieds battaient par saccades bruyantes.

Chicot, froid et impassible comme il était dans les circonstances extrêmes, surtout quand il avait au fond du cœur cette conviction qu'il avait fait tout ce que sa conscience lui prescrivait de faire, Chicot lâcha l'épée qui demeura plantée horizontalement, détacha la ceinture du capitaine, fouilla dans son pourpoint, prit la lettre et en lut la suscription :

Duchesse de Montpensier.

Cependant le sang filtrait en filets bouillants de la blessure, et la souffrance de l'agonie se peignait sur les traits du blessé.

— Je meurs, j'expire, murmura-t-il ; mon Dieu, seigneur, ayez pitié de moi !

Ce dernier appel à la miséricorde divine, fait par un homme qui sans doute n'y avait guère songé que dans ce moment suprême, toucha Chicot.

— Soyons charitable, dit-il, et puisque cet homme doit mourir, qu'il meure au moins le plus doucement possible.

Et s'approchant de la cloison, il retira avec effort son épée de la muraille, et, soutenant le corps de Borromée, il empêcha que ce corps ne tombât lourdement à terre.

Mais cette dernière précaution était inutile, la mort était accourue rapide et glacée, elle avait déjà paralysé les membres du vaincu ; ses jambes fléchirent, il glissa dans les bras de Chicot et roula lourdement sur le plancher.

Cette secousse fit jaillir de la blessure un flot de sang noir, avec lequel s'enfuit le reste de la vie qui animait encore Borromée.

Alors Chicot alla ouvrir la porte de communication, et appela Bonhomet.

Il n'appela pas deux fois, le cabaretier avait écouté à la porte, et avait successivement entendu le bruit des tables, des escabeaux, du frottement des épées et de la chute d'un corps pesant ; or, il avait, surtout après la confidence qui lui avait été faite, trop d'expérience, ce digne monsieur Bonhomet, du caractère des gens d'épée en général, et de celui de Chicot en particulier, pour ne pas deviner de point en point ce qui s'était passé.

La seule chose qu'il ignorât, c'était celui des deux adversaires qui avait succombé.

Il faut le dire à la louange de maître Bonhomet, sa figure prit une expression de joie véritable, lorsqu'il entendit la voix de Chicot, et qu'il vit que c'était le Gascon qui, sain et sauf, ouvrait la porte.

Chicot, à qui rien n'échappait, remarqua cette expression, et lui en sut intérieurement gré.

Bonhomet entra en tremblant dans la petite salle.

— Ah ! bon Jésus ! s'écria-t-il, en voyant le corps du capitaine baigné dans son sang.

— Eh ! mon Dieu, oui, mon pauvre Bonhomet, dit Chicot, voilà ce que c'est que de nous ; ce cher capitaine est bien malade, comme tu vois.

— Oh ! mon bon monsieur Chicot, mon bon monsieur Chicot ! s'écria Bonhomet prêt à se pâmer.

— Eh bien ! quoi ? demanda Chicot.

— Que c'est mal à vous d'avoir choisi mon logis pour cette exécution ; un si beau capitaine !

— Aimerais-tu mieux voir Chicot à terre et Borromée debout ?

— Non, oh ! non ! s'écria l'hôte du plus profond de son cœur.

— Eh bien ! c'est ce qui devait arriver cependant sans un miracle de la Providence.

— Vraiment ?

— Foi de Chicot ; regarde un peu dans mon dos, mon dos me fait bien mal, cher ami.

Et il se baissa devant le cabaretier pour que ses deux épaules arrivassent à la hauteur de son œil.

Entre les deux épaules le pourpoint était troué, et une tache de sang ronde et large comme un écu d'argent rougissait les franges du trou.

— Du sang ! s'écria Bonhomet, du sang ! ah ! vous êtes blessé !

— Attends, attends.

Et Chicot défit son pourpoint, puis sa chemise.

— Regarde maintenant, dit-il.

— Ah ! vous aviez une cuirasse ! ah ! quel bonheur, cher monsieur Chicot ; et vous dites que le scélérat a voulu vous assassiner ?

— Dame ! il me semble que ce n'est pas moi qui ai été m'amuser à me donner un coup de poignard entre les deux épaules. Maintenant que vois-tu ?

— Une maille rompue.

— Il y allait bon jeu bon argent, ce cher capitaine ; et du sang ?

— Oui, beaucoup de sang sous les mailles.

— Enlevons la cuirasse alors, dit Chicot.

Chicot enleva la cuirasse et mit à nu un torse qui semblait ne se composer que d'os, de muscles collés sur les os, et de peau collée sur les muscles.

— Ah ! monsieur Chicot, s'écria Bonhomet, vous en avez large comme une assiette.

— Oui, c'est cela, le sang est extravasé ; il y a ecchymose, comme disent les médecins ; donne-moi du linge blanc, verse en partie égale dans un verre de bonne huile d'olive et de la lie de vin, et lave-moi cette tache, mon ami, lave.

— Mais ce corps, cher monsieur Chicot, ce corps, que vais-je en faire ?

— Cela ne te regarde pas.

— Non. Donne-moi encre, plume et papier.

— A l'instant même, cher monsieur Chicot.

Bonhomet s'élança hors du réduit.

Pendant ce temps, Chicot, qui n'avait probablement pas de temps à perdre, chauffait à la lampe la pointe d'un petit couteau, et coupait au milieu de la cire le scel de la lettre.

Après quoi, rien ne retenant plus la dépêche, Chicot la tira de son enveloppe et la lut avec de vives marques de satisfaction.

Comme il venait d'achever cette lecture, maître Bonhomet rentra avec l'huile, le vin, le papier et la plume.

Chicot arrangea la plume, l'encre et le papier devant lui, s'assit à la table, et tendit le dos à Bonhomet avec un flegme stoïque.

Bonhomet comprit la pantomime et commença les frictions.

Cependant, comme si, au lieu d'irriter une douloureuse blessure, on l'eût voluptueusement chatouillée, Chicot, pendant ce temps, copiait la lettre du duc de Guise à sa sœur, et faisait ses commentaires à chaque mot.

Cette lettre était ainsi conçue :

« Chère sœur, l'expédition d'Anvers a réussi « pour tout le monde, mais a manqué pour « nous ; on vous dira que le duc d'Anjou est « mort ; n'en croyez rien, il vit.

« Il vit, entendez-vous, là est toute la ques- « tion.

« Il y a toute une dynastie dans ces mots ; ces « deux mots séparent la maison de Lorraine du « trône de France mieux que ne le ferait le plus « profond abîme.

« Cependant ne vous inquiétez pas trop de « cela. J'ai découvert que deux personnes que « je croyais trépassées, existent encore, et il y a « une grande chance de mort pour le prince « dans la vie de ces deux personnes.

« Pensez donc à Paris seulement ; dans six se- « maines il sera temps que la Ligue agisse ; que « nos ligueurs sachent donc que le moment ap- « proche et se tiennent prêts.

« L'armée est sur pied ; nous comptons douze « mille hommes sûrs et bien équipés ; j'entrerai « avec elle en France, sous prétexte de combat- « tre les huguenots allemands qui vont porter « secours à Henri de Navarre ; je battrai les hu- « guenots, et, entré en France en ami, j'agirai « en maître. »

— Eh ! eh ! fit Chicot.

— Je vous fais mal, cher monsieur ? dit Bonhomet, suspendant les frictions.

— Oui, mon brave.

— Je vais frotter plus doucement, soyez tranquille.

Chicot continua.

« P. S. J'approuve entièrement votre plan à « l'égard des Quarante-Cinq ; seulement, per- « mettez-moi de vous dire, chère sœur, que « vous ferez à ces drôles-là plus d'honneur qu'ils « n'en méritent... »

— Ah ! diable ! murmura Chicot, voilà qui devient obscur. Et il relut :

« J'approuve entièrement votre plan à l'é- gard des Quarante-Cinq... »

— Quel plan ? se demanda Chicot

« Seulement, permettez-moi de vous dire, « chère sœur, que vous ferez à ces drôles-là plus « d'honneur qu'ils n'en méritent. »

— Quel honneur ?

Chicot reprit :

« Qu'ils n en méritent.

« Votre affectionné frère,

« H. DE LORRAINE. »

— Enfin, dit Chicot, tout est clair, excepté le post-scriptum. Bon ! nous surveillerons le post-scriptum.

— Cher monsieur Chicot, se hasarda de dire Bonhomet, voyant que Chicot avait cessé d'é-crire, sinon de penser, cher monsieur Chicot, vous ne m'avez point dit ce que j'aurais à faire de ce cadavre.

— C'est chose toute simple.

— Pour vous qui êtes plein d'imagination, oui, mais pour moi ?

— Eh bien! suppose, par exemple, que ce malheureux capitaine se soit pris de querelle dans la rue avec des Suisses ou des reîtres, et qu'on te l'ait apporté blessé, aurais-tu refusé de le recevoir?

— Non, certes, à moins que vous ne me l'eussiez défendu, cher monsieur Chicot.

— Suppose que, déposé dans ce coin, il soit, malgré les soins que tu lui donnais, passé de vie à trépas entre tes mains. Ce serait un malheur, voilà tout, n'est-ce pas?

— Certainement.

— Et au lieu d'encourir des reproches, tu mériterais des éloges pour ton humanité. Suppose encore qu'en mourant, ce pauvre capitaine ait prononcé le nom bien connu pour toi du prieur des Jacobins Saint-Antoine.

— De dom Modeste Gorenflot? s'écria Bonhomet avec étonnement.

— Oui, de dom Modeste Gorenflot. Eh bien! tu vas prévenir dom Modeste; dom Modeste s'empresse d'accourir, et comme on retrouve dans une des poches du mort sa bourse, tu comprends, il est important qu'on retrouve la bourse, je te dis cela par manière d'avis, et comme on retrouve dans une des poches du mort sa bourse, et dans l'autre cette lettre, on ne conçoit aucun soupçon.

— Je comprends, cher monsieur Chicot.

— Il y a plus, tu reçois une récompense au lieu de subir une punition.

— Vous êtes un grand homme, cher monsieur Chicot; je cours au prieuré Saint-Antoine.

— Attends donc, que diable! j'ai dit, la bourse et la lettre.

— Ah! oui, et la lettre, vous la tenez?

— Justement.

— Il ne faudra pas dire qu'elle a été lue et copiée?

— Pardieu! c'est justement pour cette lettre parvenue intacte que tu recevras une récompense.

— Il y a donc un secret dans cette lettre?

— Il y a, par le temps qui court, des secrets dans tout, mon cher Bonhomet.

Et Chicot, après cette réponse sentencieuse, rattacha la soie sous la cire du scel en employant le même procédé, puis il unit la cire si artistement, que l'œil le plus exercé n'y eût pu voir la moindre fissure.

Après quoi, il remit la lettre dans la poche du mort, se fit appliquer sur sa blessure le linge imprégné d'huile et de lie de vin en manière de cataplasme, remit la cotte de mailles préservatrice sur sa peau, sa chemise sur sa cotte de mailles, ramassa son épée, l'essuya, la repoussa au fourreau et s'éloigna.

Puis, revenant:

— Après tout, dit-il, si la fable que j'ai inventée ne te paraît pas bonne, il te reste à accuser le capitaine de s'être passé lui-même son épée au travers du corps.

— Un suicide?

— Dame! cela ne compromet personne, tu comprends.

— Mais on n'enterrera point ce malheureux en terre sainte.

— Peuh! dit Chicot, est-ce un grand plaisir à lui faire?

— Mais, oui, je crois.

— Alors, fais comme pour toi, mon cher Bonhomet; adieu.

— Puis, revenant une seconde fois:

— A propos, dit-il, je vais payer, puisqu'il est mort.

Et Chicot jeta trois écus d'or sur la table.

Après quoi, il rapprocha son index de ses lèvres en signe de silence et sortit.

LXXXIII

LE MARI ET L'AMANT

e ne fut pas sans une puissante émotion que Chicot revit la rue des Augustins si calme et si déserte, l'angle formé par le pâté de maisons qui précédaient la sienne, enfin sa chère maison elle-même avec son toit triangulaire, son balcon vermoulu et ses gouttières ornées de gargouilles.

Il avait eu tellement peur de ne trouver qu'un vide à la place de cette maison ; il avait si fort redouté de voir la rue bronzée par la fumée d'un incendie, que rue et maison lui parurent des prodiges de netteté, de grâce et de splendeur.

Chicot avait caché dans le creux d'une pierre servant de base à une des colonnes de son balcon, la clef de sa maison chérie. En ce temps-là une clef quelconque de coffre ou de meuble égalait en pesanteur et en volume les plus grosses clefs de nos maisons d'aujourd'hui ; les clefs des maisons étaient donc, d'après les proportions naturelles, égales à des clefs de villes modernes.

Aussi Chicot avait-il calculé la difficulté qu'aurait sa poche à contenir la bienheureuse clef, et avait-il pris le parti de la cacher où nous avons dit.

Chicot éprouvait donc, il faut l'avouer, un léger frisson en plongeant les doigts dans la pierre ; ce frisson fut suivi d'une joie sans pareille lorsqu'il sentit le froid du fer.

La clef était bien réellement à la place où Chicot l'avait laissée.

Il en était de même des meubles de la première chambre, de la planchette clouée sur la poutre et enfin des mille écus sommeillant toujours dans leur cachette de chêne.

Chicot n'était point un avare : tout au contraire ; souvent même il avait jeté l'or à pleines mains, sacrifiant ainsi le matériel au triomphe de l'idée, ce qui est la philosophie de tout homme d'une certaine valeur ; mais quand l'idée avait cessé momentanément de commander à la matière, c'est-à-dire lorsqu'il n'y avait pas besoin d'argent, de sacrifice, lorsqu'en un mot l'intermittence sensuelle régnait dans l'âme de Chicot, et que cette âme permettait au corps de vivre et de jouir, l'or, cette première, cette incessante, cette éternelle source des jouissances animales, reprenait sa valeur aux yeux de notre philosophe, et nul mieux que lui ne savait en combien de parcelles savoureuses se subdivise cet inestimable entier que l'on appelle un écu.

— Ventre de biche ! murmurait Chicot accroupi au milieu de sa chambre, sa dalle ouverte, sa planchette à côté de lui et son trésor sous ses yeux ; ventre de biche ! j'ai là un bienheureux voisin, digne jeune homme, qui a fait respecter et a respecté lui-même mon argent ; en vérité c'est une action qui n'a pas de prix par le temps qui court. Mordieu ! je dois un remerciment à ce galant homme, et ce soir il l'aura.

Et là-dessus Chicot replaça sa planchette sur la poutre, sa dalle sur la planchette, s'approcha de la fenêtre, et regarda en face.

La maison avait toujours cette teinte grise et sombre que l'imagination prête comme une couleur de teinte naturelle aux édifices dont elle connaît le caractère.

— Il ne doit pas encore être l'heure de dormir, dit Chicot, et d'ailleurs ces gens-là, j'en suis certain, ne sont pas de bien enragés dormeurs; voyons.

Il descendit et alla, préparant toutes les gracieusetés de sa mine riante, frapper à la porte du voisin.

Il remarqua le bruit de l'escalier, le craquement d'un pas actif, et attendit cependant assez longtemps pour se croire obligé de frapper de nouveau.

A ce nouvel appel, la porte s'ouvrit, et un homme parut dans l'ombre.

— Merci et bonsoir, dit Chicot en étendant la main, me voici de retour et je viens vous rendre mes grâces, mon cher voisin.

— Plaît-il? fit une voix désappointée et dont l'accent surprit fort Chicot.

En même temps l'homme qui était venu ouvrir la porte faisait un pas en arrière.

— Tiens! je me trompe, dit Chicot, ce n'est pas vous qui étiez mon voisin au moment de mon départ, et cependant, Dieu me pardonne, je vous connais.

— Et moi aussi, dit le jeune homme.

— Vous êtes monsieur le vicomte Ernauton de Carmainges.

— Et vous, vous êtes l'Ombre.

— En vérité, dit Chicot, je tombe des nues.

— Enfin, que désirez-vous, monsieur? demanda le jeune homme avec un peu d'aigreur.

— Pardon, je vous dérange peut-être, mon cher monsieur?

— Non, seulement vous me permettrez de vous demander, n'est-ce pas, ce qu'il y a pour votre service.

— Rien, sinon que je voulais parler au maître de la maison.

— Parlez alors.

— Comment cela?

— Sans doute; le maître de la maison, c'est moi.

— Vous? et depuis quand je vous prie?

— Dame! depuis trois jours.

— Bon! la maison était donc à vendre?

— Il paraît, puisque je l'ai achetée.

— Mais l'ancien propriétaire?

— Ne l'habite plus, comme vous voyez.

— Où est-il?

— Je n'en sais rien.

— Voyons, entendons-nous bien, dit Chicot.

— Je ne demande pas mieux, répondit Ernauton avec une impatience visible; seulement entendons-nous vite.

— L'ancien propriétaire était un homme de vingt-cinq à trente ans, qui en paraissait quarante?

— Non; c'était un homme de soixante-cinq à soixante-six ans, qui paraissait son âge.

— Chauve?

— Non, au contraire, avec une forêt de cheveux blancs.

— Il a une cicatrice énorme au côté gauche de la tête, n'est-ce pas?

— Je n'ai pas vu la cicatrice, mais bon nombre de rides.

— Je n'y comprends plus rien, fit Chicot.

— Enfin, reprit Ernauton, après un instant de silence, que vouliez-vous à cet homme, mon cher monsieur l'Ombre?

Chicot allait avouer ce qu'il venait faire; tout à coup le mystère de la surprise d'Ernauton lui rappela certain proverbe cher aux gens discrets.

— Je voulais lui rendre une petite visite comme cela se fait entre voisins, dit-il, voilà tout.

De cette façon, Chicot ne mentait pas et ne disait rien.

— Mon cher monsieur, dit Ernauton avec politesse, mais en diminuant considérablement l'ouverture de la porte qu'il tenait entrebâillée, mon cher monsieur, je regrette de ne pouvoir vous donner des renseignements plus précis.

— Merci, monsieur, dit Chicot, je chercherai ailleurs.

— Mais, continua Ernauton, en continuant de repousser la porte, cela ne m'empêche point de m'applaudir du hasard qui me remet en contact avec vous.

— Tu voudrais me voir au diable, n'est-ce pas? murmura Chicot, en rendant salut pour salut.

Cependant comme, malgré cette réponse mentale, Chicot, dans sa préoccupation, oubliait de se retirer, Ernauton, enfermant son visage entre la porte et le chambranle, lui dit :

— Bien au revoir, monsieur.

— Un instant encore, monsieur de Carmainges, fit Chicot.

— Monsieur, c'est à mon grand regret, répondit Ernauton, mais je ne saurais tarder, j'attends quelqu'un qui doit venir frapper à cette porte même, et ce quelqu'un m'en voudrait de ne pas mettre toute la discrétion possible à le recevoir.

— Il suffit, monsieur, je comprends, dit Chicot; pardon de vous avoir importuné, et je me retire.

— Adieu, cher monsieur l'Ombre.

— Adieu, digne monsieur Ernauton.

Et Chicot, en faisant un pas en arrière, se vit doucement fermer la porte au nez.

Il écouta pour voir si le jeune homme défiant guettait son départ, mais le pas d'Ernauton remonta l'escalier; Chicot put donc regagner sans inquiétude sa maison, dans laquelle il s'enferma, bien résolu à ne pas troubler les habitudes de son nouveau voisin; mais, selon son habitude à lui, à ne pas trop le perdre de vue.

En effet, Chicot n'était pas homme à s'endormir sur un fait qui lui paraissait de quelque importance, sans avoir palpé, retourné, disséqué ce fait avec la patience d'un anatomiste distingué; malgré lui, et c'était un privilége ou un défaut de son organisation, malgré lui toute forme incrustée en son cerveau se présentait à l'analyse par ses côtés saillants, de façon que les parois cérébrales du pauvre Chicot en étaient blessées, gercées et sollicitées à un examen immédiat.

Chicot, qui jusque-là avait été préoccupé de cette phrase de la lettre du duc de Guise :

« J'approuve entièrement votre plan à l'égard des Quarante-Cinq, » abandonna donc cette phrase dont il se promit de reprendre plus tard l'examen, pour couler à fond, séance tenante, la préoccupation nouvelle qui venait de prendre la place de l'ancienne préoccupation.

Chicot réfléchit qu'il était on ne peut plus étrange de voir Ernauton s'installer en maître dans cette maison mystérieuse dont les habitants avaient ainsi disparu tout à coup.

D'autant plus, qu'à ces habitants primitifs pouvait bien se rattacher pour Chicot une phrase de la lettre du duc de Guise relative au duc d'Anjou.

C'était là un hasard digne de remarque, et Chicot avait pour habitude de croire aux hasards providentiels.

Il développait même à cet égard, lorsqu'on l'en sollicitait, des théories fort ingénieuses.

La base de ces théories était une idée qui, à notre avis, en valait bien une autre.

— Cette idée, la voici.

Le hasard est la réserve de Dieu.

Le Tout-Puissant ne fait donner sa réserve qu'en des circonstances graves, surtout depuis qu'il a vu les hommes assez sagaces pour étudier et prévoir les chances d'après la nature et les éléments régulièrement organisés.

Or, Dieu aime ou doit aimer à déjouer les combinaisons de ces orgueilleux, dont il a déjà puni l'orgueil passé en les noyant, et dont il doit punir l'orgueil à venir en les brûlant.

Dieu donc, disons-nous, ou plutôt disait Chicot, Dieu aime à déjouer les combinaisons de ces orgueilleux avec les éléments qui leur sont inconnus, et dont ils ne peuvent prévoir l'intervention.

Cette théorie, comme on le voit, renferme de spécieux arguments, et peut fournir de brillantes thèses; mais sans doute le lecteur, pressé comme Chicot de savoir ce que venait faire Carmainges dans cette maison, nous saura gré d'en arrêter le développement.

Donc Chicot réfléchit qu'il était étrange de voir Ernauton dans cette maison où il avait vu Remy.

Il réfléchit que cela était étrange par deux raisons : la première, à cause de la parfaite ignorance où les deux hommes vivaient l'un de l'autre, ce qui faisait supposer qu'il devait y avoir eu entre eux un intermédiaire inconnu à Chicot.

La seconde, que la maison avait dû être vendue à Ernauton, qui n'avait pas d'argent pour l'acheter.

— Il est vrai, se dit Chicot en s'installant le plus commodément qu'il put sur sa gouttière, son observatoire ordinaire, il est vrai que le jeune homme prétend qu'une visite va lui venir, et que cette visite est celle d'une femme; aujourd'hui, les femmes sont riches, et se permettent des fantaisies. Ernauton est beau, jeune et élégant : Ernauton a plus, on lui a donné rendez-vous, on lui a dit d'acheter cette maison; il a acheté la maison, et accepté le rendez-vous.

Ernauton, continua Chicot, vit à la cour; ce doit donc être quelque femme de la cour à qui il ait affaire. Pauvre garçon, l'aimera-t-il? Dieu l'en préserve! il va tomber dans ce gouffre de perdition. Bon! ne vais-je pas lui faire de la morale, moi?

De la morale doublement inutile et décuplement stupide.

Inutile, parce qu'il ne l'entend point, et que l'entendît-il, il ne voudrait pas l'écouter.

Stupide, parce que je ferais mieux de m'aller coucher et de penser un peu à ce pauvre Borromée.

A ce propos, continua Chicot devenu sombre, je m'aperçois d'une chose: c'est que le remords n'existe pas, et n'est qu'un sentiment relatif; le fait est que je n'ai pas de remords d'avoir tué Borromée, puisque la préoccupation où me met la situation de M. de Carmainges me fait oublier que je l'ai tué; et lui de son côté, s'il m'eût cloué sur la table comme je l'ai cloué contre la cloison, lui, n'aurait certes pas à cette heure plus de remords que je n'en ai moi-même.

Chicot en était là de ses raisonnements, de ses inductions et de sa philosophie, qui lui avaient bien pris une heure et demie en tout, lorsqu'il fut tiré de sa préoccupation par l'arrivée d'une litière venant du côté de l'hôtellerie du *Fier-Chevalier.*

Cette litière s'arrêta au seuil de la maison mystérieuse.

Une femme voilée en descendit, et disparut par la porte qu'Ernauton tenait entr'ouverte.

— Pauvre garçon! murmura Chicot, je ne m'étais pas trompé, et c'était bien une femme qu'il attendait, et là-dessus je m'en vais dormir.

Et là-dessus Chicot se leva, mais restant immobile quoique debout.

— Je me trompe, dit-il, je ne dormirai pas; mais je maintiens mon dire: si je ne dors pas, ce ne sera point le remords qui m'empêchera de dormir, ce sera la curiosité, et c'est si vrai ce que je dis là, que, si je demeure à mon observatoire, je ne serai préoccupé que d'une chose, c'est à savoir laquelle de nos nobles dames honore le bel Ernauton de son amour.

Mieux vaut donc que je reste à mon obser-

vatoire, puisque si j'allais me coucher, je ne me relèverais certainement pas pour y revenir.

Et là-dessus, Chicot se rassit.

Une heure s'était écoulée à peu près, sans que nous puissions dire si Chicot pensait à la dame inconnue ou à Borromée, s'il était préoccupé par la curiosité ou bourrelé par le remords, lorsqu'il crut entendre au bout de la rue le galop d'un cheval.

En effet, bientôt un cavalier apparut enveloppé dans son manteau.

Le cavalier s'arrêta au milieu de la rue et sembla chercher à se reconnaître.

Alors le cavalier aperçut le groupe que formaient la litière et les porteurs.

Le cavalier poussa son cheval sur eux; il était armé, car on entendait son épée battre sur ses éperons.

Les porteurs voulurent s'opposer à son passage; mais il leur adressa quelques mots à voix basse, et non-seulement ils s'écartèrent respectueusement, mais encore l'un d'eux, comme il eut mis pied à terre, reçut de ses mains les brides de son cheval.

L'inconnu s'avança vers la porte, et y heurta rudement.

— Tudieu! se dit Chicot, que j'ai bien fait de rester! mes pressentiments, qui m'annonçaient qu'il allait se passer quelque chose, ne m'avaient point trompé. Voilà le mari, pauvre Ernauton! nous allons assister tout à l'heure à quelque égorgement.

Cependant, si c'est le mari, il est bien bon d'annoncer son retour en frappant si rudement.

Toutefois, malgré la façon magistrale dont avait frappé l'inconnu, on paraissait hésiter à ouvrir.

— Ouvrez! cria celui qui heurtait.

— Ouvrez, ouvrez! répétèrent les porteurs.

— Décidément, reprit Chicot, c'est le mari; il a menacé les porteurs de les faire fouetter ou pendre, et les porteurs sont pour lui.

Pauvre Ernauton! il va être écorché vif.

Oh! oh! si je le souffre, cependant, ajouta Chicot.

Car enfin, reprit-il, il m'a secouru, et par conséquent, le cas échéant, je dois le secourir.

Or, il me semble que le cas est échu ou n'échoira jamais.

Chi ot était résolu et généreux; curieux, en outre; il détacha sa longue épée, la mit sous son bras, et descendit précipitamment son escalier.

Chicot savait ouvrir sa porte sans la faire crier, ce qui est une science indispensable à quiconque veut écouter avec profit.

Chicot se glissa sous le balcon, derrière un pilier et attendit.

A peine était-il installé que la porte s'ouvrit en face, sur un mot que l'inconnu souffla par la serrure : cependant il demeura sur la porte.

Un instant après, la dame apparut sur l'enca-drement de cette porte.

La dame prit le bras du cavalier qui la reconduisit à la litière, en ferma la porte et monta à cheval.

— Plus de doute, c'était le mari, dit Chicot, bonne pâte de mari après tout, puisqu'il ne cherche pas un peu dans la maison pour faire éventrer mon ami de Carmainges.

La litière se mit en route, le cavalier marchant à la portière.

— Pardieu! se dit Chicot, il faut que je suive ces gens-là; que je sache ce qu'ils sont et où ils vont; je tirerai certainement de ma découverte quelque solide conseil pour mon ami de Carmainges.

Chicot suivit en effet le cortége, en observant cette précaution de demeurer dans l'ombre des murs et d'éteindre son pas dans le bruit du pas des hommes et des chevaux.

La surprise de Chicot ne fut pas médiocre, lorsqu'il vit la litière s'arrêter devant l'auberge du *Fier-Chevalier*.

Presque aussitôt, comme si quelqu'un eût veillé, la porte s'ouvrit.

La dame, toujours voilée, descendit, entra et monta à la tourelle, dont la fenêtre du premier étage était éclairée.

Le mari monta derrière elle.

Le tout était respectueusement précédé de dame Fournichon, laquelle tenait à la main un flambeau.

— Décidément, dit Chicot en se croisant les bras, je n'y comprends plus rien!...

LXXXIV

COMMENT CHICOT COMMENÇA A VOIR CLAIR DANS LA LETTRE DE M. DE GUISE

hicot croyait bien avoir déjà vu quelque part la tournure de ce cavalier si complaisant ; mais sa mémoire, s'étant un peu embrouillée pendant ce voyage de Navarre, où il avait vu tant de tournures différentes, ne lui fournissait pas avec sa facilité ordinaire le nom qu'il désirait prononcer.

Tandis que, caché dans l'ombre, il se demandait, les yeux fixés sur la fenêtre illuminée, ce que cet homme et cette femme étaient venus faire en tête-à-tête au *Fier-Chevalier*, oubliant Ernauton dans la maison mystérieuse, notre digne Gascon vit ouvrir la porte de l'hôtellerie, et, dans le sillon de lumière qui s'échappa de l'ouverture, il aperçut comme une silhouette noire de moinillon.

— Oh! oh! murmura-t-il, voilà ce me semble une robe de jacobin; maître Gorenflot se relâche-t-il donc de la discipline, qu'il permet à ses moutons d'aller vagabonder à pareille heure de la nuit et à pareille distance du prieuré?

Chicot suivit des yeux ce jacobin pendant qu'il descendait la rue des Augustins, et un certain instinct particulier lui dit qu'il trouverait dans ce moine le mot de l'énigme qu'il avait vainement demandé jusque-là.

D'ailleurs, de même que Chicot avait cru reconnaître la tournure du cavalier, il croyait reconnaître dans le moinillon certain mouvement d'épaule, certain déhanchement militaire qui n'appartiennent qu'aux habitués des salles d'armes et des gymnases.

— Je veux être damné, murmura-t-il, si cette robe-là ne renferme point ce petit mécréant qu'on voulait me donner pour compagnon de route et qui manie si habilement l'arquebuse et le fleuret.

A peine cette idée fut-elle venue à Chicot, que, pour s'assurer de sa valeur, il ouvrit ses grandes jambes, rejoignit en dix pas le petit compère, qui marchait retroussant sa robe sur sa jambe sèche et nerveuse pour aller plus vite.

Cela ne fut pas difficile, d'ailleurs, attendu que le moinillon s'arrêtait de temps en temps pour jeter un regard derrière lui, comme s'il s'éloignait à grand' peine et à regret.

Ce regard était constamment dirigé vers les vitres flamboyantes de l'hôtellerie.

Chicot n'avait pas fait dix pas qu'il était certain de ne pas s'être trompé.

— Holà! mon petit compère, dit-il; holà! mon petit Jacquot: holà! mon petit Clément. Halte!

Et il prononça ce dernier mot d'une façon si militaire, que le moinillon en tressaillit.

— Qui m'appelle? demanda le jeune homme avec un accent rude et plus provocateur que bienveillant.

— Moi! répliqua Chicot en se dressant devant le jacobin; moi, me reconnais-tu, mon fils?

— Oh! monsieur Robert Briquet! s'écria le moinillon.

— Moi-même, petit. Et où vas-tu comme cela si tard, enfant chéri?

— Au prieuré, monsieur Briquet.

— Soit; mais d'où viens-tu?

— Moi?

— Sans doute, petit libertin.

Le jeune homme tressaillit.

— Je ne sais pas ce que vous dites, monsieur Briquet, reprit-il; je suis, au contraire, envoyé en commission importante par dom Modeste, et lui-même en fera foi près de vous, si besoin est.

— Là, là, tout doux, mon petit saint Jérôme; nous prenons feu comme une mèche, à ce qu'il paraît.

— N'y a-t-il pas de quoi, lorsqu'on s'entend dire ce que vous me dites?

— Dame! c'est que, vois-tu, une robe comme la tienne sortant d'un cabaret à pareille heure...

— D'un cabaret, moi?

— Eh! sans doute, cette maison d'où tu sors, n'est-ce pas celle du *Fier-Chevalier?* Ah! tu vois bien que je t'y prends!

— Je sortais de cette maison, dit Clément, vous avez raison, mais je ne sortais pas d'un cabaret.

— Comment, fit Chicot, l'hôtellerie du *Fier-Chevalier* n'est-elle pas un cabaret?

— Un cabaret est une maison où l'on boit, et comme je n'ai pas bu dans cette mai-

son, cette maison n'est point un cabaret pour moi.

— Diable! la distinction est subtile, et je me trompe fort, ou tu deviendras un jour un rude théologien; mais enfin si tu n'allais pas dans cette maison pour y boire, pourquoi donc y allais-tu.

Clément ne répondit rien, et Chicot put lire sur sa figure, malgré l'obscurité, une ferme volonté de ne pas dire un seul mot de plus.

Cette résolution contraria fort notre ami, qui avait pris l'habitude de tout savoir.

Ce n'était pas que Clément mît de l'aigreur dans son silence; bien au contraire, il avait paru charmé de rencontrer d'une façon si inattendue son savant professeur d'armes, maître Robert Briquet, et il lui avait fait tout l'accueil qu'on pouvait attendre de cette nature concentrée et revêche.

La conversation était complétement tombée. Chicot, pour la renouer, fut sur le point de prononcer le nom de frère Borromée; mais, quoique Chicot n'eût point de remords, ou ne crût pas en avoir, ce nom expira sur ses lèvres.

Le jeune homme, tout en demeurant muet, semblait attendre quelque chose; on eût dit qu'il regardait comme un bonheur de rester le plus longtemps possible aux environs de l'hôtellerie du *Fier-Chevalier.*

Robert Briquet essaya de lui parler de ce voyage que l'enfant avait eu un instant l'espoir de faire avec lui.

Les yeux de Jacques Clément brillèrent aux mots d'espace et de liberté.

Robert Briquet raconta que, dans le pays qu'il venait de parcourir, l'escrime était fort en honneur: il ajouta négligemment qu'il en avait même rapporté quelques coups merveilleux.

C'était mettre Jacques sur un terrain brûlant. Il demanda à connaître ces coups, et Chicot, avec son long bras, en dessina quelques-uns sur le bras du petit frère.

Mais tous ces marivaudages de Chicot n'amollirent pas l'opiniâtreté du petit Clément: et tout en essayant de parer ces coups inconnus que lui montrait son ami maître Robert Briquet, il gardait un obstiné silence à l'endroit de ce qu'il était venu faire dans le quartier.

Dépité, mais maître de lui, Chicot résolut d'essayer de l'injustice ; l'injustice est une des plus puissantes provocations qui aient été inventées pour faire parler les femmes, les enfants et les inférieurs, de quelque nature qu'ils soient.

— N'importe, petit, dit-il, comme s'il revenait à sa première idée, n'importe, tu es un charmant moinillon ; mais tu vas dans les hôtelleries, et dans quelles hôtelleries encore ; dans celles où l'on trouve de belles dames, et tu t'arrêtes en extase devant la fenêtre où l'on peut voir leur ombre ; petit, petit, je le dirai à dom Modeste.

Le coup frappa juste, plus juste même que ne l'avait supposé Chicot, car il ne se doutait pas, en commençant, que la blessure dût être si profonde.

— Ce n'est pas vrai ! s'écria-t-il, rouge de honte et de colère, je ne regarde point les femmes.

— Si fait, si fait, poursuivit Chicot, il y avait au contraire une fort belle dame au *Fier-Cheva-lier*, lorsque tu en es sorti, et tu t'es retourné pour la voir encore, et je sais que tu l'attendais dans la tourelle, et je sais que tu lui as parlé.

Chicot procédait par induction.

Jacques ne put se contenir.

— Sans doute, je lui ai parlé ! s'écria-t-il, est-ce un péché que de parler aux femmes ?

— Non, lorsqu'on ne leur parle pas de son propre mouvement et poussé par la tentation de Satan.

— Satan n'a rien à faire dans tout ceci, il a bien fallu que je parle à cette dame puisque j'étais chargé de lui remettre une lettre.

— Chargé par dom Modeste ! s'écria Chicot.

— Oui, allez donc vous plaindre à lui maintenant !

Chicot, un moment étourdi et tâtonnant dans les ténèbres, sentit à ces paroles un éclair traverser l'obscurité de son cerveau.

— Ah ! dit-il, je le savais bien, moi.

— Que saviez-vous ?

— Ce que tu ne voulais pas me dire.

— Je ne dis pas même mes secrets, à plus forte raison les secrets des autres.

— Oui ; mais à moi.

— Pourquoi à vous ?

— A moi qui suis un ami de dom Modeste, et puis à moi...

— Après ?

— A moi qui sais d'avance tout ce que tu pourrais me dire.

Le petit Jacques regarda Chicot en secouant la tête avec un sourire d'incrédulité.

— Eh bien ! dit Chicot, veux-tu que je te raconte, moi, ce que tu ne veux pas me raconter ?

— Je le veux bien, dit Jacques.

Chicot fit un effort.

— D'abord, dit-il, ce pauvre Borromée...

La figure de Jacques s'assombrit.

— Oh ! fit l'enfant, si j'avais été là...

— Si tu avais été là ?

— La chose ne se serait point passée ainsi.

— Tu l'aurais défendu contre les Suisses avec lesquels il avait pris querelle ?

— Je l'eusse défendu contre tout le monde !

— De sorte qu'il n'eût pas été tué ?

— Ou que je me fusse fait tuer avec lui.

— Enfin, tu n'y étais pas, de sorte que le pauvre diable est trépassé dans une méchante hôtellerie et en trépassant a prononcé le nom de dom Modeste ?

— Oui.

— Si bien qu'on a prévenu dom Modeste ?

— Un homme tout effaré, qui a jeté l'alarme dans le couvent.

— Et dom Modeste a fait appeler sa litière, et a couru à *la Corne d'Abondance*.

— D'où savez-vous cela ?

— Oh ! tu ne me connais pas encore, petit ; je suis un peu sorcier, moi.

Jacques recula de deux pas.

— Ce n'est pas tout, continua Chicot qui s'éclairait, à mesure qu'il parlait, à la propre lumière de ses paroles ; on a trouvé une lettre dans la poche du mort.

— Une lettre, c'est cela.

— Et dom Modeste a chargé son petit Jacques de porter cette lettre à son adresse.

— Oui.

— Et le petit Jacques a couru à l'instant même à l'hôtel de Guise.

— Oh!

— Où il n'a trouvé personne.

— Bon Dieu!

— Que M. de Mayneville.

— Miséricorde!

— Lequel M. de Mayneville a conduit Jacques à l'hôtellerie du *Fier-Chevalier*.

— Monsieur Briquet, monsieur Briquet, s'écria Jacques, si vous savez cela!...

— Eh! ventre de biche! tu vois bien que je le sais, s'écria Chicot, triomphant d'avoir dégagé cet inconnu, si important pour lui, des langes ténébreux où il était enveloppé d'abord.

— Alors, reprit Jacques, vous voyez bien, monsieur Briquet, que je ne suis pas coupable.

— Non, dit Chicot, tu n'es coupable ni par action, ni par omission, mais tu es coupable par pensée.

— Moi?

— Sans doute, tu trouves la duchesse fort belle.

— Moi!

— Et tu te retournes pour la voir encore à travers les carreaux.

— Moi!!!

Le moinillon rougit et balbutia :

— C'est vrai, elle ressemble à une vierge Marie qui était au chevet de ma mère.

— Oh! murmura Chicot, combien perdent de choses les gens qui ne sont pas curieux!

— Alors il se fit raconter par le petit Clément, qu'il tenait désormais à sa discrétion, tout ce qu'il venait de raconter lui-même, mais, cette fois, avec des détails qu'il ne pouvait savoir.

— Vois-tu, dit Chicot quand il eut fini, quel pauvre maître d'escrime tu avais dans frère Borromée!

— Monsieur Briquet, fit le petit Jacques, il ne faut pas dire de mal des morts.

— Non, mais avoue une chose.

— Laquelle?

— C'est que Borromée tirait moins bien que celui qui l'a tué.

— C'est vrai.

— Et maintenant, voilà tout ce que j'avais à te dire. Bonsoir, mon petit Jacques, à bientôt, et si tu veux...

— Quoi, monsieur Briquet?

— Eh bien! c'est moi qui te donnerai des leçons d'escrime à l'avenir.

— Oh! bien volontiers.

— Maintenant, en route, petit, car on t'attend avec impatience au prieuré.

— C'est vrai; merci, monsieur Briquet, de m'en avoir fait souvenir.

Et le moinillon disparut en courant.

Ce n'était pas sans raison que Chicot avait congédié son interlocuteur. Il en avait tiré tout ce qu'il voulait savoir et, d'un autre côté, il lui restait encore quelque chose a apprendre.

Il rejoignit donc à grands pas sa maison. La litière, les porteurs et le cheval étaient toujours à la porte du *Fier-Chevalier*.

Il regagna sans bruit sa gouttière.

La maison située en face de la sienne était toujours éclairée.

Dès lors, il n'eut plus de regards que pour cette maison.

Il vit d'abord, par la fente d'un rideau, passer et repasser Ernauton, qui paraissait attendre avec impatience.

Puis il vit revenir la litière, il vit partir Mayneville, enfin, il vit entrer la duchesse dans la chambre où palpitait Ernauton plutôt qu'il ne respirait.

Ernauton s'agenouilla devant la duchesse qui lui donna sa blanche main à baiser.

Puis la duchesse releva le jeune homme et le fit asseoir devant elle, à une table élégamment servie.

— C'est singulier, dit Chicot, cela commençait comme une conspiration, et cela finit comme un rendez-vous d'amour.

Oui, continua Chicot, mais qui l'a donné ce rendez-vous d'amour?

Madame de Montpensier.

Puis s'éclairant à une lumière nouvelle :

— Oh! oh! murmura-t-il. « Chère sœur, « j'approuve votre plan à l'égard des Quarante-« cinq : seulement, permettez-moi de vous

« dire que c'est bien de l'honneur que vous
« ferez à ces drôles-là. »

Ventre de biche! s'écria Chicot, j'en reviens
à ma première idée; ce n'est pas de l'amour,
c'est une conspiration.

Madame la duchesse de Montpensier aime
M. Ernauton de Carmainges; surveillons les
amours de madame la duchesse.

Et Chicot surveilla jusqu'à minuit et demi.

heure à laquelle Ernauton s'enfuit, le manteau
sur le nez, tandis que madame la duchesse de
Montpensier remontait en litière.

— Maintenant, murmura Chicot en descen-
dant son escalier, quelle est cette chance de
mort qui doit délivrer le duc de Guise de l'héritier présomptif de la couronne? quelles sont
ces gens que l'on croyait morts et qui sont vivants?

Mordieu! je pourrais bien être sur la trace!

LXXXV

LE CARDINAL DE JOYEUSE

L a jeunesse a des opiniâtretés dans le mal et dans le bien qui valent l'aplomb des résolutions d'un âge mûr.

Tendus vers le bien, ces sortes d'entêtements produisent les grandes actions et impriment à l'homme qui débute dans la vie un mouvement qui le porte, par une pente naturelle, vers un héroïsme quelconque.

Ainsi Bayard et du Guesclin devinrent de grands capitaines pour avoir été les plus hargneux et les plus intraitables enfants qu'on eût jamais vus; ainsi ce gardeur de pourceaux dont la nature avait fait le pâtre de Montalte, et dont le génie fit Sixte-Quint, devint un grand pape pour s'être obstiné à mal faire sa besogne de porcher.

Ainsi les pires natures spartiates se développèrent-elles dans le sens de l'héroïsme, après avoir commencé par l'entêtement dans la dissimulation et la cruauté.

Nous n'avons ici à tracer que le portrait d'un homme ordinaire; cependant plus d'un biographe eût trouvé dans Henri du Bouchage, à vingt ans, l'étoffe d'un grand homme.

Henri s'obstina dans son amour et dans sa séquestration du monde. Comme le lui avait demandé son frère, comme l'avait exigé le roi, il demeura quelques jours seul avec son éternelle pensée; puis, sa pensée s'étant faite de plus en plus immuable, il se décida un matin à visiter son frère le cardinal, personnage important, qui à l'âge de vingt-six ans était déjà cardinal depuis deux ans, et qui de l'archevêché de Narbonne était passé au plus haut degré des grandeurs ecclésiastiques, grâce à la noblesse de sa race et à la puissance de son esprit.

François de Joyeuse, que nous avons déjà introduit en scène pour éclaircir le doute de Henri de Valois à l'égard de Sylla, François de Joyeuse, jeune et mondain, beau et spirituel, était un des hommes les plus remarquables de l'époque. Ambitieux par nature, mais circonspect par calcul et par position, François de

Joyeuse pouvait prendre pour devise : *Rien n'est trop*, et justifier sa devise.

Peut-être seul de tous les hommes de cour et François de Joyeuse était un homme de cour avant tout, il avait su se faire deux soutiens des deux trônes religieux et laïque desquels il ressortissait comme gentilhomme français et comme prince de l'Eglise; Sixte le protégeait contre Henri III, Henri III le protégeait contre Sixte. Il était Italien à Paris, Parisien à Rome, magnifique et adroit partout.

L'épée seule de Joyeuse, le grand-amiral, donnait à ce dernier plus de poids dans la balance; mais on voyait, à certains sourires du cardinal, que, s'il manquait de ces pesantes armes temporelles que, tout élégant qu'il était, maniait si bien le bras de son frère, il savait user et même abuser des armes spirituelles confiées à lui par le souverain chef de l'Eglise.

Le cardinal François de Joyeuse était promptement devenu riche, riche de son propre patrimoine d'abord, puis ensuite de ses différents bénéfices. En ce temps-là, l'Eglise possédait, et même possédait beaucoup, et quand ses trésors étaient épuisés, elle connaissait les sources, aujourd'hui taries, où les renouveler.

François de Joyeuse menait donc grand train. Laissant à son frère l'orgueil de la maison militaire, il encombrait ses antichambres de curés, d'évêques, d'archevêques; il avait sa spécialité. Une fois cardinal, comme il était prince de l'Eglise, et par conséquent supérieur à son frère, il avait pris des pages à la mode italienne et des gardes à la mode française. Mais ces gardes et ces pages n'étaient encore pour lui qu'un plus grand moyen de liberté. Souvent il rangeait gardes et pages autour d'une grande litière, par les rideaux de laquelle passait la main gantée de son secrétaire, tandis que lui, à cheval, l'épée au dos, courait la ville déguisé avec une perruque, une fraise énorme, et des bottes de cavalier dont le bruit réjouissait l'âme.

Le cardinal jouissait donc d'une fort grande considération, car, à de certaines élévations, les fortunes humaines sont absorbantes, et forcent, comme si elles étaient composées rien que d'atomes crochus, toutes les autres fortunes à s'allier à elles comme des satellites, et

par cette raison, le nom glorieux de son père, l'illustration récente et inouïe de son frère Anne, jetaient sur lui tout leur éclat. En outre, comme il avait suivi scrupuleusement ce précepte, de cacher sa vie et de répandre son esprit, il n'était connu que par ses beaux côtés, et, dans sa famille même, passait pour un fort grand homme, bonheur que n'ont pas eu bien des empereurs chargés de gloire et couronnés par toute une nation.

Ce fut vers ce prélat que le comte du Bouchage alla se réfugier après son explication avec son frère, après son entretien avec le roi de France. Seulement, comme nous l'avons dit, il laissa s'écouler quelques jours pour obéir à l'injonction de son aîné et de son roi.

François habitait une belle maison dans la Cité. La cour immense de cette maison ne désemplissait pas de cavaliers et de litières; mais le prélat, dont le jardin confinait à la berge de la rivière, laissait ses cours et ses antichambres s'emplir de courtisans; et, comme il avait une porte de sortie sur la berge, et un bateau qui le transportait sans bruit aussi loin et aussi doucement qu'il lui plaisait, près de cette porte, il arrivait souvent que l'on attendait inutilement le prélat, auquel une indisposition grave ou une pénitence austère servait de prétexte pour ne pas recevoir. C'était encore de l'Italie au sein de la bonne ville du roi de France, c'était Venise entre les deux bras de la Seine.

François était fier, mais nullement vain; il aimait ses amis comme des frères et ses frères presque autant que ses amis. Plus âgé de cinq ans que du Bouchage, il ne lui épargnait ni les bons ni les mauvais conseils, ni la bourse ni le sourire.

Mais comme il portait merveilleusement bien l'habit de cardinal, du Bouchage le trouvait beau, noble, presque effrayant, en sorte qu'il le respectait plus peut-être qu'il ne respectait leur aîné à tous deux. Henri, sous sa belle cuirasse et ses chamarrures de militaire fleuri, confiait en tremblant ses amours à Anne, il n'eût pas même osé se confesser à François.

Cependant, lorsqu'il se dirigea vers l'hôtel du cardinal, sa résolution était prise, il abordait franchement le confesseur d'abord, l'ami ensuite.

Il entra dans la cour d'où sortaient à l'instant même plusieurs gentilhomme fatigués d'avoir sollicité, sans l'avoir obtenue, la faveur d'une audience.

Il traversa les antichambres, les salles, puis les appartements. On lui avait dit, à lui comme aux autres, que son frère était en conférence; mais il ne serait venu à aucun domestique l'idée de fermer une porte devant du Bouchage.

Du Bouchage traversa donc tous les appartements et parvint jusqu'au jardin, véritable jardin de prélat romain, avec de l'ombre, de la fraîcheur et des parfums, comme on en trouve aujourd'hui à la villa Pamphile ou au palais Borghèse.

Henri s'arrêta sous un massif : en ce moment la grille du bord de l'eau roula sur ses gonds, et un homme entra caché dans un large manteau brun et suivi d'une sorte de page. Cet homme aperçut Henri, qui était trop absorbé dans son rêve pour penser à lui, et se glissa entre les arbres, évitant d'être vu ni par du Bouchage ni par aucun autre.

Henri ne prit pas garde à cette entrée mystérieuse; ce ne fut qu'en se retournant qu'il vit l'homme entrer dans les appartements.

Après dix minutes d'attente, il allait y entrer à son tour et questionner un valet de pied pour savoir à quelle heure précisément son frère serait visible, quand un domestique, qui paraissait le chercher, l'aperçut, vint à lui et le pria de vouloir bien passer dans la salle des livres, où le cardinal l'attendait.

Henri se rendit lentement à cette invitation, car il devinait une nouvelle lutte : il trouva son frère le cardinal qu'un valet de chambre accommodait dans un habit de prélat, un peu mondain peut-être, mais élégant et surtout commode.

— Bonjour, comte, dit le cardinal; quelles nouvelles, mon frère?

— Excellentes nouvelles quant à notre famille, dit Henri; Anne, vous le savez, s'est couvert de gloire dans cette retraite d'Anvers, et il vit.

— Et, Dieu merci! vous aussi vous êtes sain et sauf, Henri?

— Oui, mon frère.

— Vous voyez, dit le cardinal, que Dieu a ses desseins sur nous.

— Mon frère, je suis tellement reconnaissant à Dieu, que j'ai formé le projet de me consacrer à son service; je viens donc vous parler sérieusement de ce projet, qui me paraît mûr, et dont je vous ai déjà dit quelques mots.

— Vous pensez toujours à cela, du Bouchage? fit le cardinal en laissant échapper une légère exclamation, qui indiquait que Joyeuse allait avoir un combat à livrer.

— Toujours, mon frère.

— Mais c'est impossible, Henri, reprit le cardinal, ne vous l'a-t-on pas déjà dit?

— Je n'ai pas écouté ce que l'on m'a dit, mon frère, parce qu'une voix plus forte, qui parle en moi, m'empêche d'entendre toute parole qui me détournerait de Dieu.

— Vous n'êtes pas assez ignorant des choses du monde, mon frère, dit le cardinal du ton le plus sérieux, pour croire que cette voix soit véritablement celle du Seigneur; au contraire, et je l'affirmerais, c'est un sentiment tout mondain qui vous parle. Dieu n'a rien à voir dans cette affaire, n'abusez donc pas de son saint nom, et surtout ne confondez pas la voix du ciel avec celle de la terre.

— Je ne confonds pas, mon frère, je veux dire seulement que quelque chose d'irrésistible m'entraîne vers la retraite et la solitude.

— A la bonne heure, Henri, et nous rentrons dans les termes vrais. Eh bien! mon cher, voici ce qu'il faut faire; je m'en vais, prenant acte de vos paroles, vous rendre le plus heureux des hommes.

— Merci! oh! merci, mon frère!

— Ecoutez-moi, Henri. Il faut prendre de l'argent, deux écuyers, et voyager par toute l'Europe, comme il convient à un fils de la maison dont nous sommes. Vous verrez des pays lointains, la Tartarie, la Russie même, les Lapons, ces peuples fabuleux que ne visite jamais le soleil; vous vous ensevelirez dans vos pensées jusqu'à ce que le germe dévorant qui travaille en vous soit éteint ou assouvi..... Alors vous nous reviendrez.

Henri, qui s'était assis, se leva plus sérieux que n'avait été son frère.

— Vous ne m'avez pas compris, dit-il, monseigneur.

— Pardon, Henri, vous avez dit retraite et solitude.

Par retraite et solitude, j'ai entendu parler du cloître, mon frère. — PAGE 121.

— Oui, j'ai dit cela; mais, par retraite et solitude, j'ai entendu parler du cloître, mon frère, et non des voyages; voyager, c'est jouir encore de la vie, moi je veux presque souffrir la mort, et, si je ne la souffre pas, la savourer du moins.

— C'est là une absurde pensée, permettez-moi de vous le dire, Henri, car enfin quiconque veut s'isoler est seul partout. Mais soit, le cloî-

tre. Eh bien! je comprends que vous soyez venu vers moi pour me parler de ce projet. Je connais des bénédictins fort savants, des augustins très ingénieux, dont les maisons sont gaies, fleuries, douces et commodes. Au milieu des travaux de la science ou des arts, vous passerez une année charmante, en bonne compagnie, ce qui est important, car on ne doit pas s'encrasser en ce monde, et si au bout de cette année, vous persistez dans votre projet, eh bien! mon cher Henri, je ne vous ferai plus opposition, et moi-même vous ouvrirai la porte qui vous conduira doucement au salut éternel.

— Vous ne me comprenez décidément pas, mon frère, répondit du Bouchage en secouant la tête, ou plutôt votre généreuse intelligence ne veut pas me comprendre : ce n'est pas un séjour gai, une aimable retraite que je veux, c'est la claustration rigoureuse, noire et morte; je tiens à prononcer mes vœux, des vœux qui ne me laissent pour toute distraction qu'une tombe à creuser, qu'une longue prière à dire.

Le cardinal fronça le sourcil et se leva de son siège.

— Oui, dit-il, j'avais parfaitement compris, et j'essayais, par ma résistance sans phrases et sans dialectique, de combattre la folie de vos résolutions; mais vous m'y forcez, écoutez-moi.

— Ah! mon frère, dit Henri avec abattement, n'essayez pas de me convaincre, c'est impossible.

— Mon frère, je vous parlerai au nom de Dieu d'abord, de Dieu que vous offensez, en disant que vient de lui cette résolution farouche : Dieu n'accepte pas des sacrifices irréfléchis. Vous êtes faible, puisque vous vous laissez abattre par la première douleur; comment Dieu vous saurait-il gré d'une victime presque indigne que vous lui offrez?

Henri fit un mouvement.

— Oh! je ne veux plus vous ménager, mon frère, vous qui ne ménagez personne d'entre nous, reprit le cardinal; vous qui oubliez le chagrin que vous causerez à notre frère aîné, à moi.

— Pardon, interrompit Henri, dont les joues se couvrirent de rougeur, pardon, monseigneur, le service de Dieu est-il donc une carrière si sombre et si déshonorante, que toute une famille en prenne le deuil! Vous, mon frère, vous dont je vois le portrait en cette chambre, avec cet or, ces diamants, cette pourpre, n'êtes-vous pas l'honneur et la joie de notre maison, bien que vous ayez choisi le service de Dieu, comme mon frère aîné celui des rois de la terre?

— Enfant! enfant! s'écria le cardinal avec impatience; vous me feriez croire que la tête vous a tourné. Comment! vous allez comparer ma maison à un cloître; mes cent valets, mes piqueurs, mes gentilshommes et mes gardes, à la cellule et au balai, qui sont les seules armes et la seule richesse du cloître! Etes-vous en démence? N'avez-vous pas dit tout à l'heure que vous repoussez ces superfluités qui sont mon nécessaire, les tableaux, les vases précieux, la pompe et le bruit? Avez-vous, comme moi, le désir et l'espoir de mettre sur votre front la tiare de saint Pierre? Voilà une carrière, Henri; on y court, on y lutte, on y vit; mais vous! vous, c'est la sape du mineur, c'est la bêche du trappiste, c'est la tombe du fossoyeur que vous voulez; plus d'air, plus de joie, plus d'espoir! Et tout cela, j'en rougis pour vous qui êtes un homme, tout cela, parce que vous aimez une femme qui ne vous aime pas. En vérité, Henri, vous faites tort à votre race!

— Mon frère! s'écria le jeune homme pâle et les yeux flamboyants d'un feu sombre, aimez-vous mieux que je me casse la tête d'un coup de pistolet, ou que je profite de l'honneur que j'ai de porter une épée pour me l'enfoncer dans le cœur? Pardieu! monseigneur, vous qui êtes cardinal et prince, donnez-moi l'absolution de ce péché mortel, la chose sera faite si vite que vous n'aurez pas eu le temps d'achever cette laide et indigne pensée : que je déshonore ma race, ce que, grâce à Dieu, ne fera jamais un Joyeuse.

— Allons, allons, Henri! dit le cardinal en attirant à lui son frère, et le retenant dans ses bras, allons, cher enfant, aimé de tous, oublie et sois clément pour ceux qui t'aiment. Je t'en supplie en égoïste; écoute : chose rare ici-bas, nous sommes tous heureux, les uns par l'ambition satisfaite, les autres par les bénédictions de tout genre que Dieu fait fleurir sur notre existence; ne jette donc pas, je t'en supplie, Henri, le poison mortel de la retraite sur les joies de ta famille; songe que notre père en pleurera, songe que tous, nous porterons au front la tache noire de ce deuil que tu vas nous faire. Je t'adjure, Henri, de te laisser fléchir : le cloître ne te vaut rien. Je ne te dis pas que tu y mourras, car tu me répondrais, malheureux, par un sourire, hélas! trop intelligible; non, je te dirai que le cloître est plus fatal que la tombe :

la tombe n'éteint que la vie, le cloître éteint l'intelligence, le cloître courbe le front, au lieu de l'élever au ciel; l'humidité des voûtes passe peu à peu dans le sang et s'infiltre jusque dans la moelle des os, pour faire du cloîtré une statue de granit de plus dans son couvent. Mon frère, mon frère, prends-y garde : nous n'avons que quelques années, nous n'avons qu'une jeunesse. Eh bien! les années de la belle jeunesse se passeront aussi, car tu es sous l'empire d'une grande douleur, mais à trente ans tu te feras homme, la séve de maturité viendra; elle entraînera ce reste de douleur usée, et alors tu voudras revivre, mais il sera trop tard, car alors tu seras triste, enlaidi, souffreteux, ton cœur n'aura plus de flamme, ton œil n'aura plus d'étincelles, ceux que tu chercheras, te fuiront comme un sépulcre blanchi, dont tout regard craint la noire profondeur : Henri, je te parle avec amitié, avec sagesse; écoute-moi.

Le jeune homme demeura immobile et silencieux. Le cardinal espéra l'avoir attendri et ébranlé dans sa résolution.

— Tiens, dit-il, essaie d'une autre ressource, Henri; ce dard empoisonné que tu traînes à ton cœur, porte-le partout, dans le bruit, dans les fêtes, assieds-toi avec lui à nos festins; imite le faon blessé, qui traverse les taillis, les halliers, les ronces, pour essayer d'arracher de son flanc la flèche retenue aux lèvres de la blessure; quelquefois la flèche tombe.

— Mon frère, par grâce, dit Henri, n'insistez pas davantage; ce que je vous demande, n'est point le caprice d'un instant, la décision d'une heure, c'est le fruit d'une lente et douloureuse résolution. Mon frère, au nom du ciel, je vous adjure de m'accorder la grâce que je vous demande.

— Eh bien! quelle grâce demandes-tu, voyons?

— Une dispense, monseigneur.

— Pour quoi faire?

— Pour abréger mon noviciat.

— Ah! je le savais, du Bouchage, tu es mondain jusque dans ton rigorisme, pauvre ami. Oh! je sais la raison que tu vas me donner. Oh! oui, tu es bien un homme de notre monde, tu ressembles à ces jeunes gens qui se font volontaires et veulent bien du feu, des balles, des coups, mais non pas du travail de la tranchée et du balayage des tentes. Il y a de la ressource, Henri; tant mieux, tant mieux!

— Cette dispense, mon frère, cette dispense, je vous la demande à genoux.

— Je te la promets; je vais écrire à Rome. C'est un mois qu'il faut pour que la réponse arrive; mais en échange, promets-moi une chose.

— Laquelle?

— C'est, pendant ce mois d'attente, de ne refuser aucun des plaisirs qui se présenteront à vous; et si dans un mois vous tenez encore à vos projets, Henri, eh bien! je vous livrerai cette dispense de ma main. Etes vous satisfait maintenant et n'avez-vous plus rien à demander?

— Non, mon frère, merci; mais un mois, c'est si long, et les délais me tuent.

— En attendant, mon frère, et pour commencer à vous distraire, vous plairait-il de déjeuner avec moi? J'ai bonne compagnie ce matin.

Et le prélat se mit à sourire d'un air que lui eût envié le plus mondain des favoris de Henri III.

— Mon frère... dit du Bouchage en se défendant.

— Je n'admets pas d'excuse; vous n'avez que moi ici, puisque vous arrivez de Flandre, et que votre maison ne doit pas être remontée encore.

A ces mots, le cardinal se leva, et tirant une portière qui fermait un grand cabinet somptueusement meublé :

— Venez, comtesse, dit-il, que nous persuadions M. le comte du Bouchage de demeurer avec nous.

Mais au moment où le cardinal avait soulevé la portière, Henri avait vu, à demi-couché sur des coussins, le page qui était rentré avec le gentilhomme de la grille du bord de l'eau, et dans ce page, avant même que le prélat n'eût dénoncé son sexe, il avait reconnu une femme.

Quelque chose comme une terreur subite, comme un effroi invincible le prit, et tandis que le mondain cardinal allait chercher le beau page par la main, Henri du Bouchage s'élançait hors de l'appartement, si bien que lorsque François ramena la dame, toute souriante de l'espoir de ramener un cœur vers le monde, la chambre était parfaitement vide.

François fronça le sourcil, et s'asseyant devant une table chargée de papiers et de lettres, il écrivit précipitamment quelques lignes.

— Veuillez sonner, chère comtesse, dit-il, vous avez la main sur le timbre.

Le page obéit.

Un valet de chambre de confiance parut.

— Qu'un courrier monte à l'instant même à cheval, dit François, et porte cette lettre à M. le grand-amiral, à Château-Thierry.

LXXXVI

ON A DES NOUVELLES D'AURILLY

e lendemain de ce jour, le roi travaillait au Louvre avec le surintendant des finances, lorsqu'on vint le prévenir que M. de Joyeuse l'aîné venait d'arriver et l'attendait dans le grand cabinet d'audience, venant de Château-Thierry, avec un message de M. le duc d'Anjou.

Le roi quitta précipitamment sa besogne et courut à la rencontre de cet ami si cher.

Bon nombre d'officiers et de courtisans garnissaient le cabinet; la reine-mère était venue ce soir-là, escortée de ses filles d'honneur, et ces demoiselles si fringantes étaient des soleils toujours escortés de satellites.

Le roi donna sa main à baiser à Joyeuse et promena un regard satisfait sur l'assemblée.

Est-ce que je ne me trompe pas, mon Dieu? — PAGE 133.

Dans l'angle de la porte d'entrée, à sa place ordinaire, se tenait Henri du Bouchage, accomplissant rigoureusement son service et ses devoirs.

Le roi le remercia et le salua d'un signe de tête amical, auquel Henri répondit par une révérence profonde.

Ces intelligences firent tourner la tête à Joyeuse qui sourit de loin à son frère, sans cependant le saluer trop visiblement de peur d'offenser l'étiquette.

— Sire, dit Joyeuse, je suis mandé vers Votre Majesté par M. le duc d'Anjou, revenu tout récemment de l'expédition des Flandres.

— Mon frère se porte bien, monsieur l'amiral? demanda le roi.

— Aussi bien, sire, que le permet l'état

de son esprit, cependant je ne cacherai pas à Votre Majesté que monseigneur paraît souffrant.

— Il aurait besoin de distraction après son malheur, dit le roi, heureux de proclamer l'échec arrivé à son frère tout en paraissant le plaindre.

— Je crois que oui, sire.

— On nous a dit, monsieur l'amiral, que le désastre avait été cruel.

— Sire…

— Mais que, grâce à vous, bonne partie de l'armée avait été sauvée ; merci, monsieur l'amiral, merci. Ce pauvre monsieur d'Anjou désire-t-il pas nous voir ?

— Ardemment, sire.

— Aussi, le verrons-nous. Êtes-vous pas de cet avis, madame ? dit Henri, en se tournant vers Catherine, dont le cœur souffrait tout ce que son visage s'obstinait à cacher.

— Sire, répondit-elle, je serais allée seule au devant de mon fils ; mais, puisque Votre Majesté daigne se réunir à moi dans ce vœu de bonne amitié, le voyage me sera une partie de plaisir.

— Vous viendrez avec nous, messieurs, dit le roi aux courtisans ; nous partirons demain, je coucherai à Meaux.

— Sire, je vais donc annoncer à monseigneur cette bonne nouvelle ?

— Non pas ! me quitter si tôt, monsieur l'amiral, non pas ! Je comprends qu'un Joyeuse soit aimé de mon frère et désiré, mais nous en avons deux… Dieu merci !… Du Bouchage, vous partirez pour Château-Thierry, s'il vous plaît.

— Sire, demanda Henri, me sera-t-il permis, après avoir annoncé l'arrivée de Sa Majesté à monseigneur le duc d'Anjou, de revenir à Paris ?

— Vous ferez comme il vous plaira, du Bouchage, dit le roi.

Henri salua et se dirigea vers la porte. Heureusement Joyeuse le guettait.

— Vous permettez, sire, que je dise un mot à mon frère ? demanda-t-il.

— Dites. Mais qu'y a-t-il ? fit le roi plus bas.

— Il y a qu'il veut brûler le pavé pour faire la commission, et le brûler pour revenir, ce qui contrarie mes projets, sire, et ceux de M. le cardinal.

— Va donc, va, et tance-moi cet enragé amoureux.

Anne courut après son frère et le rejoignit dans les antichambres.

— Eh bien ! dit Joyeuse, vous partez avec beaucoup d'empressement, Henri ?

— Mais oui, mon frère.

— Parce que vous voulez bien vite revenir ?

— C'est vrai.

— Vous ne comptez donc séjourner que quelque temps à Château-Thierry ?

— Le moins possible.

— Pourquoi cela ?

— Où l'on s'amuse, mon frère, là n'est point ma place.

— C'est justement, au contraire, Henri, parce que monseigneur le duc d'Anjou doit donner des fêtes à la cour, que vous devriez rester à Château-Thierry.

— Cela m'est impossible, mon frère.

— A cause de vos désirs de retraite, de vos projets d'austérité ?

— Oui, mon frère.

— Vous êtes allé au roi demander une dispense ?

— Qui vous a dit cela ?

— Je le sais.

— C'est vrai, j'y suis allé.

— Vous ne l'obtiendrez pas.

— Pourquoi cela, mon frère ?

— Parce que le roi n'a pas intérêt à se priver d'un serviteur tel que vous.

— Mon frère le cardinal fera alors ce que Sa Majesté ne voudra pas faire.

— Pour une femme, tout cela !

— Anne, je vous en supplie, n'insistez pas davantage.

— Ah ! soyez tranquille, je ne recommencerai pas ; mais, une fois, allons au but. Vous partez pour Château-Thierry ; eh bien ! au lieu de revenir aussi précipitamment que vous le voudriez, je désire que vous m'attendiez dans mon appartement ; il y a longtemps que nous n'avons vécu ensemble ; j'ai besoin, comprenez cela, de me retrouver avec vous.

— Mon frère, vous allez à Château-Thierry pour vous amuser, vous. Mon frère, si je reste à Château-Thierry, j'empoisonnerai tous vos plaisirs.

— Oh ! que non pas ! je résiste, moi, et suis d'un heureux tempérament, fort propre à battre en brèche vos mélancolies.

— Mon frère...

— Permettez, comte, dit l'amiral avec une impérieuse insistance, je représente ici notre père, et vous enjoints de m'attendre à Château-Thierry ; vous y trouverez mon appartement qui sera le vôtre. Il donne, au rez-de-chaussée, sur le parc.

— Si vous ordonnez, mon frère... dit Henri avec résignation.

— Appelez cela du nom qu'il vous plaira, comte, désir ou ordre, mais attendez-moi.

— J'obéirai, mon frère.

— Et je suis persuadé que vous ne m'en voudrez pas, ajouta Joyeuse en pressant le jeune homme dans ses bras.

Celui-ci se déroba un peu aigrement peut-être à l'accolade fraternelle, demanda ses chevaux et partit immédiatement pour Château-Thierry.

Il courait avec la colère d'un homme contrarié, c'est-à-dire qu'il dévorait l'espace.

Le soir même il gravissait, avant la nuit, la colline sur laquelle Château-Thierry est assis, avec la Marne à ses pieds.

Son nom lui fit ouvrir les portes du château qu'habitait le prince ; mais, quant à une audience, il fut plus d'une heure à l'obtenir.

Le prince, disaient les uns, était dans ses appartements ; il dormait, disait un autre ; il faisait de la musique, supposait le valet de chambre.

Seulement nul, parmi les domestiques, ne pouvait donner une réponse positive.

Henri insista pour n'avoir plus à penser au service du roi et se livrer, dès lors, tout entier à sa tristesse.

Sur cette insistance, et comme on le savait lui et son frère des plus familiers du duc, on le fit entrer dans l'un des salons du premier étage, où le prince consentait enfin à le recevoir.

Une demi-heure s'écoula, la nuit tombait insensiblement du ciel.

Le pas traînant et lourd du duc d'Anjou résonna dans la galerie ; Henri, qui le reconnut, se prépara au cérémonial d'usage.

Mais le prince, qui paraissait fort pressé, dispensa vite son ambassadeur de ces formalités en lui prenant la main et en l'embrassant.

— Bonjour, comte, dit-il, pourquoi vous dérange-t-on pour venir voir un pauvre vaincu ?

— Le roi m'envoie, monseigneur, vous prévenir qu'il a grand désir de voir Votre Altesse, et que, pour la laisser reposer de ses fatigues, c'est Sa Majesté qui se rendra au devant d'elle et qui viendra visiter Château-Thierry demain au plus tard.

— Le roi viendra demain ! s'écria François avec un mouvement d'impatience,

Mais il se reprit promptement.

— Demain, demain ! dit-il, mais, en vérité, rien ne sera prêt au château ni dans la ville pour recevoir Sa Majesté.

Henri s'inclina en homme qui transmet un ordre, mais qui n'a point charge de le commenter.

— La grande hâte où Leurs Majestés sont de voir Votre Altesse ne leur a pas permis de penser aux embarras.

— Eh bien ! eh bien ! fit le prince avec volubilité, c'est à moi de mettre le temps en double. Je vous laisse donc, Henri ; merci de votre célérité, car vous avez couru vite, à ce que je vois : reposez-vous.

— Votre Altesse n'a pas d'autres ordres à me transmettre ? demanda respectueusement Henri.

— Aucun. Couchez-vous. On vous servira chez vous, comte. Je n'ai pas de service ce soir. je suis souffrant, inquiet, j'ai perdu appétit et sommeil, ce qui me compose une vie lugubre et à laquelle, vous le comprenez, je ne fais participer personne.

A propos, vous savez la nouvelle ?

Le prince passa son bras autour de la taille de Diane. — Page 137.

—Non, monseigneur; quelle nouvelle?
— Aurilly a été mangé par les loups...
—Aurilly ! s'écria Henri avec surprise.
—Eh ! oui... dévoré!... C'est étrange : comme

tout ce qui m'approche meurt mal! Bonsoir, comte, dormez bien.

Et le prince s'éloigna d'un pas rapide.

LXXXVII

DOUTE

Henri descendit, et en traversant les antichambres il trouva bon nombre d'officiers de sa connaissance qui accoururent à lui, et qui avec force amitiés lui offrirent de le conduire à l'appartement de son frère, situé à l'un des angles du château.

C'était la bibliothèque que le duc avait donnée pour habitation à Joyeuse, durant son séjour à Château-Thierry.

Deux salons, meublés au temps de François Ier, communiquaient l'un avec l'autre et aboutissaient à la bibliothèque ; cette dernière pièce donnait sur les jardins.

C'est dans la bibliothèque qu'avait fait dresser son lit Joyeuse, esprit paresseux et cultivé à la fois : en étendant le bras il touchait à la science, en ouvrant les fenêtres il savourait la nature ; les organisations supérieures ont besoin de jouissances plus complètes, et la brise du matin, le chant des oiseaux et le parfum des fleurs ajoutaient un nouveau charme aux triolets de Clément Marot ou aux odes de Ronsard.

Henri décida qu'il garderait toutes choses comme elles étaient, non pas qu'il fût mu par le sybaritisme poétique de son frère, mais au contraire par insouciance, et parce qu'il lui était indifférent d'être là ou ailleurs.

Mais comme, en quelque situation d'esprit que fût le comte, il avait été élevé à ne jamais négliger ses devoirs envers le roi ou les princes de la maison de France, il s'informa avec le plus grand soin de la partie du château qu'habitait le prince depuis son retour.

Le hasard envoyait, sous ce rapport, un excellent cicérone à Henri ; c'était ce jeune enseigne dont une indiscrétion avait, dans le petit village de Flandre où nous avons fait faire une halte d'un instant à nos personnages, livré au prince le secret du comte ; celui-ci n'avait pas quitté le prince depuis son retour, et pouvait parfaitement renseigner Henri.

En arrivant à Château-Thierry, le prince avait d'abord cherché la dissipation et le bruit ; alors il habitait les grands appartements, recevait matin et soir, et, pendant la journée, courait le cerf dans la forêt, ou volait à la pie dans le parc ; mais depuis la nouvelle de la mort d'Aurilly, nouvelle arrivée au prince sans que l'on sût par quelle voie, le prince s'était retiré dans un pavillon situé au milieu du parc ; ce pavillon, espèce de retraite inaccessible, excepté aux familiers de la maison du prince, était perdu sous le feuillage des arbres, et apparaissait à peine au-dessus des charmilles gigantesques et à travers l'épaisseur des haies.

C'était dans ce pavillon que depuis deux jours le prince s'était retiré ; ceux qui ne le connaissaient pas disaient que c'était le chagrin que lui avait causé la mort d'Aurilly qui le plongeait dans cette solitude ; ceux qui le connaissaient prétendaient qu'il s'accomplissait dans ce pavillon quelque œuvre honteuse ou infernale qui, un matin, éclaterait au jour.

L'une ou l'autre de ces suppositions était d'autant plus probable, que le prince semblait désespéré quand une affaire ou une visite l'appelait au château ; si bien qu'aussitôt cette visite reçue ou cette affaire achevée, il rentrait dans sa solitude, servi seulement par deux vieux valets de chambre qui l'avaient vu naître.

— Alors, fit Henri, les fêtes ne seront pas gaies, si le prince est de cette humeur.

— Assurément, répondit l'enseigne, car chacun saura compatir à la douleur du prince, frappé dans son orgueil et dans ses affections.

Henri continuait de questionner sans le vouloir, et prenait un étrange intérêt à ces questions ; cette mort d'Aurilly qu'il avait connu à la cour, et qu'il avait revu en Flandre ; cette espèce d'indifférence avec laquelle le prince lui avait annoncé la perte qu'il avait faite ; cette réclusion dans laquelle le prince vivait, disait-on, depuis cette mort ; tout cela se rattachait pour lui, sans qu'il sût comment, à la trame mystérieuse et sombre sur laquelle, depuis quelque temps, étaient brodés les événements de sa vie.

— Et, demanda-t-il à l'enseigne, on ne sait pas, avez-vous dit, d'où vient au prince la nouvelle de la mort d'Aurilly ?

— Non.

— Mais enfin, insista-t-il, raconte-t-on quelque chose à ce sujet ?

— Oh ! sans doute, dit l'enseigne ; vrai ou faux, vous le savez, on raconte toujours quelque chose.

— Eh bien ! voyons.

— On dit que le prince chassait sous les saules près de la rivière, et qu'il s'était écarté des autres chasseurs, car il fait tout par élans, et s'emporte à la chasse comme au jeu, comme au feu, comme à la douleur, quand tout à coup on le vit revenir avec un visage consterné.

Les courtisans l'interrogèrent, pensant qu'il ne s'agissait que d'une simple aventure de chasse.

Il tenait à la main deux rouleaux d'or.

— Comprenez-vous cela, messieurs ? dit-il d'une voix saccadée ; Aurilly est mort, Aurilly a été mangé par les loups !

Chacun se récria.

— Non pas, dit le prince, il en est ainsi, ou le diable m'emporte ; le pauvre joueur de luth avait toujours été plus grand musicien que bon cavalier ; il paraît que son cheval l'a emporté, et qu'il est tombé dans une fondrière où il s'est tué ; le lendemain deux voyageurs qui passaient près de cette fondrière, ont trouvé son corps à moitié mangé par les loups, et la preuve que la chose s'est bien passée ainsi, et que les voleurs n'ont rien à faire dans tout cela, c'est que voici deux rouleaux d'or qu'il avait sur lui et qui ont été fidèlement rapportés.

— Or, comme on n'avait vu personne rapporter ces deux rouleaux d'or, continua l'enseigne, on supposa qu'ils avaient été remis au prince par ces deux voyageurs, qui, l'ayant rencontré et reconnu au bord de la rivière, lui avaient annoncé cette nouvelle de la mort d'Aurilly.

— C'est étrange, murmura Henri.

— D'autant plus étrange, continua l'enseigne, que l'on a vu, dit-on, encore, — est-ce vrai ? est-ce une invention ? — le prince ouvrir la petite porte du parc, du côté des châtaigniers, et, par cette porte, passer comme deux ombres. Le prince a donc fait entrer deux personnes dans le parc, les deux voyageurs probablement ; c'est depuis lors que le prince a émigré dans son n villon, et nous ne l'avons vu qu'à la dérobée.

— Et nul n'a vu ces deux voyageurs? demanda Henri.

— Moi, dit l'enseigne, en allant demander au prince le mot d'ordre du soir pour la garde du château, j'ai rencontré un homme qui m'a paru étranger à la maison de Son Altesse, mais je n'ai pu voir son visage, cet homme s'étant détourné à ma vue et ayant rabattu sur ses yeux le capuchon de son justaucorps.

— Le capuchon de son justaucorps!

— Oui, cet homme semblait un paysan flamand, et m'a rappelé, je ne sais pourquoi, celui qui vous accompagnait, quand nous nous rencontrâmes là-bas.

Henri tressaillit; cette observation se rattachait pour lui à cet intérêt sourd et tenace que lui inspirait cette histoire: à lui aussi qui avait vu Diane et son compagnon confiés à Aurilly, cette idée était venue que les deux voyageurs qui avaient annoncé au prince la mort du malheureux joueur de luth, étaient de sa connaissance.

Henri regarda avec attention l'enseigne.

— Et quand vous crûtes avoir reconnu cet homme, quelle idée vous est venue, monsieur? demanda-t-il.

— Voici ce que je pense, répondit l'enseigne; cependant je ne voudrais rien affirmer; le prince n'a sans doute pas renoncé à ses idées sur la Flandre; il entretient en conséquence des espions; l'homme au surcot de laine est un espion, qui dans sa tournée aura appris l'accident arrivé au musicien et aura apporté deux nouvelles à la fois.

— Cela est vraisemblable, dit Henri rêveur; mais cet homme, que faisait-il quand vous l'avez vu?

— Il longeait la haie qui borde le parterre, vous verrez cette haie de vos fenêtres, et gagnait les serres.

— Alors vous dites que les deux voyageurs, car vous dites qu'ils sont deux...

— On dit qu'on a vu entrer deux personnes, moi, je n'en ai vu qu'une seule, l'homme au surcot.

— Alors, selon vous, l'homme au surcot habiterait les serres?

— C'est probable.

— Et ces serres, ont-elles une sortie?

— Sur la ville, oui, comte.

Henri demeura quelque temps silencieux; son cœur battait avec violence; ces détails, indifférents en apparence pour lui, qui semblait dans tout ce mystère avoir une double vue, avaient un immense intérêt.

La nuit était venue sur ces entrefaites, et les deux jeunes gens causaient sans lumière dans l'appartement de Joyeuse.

Fatigué de la route, alourdi par les événements étranges qu'on venait de lui raconter, sans force contre les émotions qu'ils venaient de faire naître en lui, le comte était renversé sur le lit de son frère et plongeait machinalement les yeux dans l'azur du ciel, qui semblait constellé de diamants.

Le jeune enseigne était assis sur le rebord de la fenêtre, et se laissait aller volontiers, lui aussi, à cet abandon de l'esprit, à cette poésie de la jeunesse, à cet engourdissement velouté de bien-être que donne la fraîcheur embaumée du soir.

Un grand silence couvrait le parc et la ville, les portes se fermaient, les lumières s'allumaient peu à peu, les chiens aboyaient au loin dans les chenils contre les valets chargés de fermer le soir les écuries.

Tout à coup l'enseigne se souleva, fit avec la main un signe d'attention, se pencha en dehors de la fenêtre et appelant d'une voix brève et basse le comte étendu sur le lit:

— Venez, venez, dit-il.

— Quoi donc? demanda Henri, sortant violemment de son rêve.

— L'homme, l'homme!

— Quel homme?

— L'homme au surcot, l'espion.

— Oh! fit Henri en bondissant du lit à la fenêtre et en s'appuyant sur l'enseigne.

— Tenez, continua l'enseigne, le voyez-vous là-bas? il longe la haie; attendez, il va reparaître; tenez, regardez dans cet espace éclairé par la lune; le voilà, le voilà!

— Oui.

— N'est-ce pas qu'il est sinistre?

— Sinistre, c'est le mot, répondit du Bouchage en s'assombrissant lui-même.

— Croyez-vous que ce soit un espion?

— Je ne crois rien et je crois tout.

— Voyez, il va du pavillon du prince aux serres.

— Le pavillon du prince est donc là ? demanda du Bouchage, en désignant du doigt le point d'où paraissait venir l'étranger.

— Voyez cette lumière qui tremble au milieu du feuillage.

— Eh bien ?

— C'est celle de la salle à manger.

— Ah ! s'écria Henri, le voilà qui reparaît encore.

— Oui, décidément il va aux serres rejoindre son compagnon ; entendez-vous ?

— Quoi ?

— Le bruit d'une clef qui crie dans la serrure.

— C'est étrange, dit du Bouchage, il n'y a rien dans tout cela que de très ordinaire, et cependant...

— Et cependant vous frissonnez, n'est-ce pas ?

— Oui ! dit le comte, mais qu'est-ce encore ?

On entendait le bruit d'une espèce de cloche.

— C'est le signal du souper de la maison du prince ; venez-vous souper avec nous, comte ?

— Non, merci, je n'ai besoin de rien, et si la faim me presse, j'appellerai.

— N'attendez point cela, monsieur, et venez vous réjouir dans notre compagnie.

— Non pas ; impossible.

— Pourquoi ?

— S. A. R. m'a presque enjoint de me faire servir chez moi ; mais que je ne vous retarde point.

— Merci, comte, bonsoir ! surveillez bien notre fantôme.

— Oh ! oui, je vous en réponds ; à moins, continua Henri, craignant d'en avoir trop dit, à moins que le sommeil ne s'empare de moi. Ce qui me paraît plus probable et plus sain que de guetter les ombres et les espions.

— Certainement, dit l'enseigne en riant.

Et il prit congé de du Bouchage.

A peine fut-il hors de la bibliothèque, que Henri s'élança dans le jardin.

— Oh ! murmura-t-il, c'est Remy ! c'est Remy ! je le reconnaîtrais dans les ténèbres de l'enfer.

Et le jeune homme, sentant ses genoux trembler sous lui, appuya ses deux mains humides sur son front brûlant.

— Mon Dieu ! dit-il, n'est-ce pas plutôt une hallucination de mon pauvre cerveau malade, et n'est-il pas écrit que dans le sommeil ou dans la veille, le jour ou la nuit, je verrai incessamment ces deux figures qui ont creusé un sillon si sombre dans ma vie ?

En effet, continua-t-il comme un homme qui sent le besoin de se convaincre lui-même, pourquoi Remy serait-il ici, dans ce château, chez le duc d'Anjou ? Qu'y viendrait-il faire ? Quelles relations le duc d'Anjou pourrait-il avoir avec Remy ? Comment enfin aurait-il quitté Diane, lui, son éternel compagnon ? Non ! ce n'est pas lui.

Puis, au bout d'un instant, une conviction intime, profonde, instinctive, reprenant le dessus sur le doute :

— C'est lui ! c'est lui ! murmura-t-il désespéré et en s'appuyant à la muraille pour ne pas tomber.

Comme il achevait de formuler cette pensée dominante, invincible, maîtresse de toutes les autres, le bruit aigu de la serrure retentit de nouveau, et quoique ce bruit fût presque imperceptible, ses sens surexcités le saisirent.

Un inexprimable frisson parcourut tout le corps du jeune homme.

Il écouta de nouveau.

Il se faisait autour de lui un tel silence, qu'il entendait battre son propre cœur.

Quelques minutes s'écoulèrent sans qu'il vît apparaître rien de ce qu'il attendait.

Cependant, à défaut des yeux, ses oreilles lui disaient que quelqu'un approchait.

Il entendait crier le sable sous ses pas.

Soudain la ligne noire de la charmille se dentela ; il lui sembla sur ce fond sombre voir se mouvoir un groupe plus sombre encore.

— Le voilà qui revient, murmura Henri, est-il seul ? est-il accompagné ?

Le groupe s'avançait du côté où la lune argentait un espace de terrain vide.

C'est au moment où, marchant en sens opposé, l'homme au surcot traversait cet espace, que Henri avait cru reconnaître Remy.

Cette fois Henri vit deux ombres bien distinctes ; il n'y avait point à s'y tromper.

Un froid mortel descendit jusqu'à son cœur et sembla l'avoir fait de marbre.

Les deux ombres marchaient vite, quoique d'un pas ferme ; la première était vêtue d'un surcot de laine, et, à cette seconde apparition comme à la première, le comte crut bien reconnaître Remy.

La seconde, complétement enveloppée d'un grand manteau d'homme, échappait à toute analyse.

Et cependant, sous ce manteau, Henri crut deviner ce que nul n'eût pu voir.

Il poussa une sorte de rugissement douloureux, et dès que les deux mystérieux personnages eurent disparu derrière la charmille, le jeune homme s'élança derrière et se glissa de massifs en massifs à la suite de ceux qu'il voulait connaître.

— Oh ! murmurait-il tout en marchant, est-ce que je ne me trompe pas, mon Dieu ? est-ce que c'est possible ?

LXXXVIII

CERTITUDE

Henri se glissa le long de la charmille par le côté sombre, en observant la précaution de ne point faire de bruit, soit sur le sable, soit le long des feuillages.

Obligé de marcher, et, tout en marchant, de veiller sur lui, il ne pouvait bien voir. Cependant, à la tournure, aux habits, à la démarche, il persistait à reconnaître Remy dans l'homme au surcot de laine.

De simples conjectures, plus effrayantes pour lui que des réalités, s'élevaient dans son esprit à l'égard du compagnon de cet homme.

Ce chemin de la charmille aboutissait à la grande haie d'épines et à la muraille de peupliers qui séparait du reste du parc le pavillon de M. le duc d'Anjou, et l'enveloppait d'un rideau de verdure au milieu duquel, comme nous l'avons dit, il disparaissait entièrement dans le coin isolé du château. Il y avait de belles pièces d'eau, des taillis sombres percés d'allées sinueuses, et des arbres séculaires sur le dôme desquels la lune versait les cascades de sa lumière argentée, tandis que, dessous, l'ombre était noire, opaque, impénétrable.

En approchant de cette haie, Henri sentit que le cœur allait lui manquer.

En effet, transgresser aussi audacieusement les ordres du prince et se livrer à des indiscrétions aussi téméraires, c'était le fait, non plus d'un loyal et probe gentilhomme, mais d'un lâche espion ou d'un jaloux décidé à toutes les extrémités.

Mais comme, en ouvrant la barrière qui séparait le grand parc du petit, l'homme fit un mouvement qui laissa son visage à découvert, et que ce visage était bien celui de Remy, le comte n'eut plus de scrupules et poussa résolûment en avant, au risque de tout ce qui pouvait arriver.

La porte avait été refermée ; Henri sauta pardessus les traverses et se remit à suivre les deux étranges visiteurs du prince.

Ceux-ci se hâtaient.

D'ailleurs un autre sujet de terreur vint l'assaillir.

Le duc sortit du pavillon au bruit que firent

sur le sable les pas de Remy et de son compagnon.

Henri se jeta derrière le plus gros des arbres, et attendit.

Il ne put rien voir, sinon que Remy avait salué très bas, que le compagnon de Remy avait fait une révérence de femme et non un salut d'homme, et que le duc, transporté, avait offert son bras à ce dernier comme il eût fait à une femme.

Puis tous trois, se dirigeant vers le pavillon, avaient disparu sous le vestibule, dont la porte s'était refermée derrière eux.

— Il faut en finir, dit Henri, et adopter un endroit plus commode d'où je puisse voir chaque signe sans être vu.

Il se décida pour un massif situé entre le pavillon et les espaliers, massif au centre duquel jaillissait une fontaine, asile impénétrable, car ce n'était pas la nuit, par la fraîcheur et l'humidité naturellement répandues autour de cette fontaine, que le prince affronterait l'eau et les buissons.

Caché derrière la statue qui surmontait la fontaine, se grandissant de toute la hauteur du piédestal, Henri put voir ce qui se passait dans le pavillon, dont la principale fenêtre s'ouvrait tout entière devant lui.

Comme nul ne pouvait, ou plutôt ne devait pénétrer jusque-là, aucune précaution n'avait été prise.

Une table était dressée, servie avec luxe et chargée de vins précieux enfermés dans des verres de Venise.

Deux siéges seulement à cette table attendaient deux convives.

Le duc se dirigea vers l'un, et quittant le bras du compagnon de Remy, en lui indiquant l'autre siége, il sembla l'inviter à se séparer de son manteau, qui, fort commode pour une course nocturne, devenait fort incommode lorsqu'on était arrivé au but de cette course, et que ce but était un souper.

Alors, la personne à laquelle l'invitation était faite jeta son manteau sur une chaise, et la lumière des flambeaux éclaira sans aucune ombre le visage pâle et majestueusement beau d'une femme que les yeux épouvantés de Henri reconnurent tout d'abord.

C'était la dame de la maison mystérieuse dt la rue des Augustins, la voyageuse de Flandre:

c'était cette Diane enfin dont les regards étaient mortels comme des coups de poignard.

Cette fois elle portait les habits de son sexe, était vêtue d'une robe de brocart ; des diamants brillaient à son cou, dans ses cheveux et à ses poignets.

Sous cette parure, la pâleur de son visage ressortait encore davantage, et sans la flamme qui jaillissait de ses yeux, on eût pu croire que le duc, par l'emploi de quelque moyen magique, avait évoqué l'ombre de cette femme plutôt que la femme elle-même.

Sans l'appui de la statue sur laquelle il avait croisé ses bras plus froids que le marbre lui-même, Henri fût tombé à la renverse dans le bassin de la fontaine.

Le duc semblait ivre de joie ; il couvait des yeux cette merveilleuse créature qui s'était assise en face de lui, et qui touchait à peine aux objets servis devant elle. De temps en temps François s'allongeait sur la table pour baiser une des mains de sa muette et pâle convive, qui semblait aussi insensible à ses baisers que si sa main eût été sculptée dans l'albâtre dont elle avait la transparence et la blancheur.

De temps en temps, Henri tressaillait, portait la main à son front, essuyait avec cette main la sueur glacée qui en dégouttait et se demandait :

— Est-elle vivante ? est-elle morte ?

Le duc faisait tous ses efforts et déployait toute son éloquence pour dérider ce front austère.

Remy, seul serviteur, car le duc avait éloigné tout le monde, servait ces deux personnes, et de temps en temps, frôlant avec le coude sa maîtresse lorsqu'il passait derrière elle, semblait la ranimer par ce contact, et la rappeler à la vie ou plutôt à la situation.

Alors un flot de vermillon montait au front de la jeune femme, ses yeux lançaient un éclair, elle souriait comme si quelque magicien avait touché un ressort inconnu de cet intelligent automate et avait opéré sur le mécanisme des yeux l'éclair, sur celui des joues le coloris, sur celui des lèvres le sourire.

Puis elle retombait dans son immobilité.

Le prince cependant se rapprocha, et par ses discours passionnés commença d'échauffer sa nouvelle conquête.

Alors Diane, qui, de temps en temps, regardait l'heure à la magnifique horloge accrochée au-dessus de la tête du prince, sur le mur opposé à elle, Diane parut faire un effort sur elle-même et, gardant le sourire sur les lèvres, prit une part plus active à la conversation.

Henri, sous son abri de feuillage, se déchirait les poings et maudissait toute la création, depuis les femmes que Dieu a faites, jusqu'à Dieu qui l'avait créé lui-même.

Il lui semblait monstrueux et inique que cette femme, si pure et si sévère, s'abandonnât ainsi vulgairement au prince, parce qu'il était doré en ce palais.

Son horreur pour Remy était telle, qu'il lui eût ouvert sans pitié les entrailles, afin de voir si un tel monstre avait le sang et le cœur d'un homme.

C'est dans ce paroxysme de rage et de mépris, que se passa pour Henri le temps de ce souper si délicieux pour le duc d'Anjou.

Diane sonna. Le prince, échauffé par le vin et par les galants propos, se leva de table pour aller embrasser Diane.

Tout le sang de Henri se figea dans ses veines. Il chercha à son côté s'il avait une épée, dans sa poitrine s'il avait un poignard.

Diane, avec un sourire étrange, et qui certes n'avait eu jusque-là son équivalent sur aucun visage, Diane l'arrêta en chemin.

— Monseigneur, dit-elle, permettez qu'avant de me lever de table, je partage avec Votre Altesse ce fruit qui me tente.

A ces mots, elle allongea la main vers la corbeille de filigrane d'or, qui contenait vingt pêches magnifiques, et en prit une.

Puis, détachant de sa ceinture un charmant petit couteau dont la lame était d'argent et le manche de malachite, elle sépara la pêche en deux parties et en offrit une au prince, qui la saisit et la porta avidement à ses lèvres, comme s'il eût baisé celles de Diane.

Cette action passionnée produisit une telle impression sur lui-même, qu'un nuage obscurcit sa vue au moment où il mordait dans le fruit.

Diane le regardait avec son œil clair et son sourire immobile.

Remy, adossé à un pilier de bois sculpté, regardait aussi d'un air sombre.

Le prince passa une main sur son front, y essuya quelques gouttes de sueur qui venaient de perler sur son front, et avala le morceau qu'il avait mordu.

Cette sueur était sans doute le symptôme d'une indisposition subite; car, tandis que Diane mangeait l'autre moitié de la pêche, le prince laissa retomber ce qui restait de la sienne sur son assiette, et, se soulevant avec effort, il sembla inviter sa belle convive à prendre avec lui l'air dans le jardin.

Diane se leva, et sans prononcer une parole prit le bras que lui offrait le duc.

Remy les suivit des yeux, surtout le prince que l'air ranima tout à fait.

Tout en marchant, Diane essuyait la petite lame de son couteau à un mouchoir brodé d'or, et le remettait dans sa gaîne de chagrin.

Ils arrivèrent ainsi tout près du buisson où se cachait Henri.

Le prince serrait amoureusement sur son cœur le bras de la jeune femme.

— Je me sens mieux, dit-il, et pourtant je ne sais quelle pesanteur assiége mon cerveau; j'aime trop, je le vois, madame.

Diane arracha quelques fleurs à un jasmin, une branche à une clématite et deux belles roses qui tapissaient tout un côté du socle de la statue, derrière laquelle Henri se rapetissait effrayé.

— Que faites-vous, madame? demanda le prince.

— On m'a toujours assuré, monseigneur, dit-elle, que le parfum des fleurs était le meilleur remède aux étourdissements. Je cueille un bouquet dans l'espoir que, donné par moi, ce bouquet aura l'influence magique que je lui souhaite.

Mais, tout en réunissant les fleurs du bouquet, elle laissa tomber une rose, que le prince s'empressa de ramasser galamment.

Le mouvement de François fut rapide, mais point si rapide cependant qu'il ne donnât le temps à Diane de laisser tomber, sur l'autre rose, quelques gouttes d'une liqueur renfermée dans un flacon d'or qu'elle tira de son sein.

Puis elle prit la rose que le prince avait ramassée et la mettant à sa ceinture :

— Celle-là est pour moi, dit-elle, changeons.

Et, en échange de la rose qu'elle recevait des mains du prince, elle lui tendit le bouquet.

Le prince ne donnait aucun signe d'existence. — Page 142.

Le prince le prit avidement, le respira avec délices et passa son bras autour de la taille de Diane. Mais cette pression voluptueuse acheva sans doute de troubler les sens de François, car il fléchit sur ses genoux et fut forcé de s'asseoir sur un banc de gazon qui se trouvait là.

Henri ne perdait pas de vue ces deux personnages, et cependant il avait aussi un regard pour Remy, qui, dans le pavillon, attendait la fin de cette scène, ou plutôt semblait en dévorer chaque détail.

Lorsqu'il vit le prince fléchir, il s'approcha jusqu'au seuil du pavillon. Diane, de son côté, sentant François chanceler, s'assit près de lui sur le banc.

L'étourdissement de François dura cette fois plus long-temps que le premier; le prince avait la tête penchée sur la poitrine. Il paraissait avoir perdu le fil de ses idées et presque le sentiment de son existence, et cependant le mouvement convulsif de ses doigts sur la main de Diane indiquait que d'instinct il poursuivait sa chimère d'amour.

Enfin, il releva lentement la tête, et ses lèvres se trouvant à la hauteur du visage de Diane, il fit un effort pour toucher celles de sa belle convive; mais comme si elle n'eût point vu ce mouvement, la jeune femme se leva.

— Vous souffrez, monseigneur? dit-elle, mieux vaudrait rentrer.

— Oh! oui, rentrons! s'écria le prince dans un transport de joie; oui, venez, merci!

Et il se leva tout chancelant; alors, au lieu que ce fût Diane qui s'appuyât à son bras, ce fut lui qui s'appuya au bras de Diane; et grâce à ce soutien, marchant plus à l'aise, il parut oublier fièvre et étourdissement; se redressant tout à coup, il appuya, presque par surprise, ses lèvres sur le col de la jeune femme.

Celle-ci tressaillit comme si, au lieu d'un baiser, elle eût ressenti la morsure d'un fer rouge.

— Remy, un flambeau! s'écria-t-elle, un flambeau!

Aussitôt Remy rentra dans la salle à manger et alluma, aux bougies de la table, un flambeau isolé qu'il prit sur un guéridon; et, se rapprochant vivement de l'entrée du pavillon ce flambeau à la main:

— Voilà, madame, dit-il.

— Où va Votre Altesse? demanda Diane en saisissant le flambeau et détournant la tête.

— Oh! chez moi!... chez moi!... et vous me guiderez, n'est-ce pas, madame? répliqua le prince avec ivresse.

— Volontiers, monseigneur, répondit Diane. Et elle leva le flambeau en l'air, en marchant devant le prince.

Remy alla ouvrir, au fond du pavillon, une fenêtre par où l'air s'engouffra de telle façon, que la bougie portée par Diane lança, comme furieuse, toute sa flamme et sa fumée sur le visage de François, placé précisément dans le courant d'air.

Les deux amants, Henri les jugea tels, arrivèrent ainsi, en traversant une galerie, jusqu'à la chambre du duc, et disparurent derrière la tenture de fleurs de lis qui lui servait de portière.

Henri avait vu tout ce qui s'était passé avec une fureur croissante, et cependant cette fureur était telle qu'elle touchait à l'anéantissement.

On eût dit qu'il ne lui restait de force que pour maudire le sort qui lui avait imposé une si cruelle épreuve.

Il était sorti de sa cachette, et, brisé, les bras pendants, l'œil atone, il se préparait à regagner, demi-mort, son appartement dans le château.

Lorsque, soudain, la portière derrière laquelle il venait de voir disparaître Diane et le prince se rouvrit, et la jeune femme, se précipitant dans la salle à manger, entraîna Remy, qui, debout, immobile, semblait n'attendre que son retour.

— Viens!... lui dit-elle, viens, tout est fini...

Et tous deux s'élancèrent comme ivres, fous ou furieux dans le jardin.

Mais, à leur vue, Henri avait retrouvé toute sa force; Henri s'élança au devant d'eux, et ils le trouvèrent tout à coup au milieu de l'allée, debout, les bras croisés, et plus terrible dans son silence, que nul ne le fut jamais dans ses menaces. Henri, en effet, en était arrivé à ce degré d'exaspération, qu'il eût tué quiconque se fût avisé de soutenir que les femmes n'étaient pas des monstres envoyés par l'enfer pour souiller le monde.

Il saisit Diane par le bras, et l'arrêta court, malgré le cri de terreur qu'elle poussa, malgré le couteau que Remy lui appuya sur la poitrine, et qui effleura les chairs.

— Oh! vous ne me reconnaissez pas, sans doute, dit-il avec un grincement de dents terrible, je suis ce neuf jeune homme qui vous aimait et à qui vous n'avez pas voulu donner d'amour, parce que, pour vous, il n'y avait plus d'avenir, mais seulement un passé. Ah! belle hypocrite, et toi, lâche menteur, je vous connais enfin, je vous connais et vous maudis; à l'un je dis: je te méprise; à l'autre: tu me fais horreur!

— Passage! cria Remy, d'une voix étranglée, passage! jeune fou... ou sinon...

— Soit, répondit Henri, achève ton ouvrage, et tue mon corps, misérable, puisque tu as tué mon âme.

— Silence! murmura Remy furieux, en enfonçant de plus en plus sa lame sous laquelle criait déjà la poitrine du jeune homme.

Mais Diane repoussa violemment le bras de Remy, et saisissant celui de du Bouchage, elle l'amena en face d'elle.

Elle était d'une pâleur livide; ses beaux cheveux, raidis, flottaient sur ses épaules; le contact de sa main sur le poignet d'Henri faisait à ce dernier un froid pareil à celui d'un cadavre.

— Monsieur, dit-elle, ne jugez pas témérairement des choses de Dieu!... Je suis Diane de Méridor, la maîtresse de M. de Bussy, que le duc d'Anjou laissa tuer misérablement quand il pouvait le sauver. Il y a huit jours que Remy a poignardé Aurilly, le complice du prince; et quant au prince, je viens de l'empoisonner avec un fruit, un bouquet, un flambeau. Place! monsieur, place à Diane de Méridor, qui, de ce pas, s'en va au couvent des Hospitalières.

Elle dit, et, quittant le bras de Henri, elle reprit celui de Remy, qui l'attendait.

Henri tomba agenouillé, puis renversé en arrière, suivant des yeux le groupe effrayant des assassins, qui disparurent dans la profondeur des taillis, comme eût fait une infernale vision.

Ce n'est qu'une heure après que le jeune homme, brisé de fatigue, écrasé de terreur et la tête en feu, réussit à trouver assez de force pour se traîner jusqu'à son appartement; encore fallut-il qu'il se reprît à dix fois pour escalader la fenêtre. Il fit quelques pas dans la chambre et s'en alla, tout trébuchant, tomber sur son lit.

Tout dormait dans le château.

LXXXIX

FATALITÉ

L e lendemain, vers neuf heures, un beau soleil poudrait d'or les allees sablées de Château-Thierry.

De nombreux travailleurs, commandés la veille, avaient, dès l'aube, commencé la toilette du parc et des appartements destinés à recevoir le roi qu'on attendait.

Rien encore ne remuait dans le pavillon où reposait le duc, car il avait défendu, la veille, à ses deux vieux serviteurs, de le réveiller. Ils devaient attendre qu'il appelât.

Vers neuf heures et demie, deux courriers, lancés à toute bride, entrèrent dans la ville, annonçant la prochaine arrivée de Sa Majesté.

Les échevins, le gouverneur et la garnison prirent rang pour faire haie sur le passage de ce cortége.

◆ A dix heures le roi parut au bas de la colline. Il était monté à cheval depuis le dernier relais.

C'était une occasion qu'il saisissait toujours, et principalement à son entrée dans les villes, étant beau cavalier.

La reine-mère le suivait en litière ; cinquante gentilshommes, richement vêtus et bien montés, venaient à leur suite.

Une compagnie des gardes, commandée par Crillon lui-même, cent vingt Suisses, autant d'Écossais, commandés par Larchant, et toute la maison de plaisir du roi, mulets, coffres et valetaille, formaient une armée dont les files suivaient les sinuosités de la route qui monte de la rivière au sommet de la colline.

Enfin le cortége entra en ville au son des cloches, des canons et des musiques de tout genre.

Les acclamations des habitants furent vives ; le roi était si rare en ce temps-là, que, vu de près, il semblait encore avoir gardé un reflet de la Divinité.

Le roi, en traversant la foule, chercha vainement son frère. Il ne trouva que Henri du Bouchage à la grille du château.

Une fois dans l'intérieur, Henri III s'informa

Veuillez prévenir madame la supérieure. — PAGE 148.

de la santé du duc d'Anjou, à l'officier qui avait pris sur lui de recevoir Sa Majesté.

— Sire, répondit celui-ci, Son Altesse habite depuis quelques jours le pavillon du parc, et nous ne l'avons pas encore vue ce matin. Cependant il est probable que, se portant bien hier, elle se porte bien encore aujourd'hui.

— C'est un endroit bien retiré, à ce qu'il paraît, dit Henri, mécontent, que ce pavillon du parc, pour que le canon n'y soit pas entendu ?

— Sire, se hasarda de dire un des deux serviteurs du duc, Son Altesse n'attendait peut-être pas si tôt Votre Majesté.

— Vieux fou, grommela Henri, crois-tu donc qu'un roi vienne comme cela chez les gens sans les prévenir ? M. le duc d'Anjou sait mon arrivée depuis hier.

Puis, craignant d'attrister tout ce monde par une mine soucieuse, Henri, qui voulait paraître doux et bon aux dépens de François, s'écria :

— Puisqu'il ne vient pas au devant de nous, allons au devant de lui.

— Montrez-nous le chemin, dit Catherine du fond de sa litière.

Toute l'escorte prit la route du vieux parc.

Au moment où les premiers gardes touchaient la charmille, un cri déchirant et lugubre perça les airs.

— Qu'est cela ? fit le roi se tournant vers sa mère.

— Mon Dieu ! murmura Catherine essayant de lire sur tous les visages, c'est un cri de détresse ou de désespoir.

— Mon prince ! mon pauvre duc ! s'écria l'autre vieux serviteur de François en paraissant à une fenêtre avec les signes de la plus violente douleur.

Tous coururent vers le pavillon, le roi entraîné par les autres.

Il arriva au moment où l'on relevait le corps du duc d'Anjou, que son valet de chambre, entré sans ordre, pour annoncer l'arrivée du roi, venait d'apercevoir gisant sur le tapis de sa chambre à coucher.

Le prince était froid, raide, et ne donnait aucun signe d'existence qu'un mouvement étrange des paupières et une contraction grimaçante des lèvres.

Le roi s'arrêta sur le seuil de la porte, et tout le monde derrière lui.

— Voilà un vilain pronostic ! murmura-t-il.

— Retirez-vous, mon fils, lui dit Catherine, je vous prie.

— Ce pauvre François ! dit Henri, heureux d'être congédié et d'éviter ainsi le spectacle de cette agonie.

Toute la foule s'écoula sur les traces du roi.

— Etrange ! étrange ! murmura Catherine agenouillée près du prince ou plutôt du cadavre, sans autre compagnie que celle des deux vieux serviteurs ; et, tandis qu'on courait toute la ville pour trouver le médecin du prince et qu'un courrier partait pour Paris afin de hâter la venue des médecins du roi restés à Meaux

avec la reine, elle examinait avec moins de science sans doute, mais non moins de perspicacité que Miron lui-même aurait pu le faire, les diagnostics de cette étrange maladie à laquelle succombait son fils.

Elle avait de l'expérience, la Florentine ; aussi avant toute chose, elle questionna froidement, et sans les embarrasser, les deux serviteurs, qui s'arrachaient les cheveux et se meurtrissaient le visage dans leur désespoir.

Tous deux répondirent que le prince était rentré la veille à la nuit, après avoir été dérangé fort inopportunément par M. Henri du Bouchage, venant de la part du roi.

Puis ils ajoutèrent qu'à la suite de cette audience, donnée au grand château, le prince avait commandé un souper délicat, ordonné que nul ne se présentât au pavillon sans être mandé ; enfin, enjoint positivement qu'on ne le réveillât pas au matin, ou qu'on n'entrât pas chez lui avant un appel positif.

— Il attendait quelque maîtresse, sans doute ? demanda la reine-mère.

— Nous le croyons, madame, répondirent humblement les valets, mais la discrétion nous a empêchés de nous en assurer.

— En desservant, cependant, vous avez dû voir si mon fils a soupé seul ?

— Nous n'avons pas desservi encore, madame, puisque l'ordre de monseigneur était que nul n'entrât dans le pavillon.

— Bien, dit Catherine, personne n'a donc pénétré ici ?

— Personne, madame.

— Retirez-vous.

Et Catherine, cette fois, demeura tout à fait seule.

Alors, laissant le prince sur le lit, comme on l'avait déposé, elle commença une minutieuse investigation de chacun des symptômes ou de chacune des traces qui surgissaient à ses yeux comme résultat de ses soupçons ou de ses craintes.

Elle avait vu le front de François chargé d'une teinte bistrée, ses yeux sanglants et cerclés de bleu, ses lèvres labourées par un sillon semblable à celui qu'imprime le soufre brûlant sur des chairs vives.

Elle observa le même signe sur les narines et sur les ailes du nez.

— Voyons, dit-elle en regardant autour du prince.

Et la première chose qu'elle vit, ce fut le flambeau dans lequel s'était consumée toute la bougie allumée la veille au soir par Remy.

— Cette bougie a brûlé longtemps, dit-elle, donc il y a longtemps que François était dans cette chambre. Ah! voici un bouquet sur le tapis...

Catherine le saisit précipitamment, puis remarquant que toutes les fleurs étaient encore fraîches, à l'exception d'une rose qui était noircie et desséchée :

— Qu'est cela? murmura-t-elle, qu'a-t-on versé sur les feuilles de cette fleur?... Je connais, il me semble, une liqueur qui fane ainsi les roses.

Elle éloigna le bouquet d'elle en frissonnant :

— Cela m'expliquerait les narines et la dissolution des chairs du front; mais les lèvres?

Catherine courut à la salle à manger. Les valets n'avaient pas menti, rien n'indiquait qu'on eût touché au couvert depuis la fin du repas.

Sur le bord de la table, une moitié de pêche, dans laquelle s'imprimait un demi-cercle de dents, fixa plus particulièrement les regards de Catherine.

Ce fruit, si vermeil au cœur, avait noirci comme la rose et s'était émaillé au dedans de marbrures violettes et brunes. L'action corrosive se distinguait plus particulièrement sur la tranche, à l'endroit où le couteau avait dû passer.

— Voilà pour les lèvres, dit-elle; mais François a mordu seulement une bouchée dans ce fruit. Il n'a pas tenu longtemps à sa main ce bouquet, dont les fleurs sont encore fraîches, le mal n'est pas sans remède, le poison ne peut avoir pénétré profondément.

Mais alors, s'il n'a agi que superficiellement, pourquoi donc cette paralysie si complète et ce travail si avancé de la décomposition! Il faut que je n'aie pas tout vu.

En disant ces mots, Catherine porta ses yeux autour d'elle, et vit suspendu à son bâton de bois de rose, par sa chaîne d'argent, le papegai rouge et bleu qu'affectionnait François.

L'oiseau était mort, raide, et les ailes hérissées.

Catherine ramena son visage anxieux sur le flambeau dont elle s'était déjà occupée une fois, pour s'assurer, à sa complète combustion, que le prince était rentré de bonne heure.

— La fumée! se dit Catherine, la fumée! La mèche du flambeau était empoisonnée; mon fils est mort!

Aussitôt elle appela. La chambre se remplit de serviteurs et d'officiers.

— Miron! Miron! disaient les uns.

— Un prêtre, disaient les autres.

Mais elle, pendant ce temps, approchait des lèvres de François un des flacons qu'elle portait toujours dans son aumônière, et interrogea les traits de son fils pour juger l'effet du contre-poison.

Le duc ouvrit encore les yeux et la bouche; mais dans ses yeux ne brillait plus un regard, à ce gosier ne montait plus la voix.

Catherine, sombre et muette, s'éloigna de la chambre en faisant signe aux deux serviteurs de la suivre avant qu'ils n'eussent encore communiqué avec personne.

Alors elle les conduisit dans un autre pavillon, où elle s'assit, les tenant l'un et l'autre sous son regard.

— M le duc d'Anjou, dit-elle, a été empoisonné dans son souper, c'est vous qui avez servi ce souper?

A ces paroles on vit la pâleur de la mort envahir le visage des deux hommes.

— Qu'on nous donne la torture, dirent-ils; qu'on nous tue, mais qu'on ne nous accuse pas.

— Vous êtes des niais; croyez-vous que si je vous soupçonnais, la chose ne serait pas faite? Vous n'avez pas, je le sais bien, assassiné votre maître, mais d'autres l'ont tué, et il faut que je connaisse les meurtriers. Qui est entré au pavillon?

— Un vieil homme, vêtu misérablement, que monseigneur recevait depuis deux jours.

— Mais... la femme?

— Nous ne l'avons pas vue... De quelle femme Votre Majesté veut-elle parler?

— Il est venu une femme qui a fait un bouquet....

Les deux serviteurs se regardèrent avec tant

Diane avait déjà pris l'habit de l'ordre. — PAGE 149.

de naïveté, que Catherine reconnut leur inno-
cence à ce seul regard.

— Qu'on m'aille chercher, dit-elle alors, le
gouverneur de la ville et le gouverneur du château.

Les deux valets se précipitèrent vers la
porte.

— Un moment ! dit Catherine, en les clouant
par ce seul mot sur le seuil. Vous seuls et moi
nous savons ce que je viens de vous dire ; je ne

le dirai pas, moi ; si quelqu'un l'apprend, ce
sera par l'un de vous ; ce jour-là vous mour-
rez tous deux. Allez !

Catherine interrogea moins ouvertement les
deux gouverneurs. Elle leur dit que le duc avait
reçu de certaine personne une mauvaise nouvelle qui l'avait affecté profondément, que là
était la cause de son mal, qu'en interrogeant
de nouveau les personnes, le duc se remettrait
sans doute de son alarme.

Les gouverneurs firent fouiller la ville, le parc, les environs, nul ne sut dire ce qu'étaient devenus Remy et Diane.

Henri seul connaissait le secret, et il n'y avait point danger qu'il le révélât.

Tout le jour, l'affreuse nouvelle, commentée, exagérée, tronquée, parcourut Château-Thierry et la province ; chacun expliqua, selon son caractère et son penchant, l'accident survenu au duc.

Mais nul, excepté Catherine et du Bouchage, ne s'avoua que le duc était un homme mort.

Ce malheureux prince ne recouvra pas la voix ni le sentiment, ou, pour mieux dire, il ne donna plus aucun signe d'intelligence.

Le roi, frappé d'impressions lugubres, ce qu'il redoutait le plus au monde, eût bien voulu repartir pour Paris ; mais la reine-mère s'opposa à ce départ, et force fut à la cour de demeurer au château.

Les médecins arrivèrent en foule ; Miron seul devina la cause du mal, et jugea sa gravité ; mais il était trop bon courtisan pour ne pas taire la vérité, surtout lorsqu'il eut consulté les regards de Catherine.

On l'interrogeait de toutes parts, et il répon-dait que certainement M. le duc d'Anjou avait éprouvé de grands chagrins et essuyé un violent choc.

Il ne se compromit donc pas, ce qui est fort difficile en pareil cas.

Lorsque Henri III lui demanda de répondre affirmativement ou négativement à cette question :

— Le duc vivra-t-il ?

— Dans trois jours, je le dirai à Votre Majesté, répliqua le médecin.

— Et à moi, que me direz-vous ? fit Catherine à voix basse.

— A vous, madame, c'est différent ; je répondrai sans hésitation.

— Quoi ?

— Que Votre Majesté m'interroge.

— Quel jour mon fils sera-t-il mort, Miron ?

— Demain au soir, madame.

— Si tôt ?

— Ah ! madame, murmura le médecin, la dose était aussi par trop forte.

Catherine mit un doigt sur ses lèvres, regarda le moribond et répéta tout bas son mot sinistre :

— Fatalité !

XC

LES HOSPITALIÈRES

L e comte avait passé une terrible nuit, dans un état voisin du délire et de la mort.

Cependant, fidèle à ses devoirs, dès qu'il entendit annoncer l'arrivée du roi, il se leva et le reçut à la grille comme nous avons dit ; mais après avoir présenté ses hommages à Sa Majesté, salué la reine-mère et serré la main de l'amiral, il s'était renfermé dans sa chambre, non plus pour mourir, mais pour mettre décidément à exécution son projet que rien ne pouvait plus combattre.

Aussi, vers onze heures du matin, c'est-à-dire quand à la suite de cette terrible nouvelle qui s'était répandue : Le duc d'Anjou est atteint à mort ! chacun se fut dispersé, laissant le roi tout étourdi de ce nouvel événement, Henri alla frapper à la porte de son frère qui, ayant passé une partie de la nuit sur la grande route, venait de se retirer dans sa chambre.

— Ah ! c'est toi, demanda Joyeuse à moitié endormi : qu'y a-t-il ?

— Je viens vous dire adieu, mon frère, répondit Henri.

— Comment, adieu ?... tu pars ?

— Je pars, oui, mon frère, et rien ne me retient plus ici, je présume.

— Comment, rien ?

— Sans doute ; ces fêtes auxquelles vous désiriez que j'assistasse n'ayant pas lieu, me voilà dégagé de ma promesse.

— Vous vous trompez, Henri, répondit le grand-amiral ; je ne vous permets pas plus de partir aujourd'hui que je ne vous l'eusse permis hier.

— Soit, mon frère ; mais alors, pour la première fois de ma vie, j'aurai la douleur de désobéir à vos ordres et de vous manquer de respect ; car à partir de ce moment, je vous le déclare, Anne, rien ne me retiendra plus pour entrer en religion.

— Mais cette dispense venant de Rome ?

— Je l'attendrai dans un couvent.

— En vérité, vous êtes décidément fou ! s'écria Joyeuse, en se levant avec la stupéfaction peinte sur son visage.

— Au contraire, mon cher et honoré frère, je

suis le plus sage de tous, car moi seul sais bien ce que je fais.

— Henri, vous nous aviez promis un mois.

— Impossible, mon frère!

— Encore huit jours.

— Pas une heure.

— Mais tu souffres bien, pauvre enfant!

— Au contraire, je ne souffre plus, voilà pourquoi je vois que le mal est sans remède.

— Mais enfin, mon ami, cette femme n'est point de bronze : on peut l'attendrir, je la fléchirai.

— Vous ne ferez pas l'impossible, Anne ; d'ailleurs, se laissât-elle fléchir maintenant, c'est moi qui ne consentirais plus à l'aimer.

— Allons! en voilà bien d'une autre.

— C'est ainsi, mon frère.

— Comment! si elle voulait de toi, tu ne voudrais plus d'elle! mais c'est de la rage, pardieu!

— Oh! non, certes! s'écria Henri avec un mouvement d'horreur, entre cette femme et moi il ne peut plus rien exister.

— Qu'est-ce à dire? demanda Joyeuse surpris, quelle est donc cette femme alors? Voyons ; parle, Henri ; tu le sais bien, nous n'avons jamais eu de secrets l'un pour l'autre.

Henri craignit d'en avoir trop dit, et d'avoir, en se laissant aller au sentiment qu'il venait de manifester, ouvert une porte par laquelle l'œil de son frère pût pénétrer jusqu'au terrible secret qu'il renfermait dans son cœur ; il tomba donc dans un excès contraire, comme il arrive en pareil cas, et pour rattraper la parole imprudente qui lui était échappée, il en prononça une plus imprudente encore.

— Mon frère, dit-il, ne me pressez plus, cette femme ne m'appartiendra plus, puisqu'elle appartient maintenant à Dieu.

— Folies, contes! cette femme, une nonnain! elle vous a menti.

— Non, mon frère, cette femme ne m'a point menti, cette femme est Hospitalière; n'en parlons plus et respectons tout ce qui se jette dans les bras du Seigneur.

Anne eut assez de pouvoir sur lui-même pour ne point manifester à Henri la joie que cette révélation lui causait.

Il poursuivit :

— Voilà du nouveau, car vous ne m'en avez jamais parlé.

— C'est du nouveau, en effet, car elle a pris récemment le voile ; mais, j'en suis certain, comme la mienne, sa résolution est irrévocable. Ainsi, ne me retenez plus, mon frère, embrassez-moi comme vous m'aimez ; laissez-moi vous remercier de toutes vos bontés, de toute votre patience, de votre amour infini pour un pauvre insensé, et adieu!

Joyeuse regarda le visage de son frère; il le regarda en homme attendri qui compte sur son attendrissement pour décider la persuasion dans autrui.

Mais Henri demeura inébranlable à cet attendrissement, et répondit par son triste et éternel sourire.

Joyeuse embrassa son frère, et le laissa partir.

— Va, se dit-il à lui-même, tout n'est point fini encore, et, si pressé que tu sois, je t'aurai bientôt rattrapé.

Il alla trouver le roi qui déjeunait dans son lit, ayant Chicot à ses côtés.

— Bonjour! bonjour! dit Henri à Joyeuse, je suis bien aise de te voir, Anne, je craignais que tu ne restasses couché toute la journée, paresseux! Comment va mon frère?

— Hélas! sire, je n'en sais rien, je viens vous parler du mien.

— Duquel?

— De Henri.

— Veut-il toujours se faire moine?

— Plus que jamais.

— Il prend l'habit?

— Oui, sire.

— Il a raison, mon fils.

— Comment, sire?

— Oui, l'on va vite au ciel par ce chemin.

— Oh! dit Chicot au roi, on y va bien plus vite encore par le chemin que prend ton frère.

— Sire, Votre Majesté veut-elle me permettre une question?

— Vingt, Joyeuse, vingt! je m'ennuie fort à Château-Thierry, et tes questions me distrairont un peu.

— Sire, vous connaissez toutes les religions du royaume?

— Comme le blason, mon cher.

— Qu'est-ce que les Hospitalières, s'il vous plaît?

— C'est une toute petite communauté très

distinguée, très rigide, très sévère, composée de vingt dames chanoinesses de saint Joseph.

— Y fait-on des vœux ?

— Oui, par faveur, et sur la présentation de la reine.

— Est-ce une indiscrétion que de vous demander où est située cette communauté, sire ?

— Non pas : elle est située rue du Chevet-Saint-Landry, dans la Cité, derrière le cloître Notre-Dame.

— A Paris ?

— A Paris.

— Merci, sire.

— Mais pourquoi diable me demandes-tu cela? Est-ce que ton frère aurait changé d'avis et qu'au lieu de se faire capucin, il voudrait se faire Hospitalière maintenant ?

— Non, sire, je ne le trouverais pas si fou, d'après ce que Votre Majesté me fait l'honneur de me dire ; mais je le soupçonne d'avoir eu la tête montée par quelqu'un de cette communauté ; je voudrais, en conséquence, découvrir ce quelqu'un et lui parler.

— Par la mordieu ! dit le roi d'un air fat, j'y ai connu, voilà bientôt sept ans, une supérieure qui était fort belle.

— Eh bien ! sire, c'est peut-être encore la même.

— Je ne sais pas; depuis ce temps, moi aussi, Joyeuse, je suis entré en religion; ou à peu près.

— Sire, dit Joyeuse, donnez-moi, à tout hasard, je vous prie, une lettre pour cette supérieure, et mon congé pour deux jours.

— Tu me quittes ! s'écria le roi, tu me laisses tout seul ici ?

— Ingrat ! fit Chicot en haussant les épaules; est-ce que je ne suis pas là, moi ?

— Ma lettre, sire, s'il vous plaît, dit Joyeuse.

Le roi soupira, et cependant il écrivit.

— Mais tu n'as que faire à Paris ? dit Henri en remettant la lettre à Joyeuse.

— Pardon, sire, je dois escorter ou du moins surveiller mon frère.

— C'est juste ; va donc, et reviens vite.

Joyeuse ne se fit point réitérer cette permission; il commanda ses chevaux sans bruit, et s'assurant que Henri était déjà parti, il poussa au galop jusqu'à sa destination.

Sans débotter, le jeune homme se fit conduire directement rue du Chevet-Saint-Landry.

Cette rue aboutissait à la rue d'Enfer, et à sa parallèle, la rue des Marmouzets.

Une maison noire et vénérable, derrière les murs de laquelle on distinguait quelques hautes cimes d'arbres, des fenêtres rares et grillées, une petite porte en guichet ; voilà quelle était l'apparence extérieure du couvent des Hospitalières.

Sur la clef de voûte du porche, un grossier artisan avait gravé ces mots latins avec un ciseau :

MATRONAE HOSPITES

Le temps avait à demi rongé l'inscription et la pierre.

Joyeuse heurta au guichet et fit emmener ses chevaux dans la rue des Marmouzets, de peur que leur présence dans la rue ne fît une trop grande rumeur.

Alors, frappant à la grille du tour :

— Veuillez prévenir madame la supérieure, dit-il, que monseigneur le duc de Joyeuse, grand-amiral de France, désire l'entretenir de la part du roi.

La figure de la religieuse qui avait paru derrière la grille rougit sous sa guimpe, et le tour se referma.

Cinq minutes après, une porte s'ouvrait et Joyeuse entrait dans la salle du parloir.

Une femme belle et de haute stature fit à Joyeuse une profonde révérence, que l'amiral lui rendit en homme religieux et mondain tout à la fois.

— Madame, dit-il, le roi sait que vous devez admettre, ou que vous avez admis au nombre de vos pensionnaires une personne à qui je dois parler. Veuillez me mettre en rapport avec cette personne.

— Monsieur, le nom de cette dame, s'il vous plaît ?

— Je l'ignore, madame.

— Alors, comment pourrai-je accéder à votre demande ?

— Rien de plus aisé. Qui avez-vous admis depuis un mois ?

— Vous me désignez trop positivement ou trop peu cette personne, dit la supérieure, et je ne pourrais me rendre à votre désir.

— Pourquoi?

— Parce que, depuis un mois, je n'ai reçu personne, si ce n'est ce matin.

— Ce matin ?

— Oui, monsieur le duc, et vous comprenez que votre arrivée, deux heures après la sienne, ressemble trop à une poursuite pour que je vous accorde la permission de lui parler.

— Madame, je vous en prie.

— Impossible, monsieur.

— Montrez-moi seulement cette dame.

— Impossible, vous dis-je... D'ailleurs, votre nom suffit pour vous ouvrir la porte de ma maison ; mais pour parler à quelqu'un ici, excepté à moi, il faut un ordre écrit du roi.

— Voici cet ordre, madame, répondit Joyeuse en exhibant la lettre que Henri lui avait signée.

La supérieure lut et s'inclina.

— Que la volonté de Sa Majesté soit faite, dit-elle, même quand elle contrarie la volonté de Dieu.

Et elle se dirigea vers la cour du couvent.

— Maintenant, madame, fit Joyeuse en l'arrêtant avec politesse, vous voyez que j'ai le droit ; mais je crains l'abus et l'erreur ; peut-être cette dame n'est-elle pas celle que je cherche, veuillez me dire comment elle est venue, pourquoi elle est venue, et de qui elle était accompagnée ?

— Tout cela est inutile, monsieur le duc, répliqua la supérieure, vous ne faites pas erreur, et cette dame qui est arrivée ce matin seulement après s'être fait attendre quinze jours, cette dame que m'a recommandée une personne qui a toute autorité sur moi, est bien la personne à qui monsieur le duc de Joyeuse doit avoir besoin de parler.

A ces mots, la supérieure fit une nouvelle révérence au duc et disparut.

Dix minutes après, elle revint accompagnée d'une Hospitalière dont le voile était rabattu tout entier sur son visage.

C'était Diane, qui avait déjà pris l'habit de l'ordre.

Le duc remercia la supérieure, offrit un escabeau à la dame étrangère, s'assit lui-même, et la supérieure partit en fermant de sa main les portes du parloir désert et sombre.

— Madame, dit alors Joyeuse sans autre préambule, vous êtes la dame de la rue des Augustins, cette femme mystérieuse que mon frère, M. le comte du Bouchage, aime follement et mortellement.

L'Hospitalière inclina la tête pour répondre, mais elle ne parla pas.

Cette affectation parut une incivilité à Joyeuse ; il était déjà fort mal disposé envers son interlocutrice ; il continua :

— Vous n'avez pas supposé, madame, qu'il suffît d'être belle, ou de paraître belle, de n'avoir pas un cœur caché sous cette beauté, de faire naître une misérable passion dans l'âme d'un jeune homme et de dire un jour à cet homme : Tant pis pour vous si vous avez un cœur, je n'en ai pas, et ne veux pas en avoir.

— Ce n'est pas cela que j'ai répondu, monsieur, et vous êtes mal informé, dit l'Hospitalière, d'un ton de voix si noble et si touchant que la colère de Joyeuse en fut un moment affaiblie.

— Les termes ne font rien au sens, madame ; vous avez repoussé mon frère, et vous l'avez réduit au désespoir.

— Innocemment, monsieur, car j'ai toujours cherché à éloigner de moi M. du Bouchage.

— Cela s'appelle le manége de la coquetterie, madame, et le résultat fait la faute.

— Nul n'a le droit de m'accuser, monsieur ; je ne suis coupable de rien ; vous vous irritez contre moi, je ne répondrai plus.

— Oh ! oh ! fit Joyeuse en s'échauffant par degrés, vous avez perdu mon frère, et vous croyez vous justifier avec cette majesté provocatrice ; non, non, la démarche que je fais doit vous éclairer sur mes intentions ; je suis sérieux, je vous le jure, et vous voyez, au tremblement de mes mains et de mes lèvres, que vous aurez besoin de bons arguments pour me fléchir.

— L'Hospitalière se leva.

— Si vous êtes venu pour insulter une femme, dit-elle avec le même sang-froid, insultez-moi, monsieur ; si vous êtes venu pour me faire changer d'avis, vous perdez votre temps : retirez-vous.

— Ah ! vous n'êtes pas une créature humaine, s'écria Joyeuse exaspéré, vous êtes un démon !

— J'ai dit que je ne répondrais plus ; maintenant ce n'est point assez, je me retire.

Et l'Hospitalière fit un pas vers la porte. Joyeuse l'arrêta.

— Ah ! un instant ! Il y a trop longtemps que je vous cherche pour vous laisser fuir ainsi ; et puisque je suis parvenu à vous joindre, puisque votre insensibilité m'a confirmé dans cette idée, qui m'était déjà venue, que vous êtes une créature infernale, envoyée par l'ennemi des hommes pour perdre mon frère, je veux voir ce visage sur lequel l'abîme a écrit ses plus noires menaces, je veux voir le feu de ce regard fatal qui égare les esprits. A nous deux, Satan !

Et Joyeuse, tout en faisant le signe de la croix d'une main, en manière d'exorcisme, arracha de l'autre le voile qui couvrait le visage de l'Hospitalière ; mais celle-ci, muette, impassible, sans colère, sans reproche, attachant son regard doux et pur sur celui qui l'outrageait si cruellement :

— Oh ! monsieur le duc, dit-elle, ce que vous faites là est indigne d'un gentilhomme !

Joyeuse fut frappé au cœur : tant de mansuétude amollit sa colère, tant de beauté bouleversa sa raison.

— Certes, murmura-t-il après un long silence, vous êtes belle, et Henri a dû vous aimer ; mais Dieu ne vous a donné la beauté que pour la répandre comme un parfum sur une existence attachée à la vôtre.

— Monsieur, n'avez-vous point parlé à votre frère ? ou si vous lui avez parlé, il n'a point jugé à propos de vous faire son confident ; sans cela il vous eût raconté que j'ai fait ce que vous dites : j'ai aimé, je n'aimerai plus ; j'ai vécu, je dois mourir.

Joyeuse n'avait pas cessé de regarder Diane ; la flamme de ces regards tout-puissants s'était infiltrée jusqu'au fond de son âme, pareille à ces jets de feu volcaniques qui fondent l'airain des statues rien qu'en passant auprès d'elles.

Ce rayon avait dévoré toute matière dans le cœur de l'amiral ; l'or pur bouillonnait seul, et ce cœur éclatait comme le creuset sous la fusion du métal.

— Oh ! oui, dit-il encore une fois d'une voix plus basse et en continuant de fixer sur elle un regard où s'éteignait de plus en plus le feu de la colère ; oh ! oui, Henri a dû vous aimer... Oh ! madame, par pitié, à genoux, je vous en supplie, madame, aimez mon frère !

Diane resta froide et silencieuse.

— Ne réduisez pas une famille à l'agonie, ne perdez pas l'avenir de notre race, ne faites pas mourir l'un de désespoir, les autres de regret.

Diane ne répondait pas et continuait de regarder tristement ce suppliant incliné devant elle.

— Oh ! s'écria enfin Joyeuse en étreignant furieusement son cœur avec une main crispée ; oh ! ayez pitié de mon frère, ayez pitié de moi-même ! Je brûle ! ce regard m'a dévoré !... Adieu, madame, adieu !

Il se releva comme un fou, secoua ou plutôt arracha les verrous de la porte du parloir, et s'enfuit éperdu jusqu'à ses gens, qui l'attendaient au coin de la rue d'Enfer.

XCI

SON ALTESSE MONSEIGNEUR LE DUC DE GUISE

L e dimanche, 10 juin, à onze heures environ, toute la cour était rassemblée dans la chambre qui précédait le cabinet où, depuis sa rencontre avec Diane de Méridor, le duc d'Anjou se mourait lentement et fatalement.

Ni la science des médecins, ni le désespoir de sa mère, ni les prières ordonnées par le roi, n'avaient conjuré l'événement suprême.

Miron, le matin de ce 10 juin, déclara au roi que la maladie était sans remède, et que François d'Anjou ne passerait pas la journée.

Le roi affecta de manifester une grande douleur, et, se tournant vers les assistants :

— Voilà qui va donner bien des espérances à mes ennemis, dit-il.

A quoi la reine-mère répondit :

— Notre destinée est dans les mains de Dieu, mon fils.

A quoi Chicot, qui se tenait humble et contrit près de Henri III, ajouta tout bas :

— Aidons Dieu quand nous pouvons, sire. .

Néanmoins, le malade perdit, vers onze heures et demie, la couleur et la vue ; sa bouche, ouverte jusqu'alors, se ferma ; le flux de sang qui, depuis quelques jours, avait effrayé tous les assistants comme autrefois la sueur de sang de Charles IX, s'arrêta subitement, et le froid gagna toutes les extrémités.

Henri était assis au chevet du lit de son frère.

Catherine tenait, dans la ruelle, une main glacée du moribond.

L'évêque de Château-Thierry et le cardinal de Joyeuse disaient les prières des agonisants, que tous les assistants répétaient, agenouillés et les mains jointes.

Vers midi, le malade ouvrit les yeux ; le soleil se dégagea d'un nuage et inonda le lit d'une auréole d'or.

François, qui n'avait pu jusque-là remuer un seul doigt, et dont l'intelligence avait été voilée comme ce soleil qui reparaissait, François leva un bras vers le ciel avec le geste d'un homme épouvanté.

Il regarda autour de lui, entendit les prières, sentit son mal et sa faiblesse, devina sa position, peut-être parce qu'il entrevoyait déjà ce monde obscur et sinistre où vont certaines âmes après qu'elles ont quitté la terre.

Alors il poussa un cri et se frappa le front avec une force qui fit frémir toute l'assemblée.

Puis fronçant le sourcil comme s'il venait de lire en sa pensée un des mystères de sa vie :

— Bussy ! murmura-t-il ; Diane !

Ce dernier mot, nul ne l'entendit que Catherine, tant le moribond l'avait articulé d'une voix affaiblie.

Avec la dernière syllabe de ce nom, François d'Anjou rendit le dernier soupir.

En ce moment même, par une coïncidence étrange, le soleil, qui dorait l'écusson de France et les fleurs de lis d'or, disparut ; de sorte que ces fleurs de lis, si brillantes il n'y avait qu'un instant, devinrent aussi sombres que l'azur qu'elles étoilaient naguère d'une constellation presqu'aussi resplendissante que celle que l'œil du rêveur va chercher au ciel.

Catherine laissa tomber la main de son fils.

Henri III frissonna et s'appuya tremblant sur l'épaule de Chicot, qui frissonnait aussi, mais à cause du respect que tout chrétien doit aux morts.

Miron approcha une patène d'or des lèvres de François, et après trois secondes, l'ayant examinée :

— Monseigneur est mort, dit-il.

Sur quoi, un long gémissement s'éleva des antichambres, comme accompagnement du psaume que murmurait le cardinal :

Cedant iniquitates meæ ad vocem deprecationis meæ.

— Mort ! répéta le roi en se signant du fond de son fauteuil ; mon frère, mon frère !

— L'unique héritier du trône de France, murmura Catherine, qui, abandonnant la ruelle du mort, était déjà revenue près du seul fils qui lui restait.

— Oh ! dit Henri, ce trône de France est bien large pour un roi sans postérité ; la couronne est bien large pour une tête seule... Pas d'enfants, pas d'héritiers !.. Qui me succédera ?

Comme il achevait ces paroles, un grand bruit retentit dans l'escalier et dans les salles.

Nambu se précipita vers la chambre mortuaire, en annonçant :

— Son Altesse monseigneur le duc de Guise !

Frappé de cette réponse à la question qu'il s'adressait, le roi pâlit, se leva et regarda sa mère.

Catherine était plus pâle que son fils. A l'annonce de cet horrible malheur qu'un hasard présageait à sa race, elle saisit la main du roi et l'étreignit pour lui dire :

— Voici le danger... mais ne craignez rien, je suis près de vous !

Le fils et la mère s'étaient compris dans la même terreur et dans la même menace.

Le duc entra, suivi de ses capitaines. Il entra le front haut, bien que ses yeux cherchassent ou le roi, ou le lit de mort de son frère, avec un certain embarras.

Henri III, debout, avec cette majesté suprême que lui seul peut-être trouvait en de certains moments dans sa nature si étrangement poétique, Henri III arrêta le duc dans sa marche par un geste souverain qui lui montrait le cadavre royal sur le lit froissé par l'agonie.

Le duc se courba et tomba lentement à genoux.

Autour de lui, tout courba la tête et plia le jarret.

Henri III resta seul debout avec sa mère, et son regard brilla une dernière fois d'orgueil.

Chicot surprit ce regard et murmura tout bas cet autre verset des Psaumes :

Dejiciet potentes de sede et exaltabit humiles.

(Il renversera le puissant du trône et fera monter celui qui se prosternait.)

FIN DE LA TROISIÈME PARTIE

TABLE DES MATIÈRES

www.ingramcontent.com/pod-product-compliance
Lightning Source LLC
Chambersburg PA
CBHW050025100426
42739CB00011B/2787